陇上学人文存

LONGSHANG XUEREN WENCUN

陇上学人文存

侯丕勋　卷

侯丕勋 著　黄正林　周　松 编选

甘肃人民出版社

图书在版编目（ＣＩＰ）数据

陇上学人文存. 侯丕勋卷 ／ 范鹏，陈富荣总主编 ；侯丕勋著 ；黄正林编选. -- 兰州 ： 甘肃人民出版社，2019.8

ISBN 978-7-226-05472-7

Ⅰ. ①陇… Ⅱ. ①范… ②陈… ③侯… ④黄… Ⅲ.①社会科学－文集②历史地理－中国－文集 Ⅳ. ①C53②K928.6-53

中国版本图书馆CIP数据核字(2019)第163378号

责任编辑：马　强

封面设计：王林强

陇上学人文存·侯丕勋卷

范鹏　王福生　陈富荣　总主编

侯丕勋　著　黄正林　周松编选

甘肃人民出版社出版发行

（730030　兰州市读者大道 568 号）

兰州新华印刷厂印刷

开本 890 毫米 × 1240 毫米　1/32　印张 11.875　插页 7　字数 300 千

2019 年 8 月第 1 版　　2019 年 8 月第 1 次印刷

印数：1~1000

ISBN 978-7-226-05472-7　定价：60.00 元

《陇上学人文存》第一辑

编辑委员会

《陇上学人文存》第二辑

编辑委员会

总　序

陇者甘肃，历史悠久，文化醇厚。陇上学人，或生于斯长于斯的本地学者，或外来而其学术成就多产于甘肃者。学人是学术活动的主体，就《陇上学人文存》（以下简称《文存》）的选编范围而言，我们这里所说的学术主要指人文社会科学研究。《文存》精选中华人民共和国成立以来，甘肃人文社会科学领域成就卓著的专家学者的代表性著作，每人辑为一卷，或标时代之识，或为学问之精，或开风气之先，或补学科之白，均编者以为足以存当代而传后世之作。《文存》力求以此丛集荟萃的方式，全面立体地展示新中国为甘肃学术文化发展提供的良好环境和陇上学人不负新时代期望而为我国人文社会科学事业做出的新贡献，也力求呈现陇上学人所接续的先秦以来颇具地域特色的学根文脉。

陇原乃中华文明发祥地之一，人文学脉悠远隆盛，纯朴百姓崇文达理，文化氛围日渐浓厚，学术土壤积久而沃，在科学文化特别是人文学术领域的探索可远溯至伏羲时代，大地湾文化遗存、举世无双的甘肃彩陶、陇东早期周文化对农耕文明的贡献、秦先祖扫六合以统一中国，奠定了甘肃在中国文化史上始源性和奠基性的重要地位；汉唐盛世，甘肃作为中西交通的要道，内承中华主体文化熏陶，外接经中亚而来的异域文明，风云际会，相摩相荡，得天独厚而人才辈出，学术思想繁荣发达，为中华文明做出了重要贡献。

近代以来，甘肃相对于逐渐开放的东南沿海而言成为偏远之地，反而少受战乱影响，学术得以继续繁荣。抗日战争期间作为大后方，接纳了不少内地著名学府和学者，使陇上学术空前活跃。新中国成立之后，人文社会科学领域的专家学者更是为国家民族的新生而欢欣鼓舞，全力投入到祖国新的学术事业之中，取得了一大批重要的研究成果，涌现出众多知名专家，在历史、文献、文学、民族、考古、美学、宗教等领域的研究均居全国前列，影响广泛而深远。新中国成立之后，人文社会科学几次对当代学术具有重大影响的争鸣，不仅都有甘肃学者的声音，而且在美学三大学派（客观派、主观派、关系派）、史学"五朵金花"（史学在新中国成立之后重点研究的历史分期、土地制度史、农民战争史等五个方面的重点问题）等领域，陇上学人成为十分引人注目的代表性人物。改革开放以来，甘肃学者更是如鱼得水，继承并发扬了关陇学人既注重学理求索又崇尚经世致用的优良传统，形成了甘肃学者新的风范。宋代西北学者张载有言："为天地立心，为生民立命，为往圣继绝学，为万世开太平"，此乃中华学人贯通古今、一脉相承的文化使命，其本质正是发源于陇原的《易》之生生不已的刚健精神，《文存》乃此一精神在现代陇上得到了大力弘扬与传承的最佳证明。

《文存》启动于中华人民共和国成立六十周年之际，在选择入编对象时，我们首先注重了两个代表性：一是代表性的学者，二是代表性的成果，欲以此构成一部个案式的甘肃当代学术史，亦以此传先贤学术命脉，为后进立治学标杆。此议为我甘肃省社会科学院首倡，随之得到政界主要领导、学界精英与社会各界广泛认同与政府大力支持，此宏愿因此而得以付诸实施。

为保证选编的权威性，编委会专门成立了由十几位省内人文社会科学领域著名学者组成的专家指导委员会，并通过召开专题会议研讨、发放推荐表格和学术机构、个人举荐等多种方式确定入选者。为使读者对作者的学术成就、治学特色和重要贡献有比较准确和全面的了解，在出版社选配业务精良的责任编辑的同时，编委会为每一卷配备了一位学术编辑，负责选编并撰写前言。由于我院已经完成《甘肃省志·社会科学志》（古代至 1990 年卷，1990 至

2000 年卷）的编辑出版工作，为《文存》的选编提供了坚实的基础和基本依据，加之同行专家对这一时期甘肃人文社会科学发展的研究，使《文存》能够比较充分地反映同期内甘肃人文社会科学的基本状况。

我们的愿望是坚持十年，《文存》年出十卷，到 2019 年中华人民共和国成立七十周年之际达至百卷规模。若经努力此百卷终能完整问世，则从 1949 至 2009 年六十年间陇上学人以"人一之、我十之，人十之、我百之"的甘肃精神献身学术、追求真理的轨迹和脉络或可大体清晰。如此长卷宏图实为新中国六十年间甘肃人文社会科学全部成果的一个缩影，亦为此期间甘肃人文社会科学学术业绩的一次全面检阅，堪作后辈学者学习先贤的范本，是陇上学人献给祖国母亲的一份厚礼。此一理想若能实现，百卷巨著蔚为大观，《文存》和它所承载的学术精神必可存于当代，传之后世，陇上学人和学术亦可因此而无愧于我们所处的伟大时代，并有所报于生养我们的淳厚故土。

因我们眼界和学术水平的局限，选编过程中必定会出现未曾意料的问题，我们衷心期望读者能够及时教正，以使《文存》的后续选编工作日臻完善。

是为序。

2009 年 12 月 26 日

目　录

编选前言

今年是侯丕勋教授 80 岁华诞，在甘肃人民出版社李树军先生、陕西师范大学黄正林教授等的推动下，先生的研究成果被选为《陇上学人文存》。两位师兄嘱我对侯丕勋老师的文集写一篇编选前言。在西北师范大学历史系读书期间，我们曾聆听侯先生的教诲，得到侯老悉心指教，不胜荣幸。特别是侯先生是我的本科毕业论文指导老师，对学生成长的关心、学业的指导，至今历历在目，难以忘怀。数十年来，侯老不忘初心，执着于史学研究领域，笔耕不辍，对中国古代史研究尤其是古代西北史地研究做出了重要贡献。适值先生大作出版之际，学生僭越，奉上导言，谨祝先生健康长寿！

一

侯丕勋先生 1938 年 6 月出生于甘肃康乐县的农村家庭，年少时极为勤奋刻苦，1961 年以优异成绩考入甘肃师范大学（即今西北师范大学），毕业后留校担任行政工作。1978 年，侯先生放弃行政工作，到历史系任教。此后的 20 余年，他一直坚守在教学一线，耕耘于中国古代史、西北边疆史以及历史地理学研究领域，直到 2002 年荣退。期间，先生曾为本科生讲授《中国古代史》与《中国历史地理》等课程，承担了研究生《西北历史地理》《西北史地》《先秦秦汉时期地理学著作与地理学思想》以及《西北史地历史文献导读》等课程。在课堂上，侯丕勋先生对各种历史事件与人物之间的关系娓娓道来，学生们也听得如痴如醉，一节课下来，老师十分辛苦，而学生也是收获颇丰。"学生公认，他对教学工作态度认真；他的教学内容充实并具有说理性，重点突出，效果良好"①。在培养人才方面，侯丕勋先生在历史学领域诲人不倦、勤奋耕耘，已为历史学领域培养了大批优秀人才，不少学生已成学界骨干。

先生长期致力于中国古代西北史地研究，先后出版专著包括《西北史地探赜》《历代经略西北边疆研究》《汗血宝马研究》《西北边疆历史地理概论》等，参编《隋史新探》《甘肃古代史》《河西开发史》以及《西北通史》《中华人民共和国地名大辞典·甘肃省》以及《丝绸之路文化大辞典》等。多篇文章刊布在《中国边疆史地研究》《中国藏学》以及《中国典籍与文化》等重要刊物上。著名历史学家郭厚安先生曾评价侯丕勋先生《历代经略西北边疆研究》一书是一部"多有创见的学术著作"②。"高山仰止"，侯老一直是后辈学子学习的榜样和楷模。

二

先生学术研究领域广泛，涉猎先秦史、秦汉史、中西交通史以及西北历史地理等方面的研究与思考。《陇上学人文存》收集文章32篇，按照文章研究的内容与方向，共分为七个部分，即历史人物部分、西北历史地理部分、中外贸易与丝绸之路部分、中国古代朝贡贸易部分、西北民族部分、中国古代建都问题以及西北边防制度与思想等。这些文章大多数集中分析与探讨了中国古代历史人物的功过是非、丝

---

①黄正林：《侯丕勋教授与中国古代史研究》，《社科纵横》2001年第6期，第1页。

②关于郭厚安先生对侯丕勋先生《历代经略西北边疆研究》的书评，参见郭厚安《多有创见的学术著作——评〈历代经略西北边疆研究〉》一文，发表于《中国边疆史地研究》1998年第4期。

绸之路与中外贸易以及西北地区历史地理问题。本书多篇论文彰显了作为一代历史学者对历史事件、历史地理、历史人物的反思与求真。

在本书中，由于收录文章数量极为丰富，故只能有针对性地介绍几篇文章，便于读者更好地了解本书的写作主旨与重要内容。因此，主要介绍的篇目有《〈禹贡〉雍州西界黑水问题新探》《我国形象化历史地图诸问题索隐》《"汗血宝马"诸问题考述》《丝路"鬼市""哑交易"及其成因》《藏族风俗对甘肃洮西汉族地区的影响》以及《古代边疆防御的"智防"策略及其运用》等。

《〈禹贡〉雍州西界黑水问题新探》一文分析了雍州的得名及其西界黑水的方位，对《禹贡》一书的成书年代进行了辨析。之后，通过出土文物去判定《禹贡》中雍州西界黑水，最后得出结论，即今甘肃灵台县境内之达溪河是《禹贡》雍州西界黑水，而春秋时期的关中地区为《禹贡》雍州之域。现在陇山以西甘肃、青海、新疆境内以至葱岭以西诸黑水，均非《禹贡》雍州西界黑水，而今灵台县达溪河一带以北、陇山以西甘肃、青海、新疆等地，亦不属《禹贡》雍州之域。史籍中载有陇山以西至甘肃、青海、新疆等地属于《禹贡》雍州之域，实属错误。文章考证细节较多，关于"雍"得名之观点，该文也进行了归纳总结，著者认为雍之得名当属渭水支流之一的沂水因雍塞而成泽。就《禹贡》成书之年代，著者梳理了三种观点，比较认可王成组先生之《禹贡》出自孔子之手，即成书于春秋末期的观点。

《我国形象化历史地图诸问题索隐》以历史地图作为考证对象，对我国形象化历史地图诸问题进行了考述。文章主要分为三个部分，也就是形象化历史地图的名称与特征、形象化历史地图的产生与九鼎"象物"地图、形象化历史地图的久盛不衰。第一部分介绍形象化历史地图的名称与特征，第二部分则对形象化历史地图的产生九鼎"象物"地图进行论述，第三部分将形象化历史地图按照用途进行细致分类,共计七种地图,即政区图、城邑图、军事图、边域图、寺院图、山川图以及水系图。文章可圈可点之处甚多,笔墨之间彰显著者扎实的史学基本功。第一,著者提出"形象化历史地图"概念之后,对于此概念进行了界定与特征分析,凸显了著者的理论水平。第二,著者考证了形象化历史地图产生的时代,认为"中国的形象化历史地图产生于母系氏族公社末期至父系氏族公社早期",将我国的历史地图产生年代向前推进几百年。第三,针对我国产生的诸多历史地图,著者进行了细化与分类处理,按照绘制的对象与作用,进而将之分为政区图、城邑图、军事图、边城图、寺院图、山川图以及水系图,使我们更有利于认识我国古代历史地图。

《"汗血宝马"诸问题考述》主要对汗血宝马"汗血"之谜、汗血宝马称"天马"的由来、汗血马产地的变化、汉武帝以武力索取汗血宝马的主要原因进行了研究。首先,著者将视角聚焦于汗血马的"汗血"问题,引用诗歌、正史、杂史以及丛书中的记载,认为"大宛汗血宝马及其'汗血'现象的存在是毋庸置疑的"。随后,查阅中外文献,引用东汉明帝的见闻与应劭的记载,又结合法国吕斯·布尔努瓦在《丝绸之路》中的研究,认为"大宛汗血宝马并非遍体'汗血',而只是局部'汗血'。只不过汉唐间大宛汗血宝马之'汗'是从'前肩膊出',而近现代则从'臀部和背部'出而已"。同时,"大宛汗血宝马的'汗血'现象,实质上是马患的一种流着呈浸湿与沫状血的皮肤病"。其次,著者考证了汗血宝马缘何称为"天马"的历史依据。根据《汉书》的记载,汗血宝马原本称为"贰师马"或"善马"。后来,"汉武帝依据儒家典籍《易》中'神马当从西北来'的符咒,先前曾把得自西北方的乌孙马叫作'天马',而后来当获得西北方比乌孙马更好的大宛汗血宝马时,又把大宛汗血宝马称誉为'天马',乌孙马则又改称为'西极马'"。再次,著者还针对汗血马的产地进行了一番考述。通过文献的分析,著者认为西汉时期汗血宝马主要产自大宛贰师城地区。这也就能与大宛人口中所言"贰师马、宛宝马"相吻合。西汉之后，汗血宝马主要沿着三个方向进行扩散：以西汉时期的大宛国为中心坐标，第一条是向西北方向开始扩散，进入西突厥境内；第二条则是向西南方向进行扩散，到达了吐火罗国境内；第三条就是向东扩散至新疆库车等地；第四条就是向东南方向扩散，抵达了中原地区。最后，著者还对西汉武帝索取汗血宝马的原因提出了新见解。关于汉武帝索取汗血宝马的原因，史学界已有多篇详述，著者总结为以下三种观点：第一种作为玩物或礼仪性的东西；第二种则是为了解决对匈战争中的马匹损耗问题；第三种就是为了彰显西汉王朝的文治武功。然著者从史籍文献出发，认为"汉武帝以武力索取汗血宝马的主要原因，既不是为了把汗血宝马当作玩物和用于礼仪，也不是为对匈奴战争补充所需军马，而实质上是为了巩固四夷臣服和汉王朝强大的文治武功"。

《丝路"鬼市""哑交易"及其成因》对西北历史上的鬼市、哑交易、"鬼市"与"哑交易"的成因进行研究。首先，提出"鬼市"概念，颇有夺人眼球之感。鬼市原指最先出现在拂菻（也就是大秦）通往东汉王朝的某一沙漠地带。进入唐代，鬼市交易地区为西海中，其中交易双方互不见踪迹，交易货物按价值进行交换。其次，著者谈到了哑交易。哑交易，顾名思义，也就是"哑巴交易"。在丝绸之路上，古代罗马帝国与两汉王朝之间的贸易往来，买卖双方之间的交易犹如哑巴，仅以目光议定价格，故称之为"哑交易"。再次，著者分析了丝绸之路由这两种贸易形式的成因。著者认为语言的制约与古朴民风的影响，导致这两种别具特色的贸易形式的出现。

《藏族风俗对甘肃洮西汉族地区的影响》主要论述了藏族的风俗习惯对我国甘肃洮西汉族地区产生的影响，展现了我国各民族之间交流融合。本文主要由三部分组成，即洮西的藏族遗俗、藏族遗俗盛

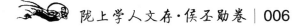

行的原因以及"藏俗汉行"的启示。首先,著者论述了洮西地区藏族的遗俗,也就是地名、人名多带有藏族文化的特色。其次,著者剖析了藏族遗俗能够盛行的原因。这些最主要的因素在于汉藏两族之间长期的文化交流,这就使得汉族的习俗中夹杂着藏族的文化因子。再次,文章还针对"藏俗汉行"问题提出了藏族与汉族及其他民族之间存在着你中有我、我中有你的特色。

《古代边疆防御的"智防"策略及其运用》对"古代边疆防御'智防'策略考释"、"古代'智防'策略诸范例探索"、"'智防'策略在'城防'工程中的运用"、"'智防'策略在'人防'工程中的运用"等作了考论,重点论述了智防在防御中的重要作用。首先,著者对"智防"一词进行考释,从历史、字义等多方面解释智防,得出结论是边疆防御时使用军事谋划与丰富智慧就是智防的最重要的策略。其次,著者对历史时期的智防范例进行了探索,主要以"赵充国'坐胜之道'策略"、"历代'不战而屈人之兵'策略"以及"历代'天子守四夷'策略"等三个策略为主要论述对象,分析智防在边疆防御中的重要作用。再次,著者分析了智防在城池防御中的使用情况。著者以长城为例,对长城的走向、设计、烽燧、塞天田以及其他军事防御工事壕、木栅等进行了分析,突出了智防在防御设施建构中的特殊地位。最后,著者将智防的视野放置于人防建设之中,从摆边、边兵、屯田等几个方面论述了人力防御建设中的具体情形。

三

本书收集著者多篇论文,内容丰赡,也是此书的显著特色,这也使得著者能够对中国历史上各个时期的史地问题形成独到的见解与认识。这种见解与认识表现为以下三种特征:

首先,本书著述内容时间跨度很大。本书是著者将二十多年来有关中国古代史地问题的三十三篇论文辑录而成，这些论文所涉及的时间跨度很大，涵盖了先秦到明清时期的史地问题。

其次，本书所涉及的内容十分丰富。此书的内容涉及中国古代原始社会、两汉的史地问题、中西之间的贸易往来与地名变迁、中国古代封建社会开放与除弊问题以及西北民族史的问题等。

再次，本书探讨的论题以具体问题为主。著者将其视角放置于中国古代史地问题的研究上，主要探讨了史学领域诸多小问题。例如雍州西界黑水问题、西汉敦煌渥洼水问题、"悬度"的具体地理位置、丝路上的"鬼市"与"哑交易"问题以及汗血马的问题等。

考证是中国传统史学的基本功，也是史学的入门功夫。中国古代的史籍汗牛充栋、浩如烟海，史学工作者最紧要的就是对史料去伪存真与整理研究。然而，去伪存真与整理研究需要良好的史学考证功底。著者作为一名史学工作者，翻阅其著作便能深深感受到其史学考证功底，尤其以《西汉敦煌"渥洼水"今名今地考辨》最见著者个人的考证功底。

《西汉敦煌"渥洼水"今名今地考辨》乃是著者刊于 2016 年第 2 期《石河子大学学报》之文。本文共有三个部分，即敦煌南湖为西汉"渥洼水"质疑、今月牙泉是西汉敦煌"渥洼水"的佐证与诗歌对"渥洼水"与"天马"问题的描述。著者从《汉书·地理志》《元和郡县图志》等古籍中寻找"渥洼水"的地理方位，又对敦煌南湖的地理状况与自然环境进行了考述。同时，还从捕获天马的暴利长谈起，作为刑徒身份的暴利长无法从敦煌郡下辖的敦煌县到当时的龙勒县。从这三个方面对"敦煌南湖"与西汉"渥洼水"之间的关系进行了多方面质疑，从而提出今"月牙泉"乃是西汉敦煌的"渥洼水"的观点。这个观点推翻了之前学者对"渥洼水"方位的判定，且从"渥洼"的字义、月牙泉的地理位置、敦煌地区县志以及古代诗歌资料中查找到今敦煌月牙泉即西汉时期的渥洼水的文证。

　　纵观本卷所涉及的内容,基本贯穿于整个中国历史。翻阅本书的目录,其所涉及的问题都分布于整个中国古代史地问题之中。著者并未将视野限制于某一区域或时代,而是将自己的个人研究视野放置于整个中国历史的史地问题、中西交通问题以及中外贸易问题,这也就形成了本书颇为显著的特征。几乎每个历史时期,著者都有学术文章涉及,这也使本卷颇具通史的特色。本卷收集的论文,上至先秦时期原始社会的问题论述,下至清代政治家雍正帝的个人研究,文章所跨年代几乎囊括了整个中国历史,也说明著者个人深受中国传统史学的影响,立志以中国通史作为个人研究与著史的目标。《中西交通起源与丝绸之路的中国古名钩沉》一文则具有很强的贯通特色,文章涉及的问题既有汉代的东西,也涵盖了明代的部分。

　　《中西交通起源与丝绸之路的中国古名钩沉》收录于著者《历代经略西北边疆研究》一书中,此书于1997年由甘肃文化出版社出版。此文由中西交通的起源、中西交通道路的中国古史钩沉两部分构成。文章对于"中西交通起源"的问题,归纳了诸多前人的研究成果,形成三种观点,即张骞出使西域标志说、周穆王西征标志说、公元前5、6世纪说。著者根据个人的研究成果,提出了新观点。首先,是如何定义的问题,他认为"中西交通的起源是一个很复杂的问题,它涉及起源条件、起源时代、起源标志、与起源相关历史人物以及起源时代的交通路线,同时还有一个对'起源'这一提法的理解问题"。其次,根据现有考古的材料与文献记载,对上述三种观点进行考证。侯老认为"中西交通约起源于公元前6世纪,所出土丝织物与铜器等是中西交通起源的实物标志"。而张骞出使西域,"则是中西交通发展到使者、商人频繁往来和以丝绸之路贸易为主要特征的新阶段"。在文中,著者进一步钩沉考订中西交通道路的中国古名。眼光首先注视到"外国

道"一词,得出"外国道"一词提出与张骞有着密切关系的结论。"所谓
'外国道'实际上就是西汉通使各'外国'的交通道路之意"。此外,还
借助《明史·西域传》中"天方"一词,提出"天方道"概念,认为"'天方
道'是明朝通往伊斯兰圣地麦加的交通道路"。

四

纵观本书多篇文章的选题,视角与常人相异,从而对常识性的知
识框架体系能够形成颠覆性的认识,这也是史家的独到之处,能在不
疑处有疑。

一般来讲,大多数学者认为秦始皇筑长城是以临洮作为起始地,
然而,著者却反对从常识性知识体系出发,对秦始皇万里长城的起始
点提出新的质疑。《〈史记〉"因河为塞"说与秦始皇万里长城西端首起
地》一文便是如此。此文刊布在 1996 年第 6 期《中国边疆史地研究》,
本文属于一篇考证性文章,文章主要分为三个部分,即秦始皇万里长
城西端首起地"临洮"之地望、把握"因河为塞"说是论定秦始皇万里
长城西端首起今岷县境的关键、秦始皇万里长城首"起于今临洮"观
点之依据不足凭信。第一部分主要对"临洮"县地望进行考证,著者认
为今临洮在西汉时期才称之为"临洮",在管辖范围上西汉时期的临
洮管辖范围比秦时期的要小,但大体位置均包括岷县。第二部分则主
要对"因河为塞"进行系统讨论。关于如何理解"因河为塞"的问题,著
者认为蒙恬所筑万里长城主要以"河"为天然屏障,作为长城西段的
主体,不易登岸处以山势险竣作为障碍,容易登岸处则沿岸筑起一段
墙面。第三,著者对秦代万里长城始于临洮的观点提出质疑,著者认
为临洮"杀王破"并非是秦万里长城的起始点,而且筑万里长城本为
防御匈奴南下,故秦代并未在甘肃岷县境内修筑长城,更多的是以河
为塞。

　　本书中多篇文章运用考证的史学思路与方法，对中国古代诸多史地问题进行考证求索，形成了诸多个人独到的见解。《"祁连小月氏"族源新探》一文便是典型代表。该文乃是著者发表于 2001 年第 4 期《青海民族研究》。此文主要由"认识一种带有普遍性的历史现象"、"解决一个具有关键性的问题"以及"辨析若干重要史料"三部分组成，主要考证了祁连小月氏的族源问题。在第一部分中，著者跳出原先的思维模式，旗帜鲜明地提出"一族多源"的思考。著者认为，"在我国古代，弱小民族一旦被强大的民族所役属，就会出现弱小民族丧失自己的族名，而以强大民族之族名为族名的现象"。这也为祁连小月氏的族源问题提供了一种新的解决思路。第二部分著者则针对祁连小月氏的族源问题，提出了"单一族源"或"一族多源"的思考。首先，著者将视野放到有虞氏与河西月氏的关系问题，著者经过先秦文献的比对，"据此可以得出最初河西月氏之祖先即'虞氏'、'禺知'、'禺氏'和'月氏'为西戎羌族的结论"。其次，著者又将河西土著居民羌与月氏进行分析比较。通过考古遗物判定文化层的年代，结合前辈学者的研究成果。著者认为"在'虞氏'羌从鄂尔多斯西迁河西地区之前，河西地区早已有另外的羌人的部落生活。从而可以说，'虞氏'羌戎和河西地区固有羌人，是河西地区以'月氏'为名的民族的最初成员"。其次，著者又将视野放置于西域东迁民族与河西月氏之间的关系。著者认为"由于当时的中原华夏人对突厥种月氏和乌孙东莱河西情况并非十分清楚，因此，'月氏'只不过是他们用'虞氏'羌之名对河西多民族居民的统称"。再次，著者还对西迁西域的大月氏的族属问题进行了探讨。最终著者得出结论，即"在河西走廊活动时期的月氏，并非单一族源民族，而实际上是由羌、突厥和乌孙三个民族成员所构成的一族多源民族"。在第三部分中，著者将针对不同史书的记载，对史料进行辨析。进而得出祁连小月氏并非与西迁西域的突厥种大月氏同源，而是与羌族同源。

　　本书是著者多年文章积累而成,蕴含了著者诸多心血,也展现著者对中国古代史地问题的思索与理解。针对历史时期的地理问题进行研究,表明著者始终强调的是历史与地理之间极为密切的关系,对于西北历史地理学的发展具有重大作用,以考证为主体现着著者对传统考证思路的认可。考证方法本是乾嘉学派著书立说最重要的方法立论之基,近代以来,考证思路也得到民国学者的继承,著者同样继承传统的考证路径。在传统的史地问题上,著者能够灵活运用考证的方法,对已经形成的习惯性常识提出质疑,不断闪耀着著者的学术思想火花。

　　《"悬度"诸问题考述》一文则最能体现其在历史研究中善于将历史与地理结合的思想。《"悬度"诸问题考述》一文刊于1994年第4期《西北师范大学学报》历史学专辑。著者将此文分为三个部分,即"悬度"及其方位与归属、"悬度"的险峻形势、与"悬度"有关的古代中罽交通。关于悬度与其地理位置,首先,著者分析了"悬度"一词的基本含义。随后著者提出"'悬度'地名传入中原的时间,极有可能在西汉武帝至成帝之间(公元前140—公元前33年)"。其次,关于"悬度"的基本地理位置,根据《汉书·西域传》的记载,著者确定"'乌秅'即今新疆皮山县西南的坎巨提;坎巨提以西百余里之中国一侧便是'悬度'"。著者还根据史书记载与僧人的游记,对悬度的地势、走向进行了概述。著者认为"'悬度'作为我国古代西域葱岭地区通往罽宾的山间道路,在其开辟时期,本是利用天然沟谷和山崖坡坂通行,而在一些危险地段的通行,确曾有过借助绳索确保安全的现象,但仍避免不了人畜伤亡事故发生。约在西汉及其以后,为化险为夷、安全通行,有人开始在'悬度'崖壁、沟谷的危险地段开凿石阶、修建栈道,从而大大便利了通行"。

五

本文主要针对侯丕勋先生中国古代史地问题论文进行了简要评价。本书具有内容丰富、考证功底深厚以及贯通特征等三大特色。笔者认为本卷蕴含很高的史学价值,这主要体现在其选题价值、考证理念以及史地思想等三个方面。本卷所收文章史学价值颇高,值得青年历史学人一览。

总之,我们希望史学界能够继续推陈出新,继往开来,不断写出更多诸如侯先生这样的高质量史学著作,这样才能为我们展现出学术的价值与魅力所在。也只有这样,我们的史学才能够继续向前发展,走向史学新的顶峰与未来。

周 松

2018 年 3 月于西北民族大学

华夏祖居地方位考辨

在上古传说中，华夏祖先的居住地是华夏文明史研究中史家所关注的重要问题之一。在以往的研究中，虽然有的见解颇具客观性，但时至今日仍未获得学界公认。在历史上和当代，部分学者曾经把"昆仑山"视为华夏祖居地，其中一些学者甚至把现今甘肃省敦煌西南昆仑山、新疆和田之南昆仑山和青海西部昆仑山视为华夏祖居地。如果我们对华夏祖居地问题的诸方面考虑得更为细致一些、深入一些，就不能不觉得以上说法有着重新审视的必要。

一、"昆仑"名称的由来和演变

"昆仑"名称，从何而来？这自然要从历史文献中找答案。但在历史文献中所见"昆仑"又称为"崑崙"。同时，"昆仑"与"崑崙"因是"昆仑山"和"崑崙山"之名的简称，于是"昆仑"与"崑崙"、"昆仑山"与"崑崙山"名称在历史文献中总是混用。出现这种混用现象，是因古代有的史家以为"昆仑"是山名，故给"昆仑"二字加了"山"字偏旁部首，结果使得后世人很难一时搞清楚哪一山名出现在前，哪一山名出现在后。其实史学界所关注的与华夏祖居地相关的"昆仑"，有着一个较为复杂的演变过程，这个过程的源头与当今甘肃省境内崆峒山和陇山的原名有关。现就这一问题的相关情况，进行以下考辨与分析：

1. 崆峒山的原名

今甘肃省平凉市境内"崆峒山"，因华夏人文初祖轩辕黄帝问道广成子于此，故成为中国名山，从而享誉全国，然而"崆峒山"却不是这座山的原名。

据清张伯魁纂修的《崆峒山志》^①和其他资料记载分析，崆峒山的原名是因这座山悬崖峭壁上存在众多天然石洞而得名。那么，《崆峒山志》等文献所记载的崆峒山崖壁上有哪些天然石洞呢？请看：

广成洞。五千年前，道家始祖广成子在崆峒山修炼时，曾住在山上东台别峰之阴一个天然石洞里，后世故将这个石洞称为"广成洞"。当年，轩辕黄帝曾去崆峒山"广成洞"向广成子"问道"，以此之故，"广成洞"有时也被称为"问道宫"。后世还有"广成丹穴""丹穴"等名称的流传。

玄鹤洞。又称元鹤洞。玄鹤洞位于崆峒山东台峰下崖壁上，因黑鹤在此洞中栖息，故名"玄鹤洞"。《崆峒山志》又记载：栖息玄鹤洞的黑鹤很大，在空中展翅飞翔时，其状大如木车车轮。

钻羊洞。据《崆峒山志》记载：在崆峒山之阴，"俗传：昔有群羊，夜踏田苗，土人逐之，悉入洞中，次早视之，则皆白石也"。以此之故，始有钻羊洞和石羊洞之称。

归云洞。又名青龙洞。据《崆峒山志》记载："空同（山）石骨中多有孔穴，雨前风后，云从石隙中生，小者如麟，大者如轮……满山谷，须臾开爽，群山如故。"又载："一名青龙洞，在半山，岩窦玲珑，云气出入，又雨晴云辙归洞。"据这些记载看，"空同山"上的"归云洞"，是一些洞口小的山洞或石壁上的裂缝。

朝阳洞。据《崆峒山志》记载，朝阳洞"在崆峒山之阳，道家修炼

---

①［清］张伯魁纂修《崆峒山志》，嘉庆二十四年刊本，台湾成文出版社有限公司影印。

处,人迹罕至"。

另在《崆峒山志》中还载有若干山洞,其中较为著名者有"三教洞""灵官洞"和"玉女洞"等。

《崆峒山志》对有关崆峒山的资料具有兼收并蓄的特点,所以从中还可以看到崆峒山的名称有数个,如:崆峒山、崆山、空洞山、空桐山、空同山等①。显而易见,早在古代,人们就已熟知在崆峒山崖壁上存在着若干著名天然石洞,其中一些人还了解天然石洞的得名缘由。据此可以断定,当初人们将平凉崆峒山原名叫作"空洞山"是自然而然的。

2. 陇山的原名

陇山,是一座南北向伸展的大山,其山势恰似一条游龙趴在地上。它的北段,部分在甘肃省境内,部分又在甘肃省与宁夏回族自治区交界处;中段位于今陕、甘两省界上,中间又被渭河拦腰截断,其不同段落有着不同的名称,如崆峒山西北段称六盘山,往南一段称关山,再往南则为大陇山或陇山;陇山南段,位于渭河以南,被称小陇山等。那么,陇山的原名是什么? 对此今人多不知,需作一定考释。

最近,在无直接相关历史文献可查阅的情况下,笔者想到了《中华人民共和国地名词典·甘肃省》和《甘肃省张家川县地名资料汇编》等书中的地名。经查阅《中华人民共和国地名词典·甘肃省》一书,其中有"龙山镇"②地名。《甘肃省张家川回族自治县地名资料汇编》(内部资料)中有"龙山""龙山镇""龙口""龙口峪""龙衣山""龙衣沟""龙

①[清]张伯魁纂修《崆峒山志》,台湾成文出版社有限公司影印,第39—67页。
②《中华人民共和国地名词典·甘肃省》,商务印书馆1995年版,第60页。

山桥"①等地名。秦安县境有"龙山""龙泉"等地名②。另据《甘肃省秦安县地名资料汇编》记载,"吊湾公社的'把龙(村)',胡缵宗《秦安志》疑为'八龙'"③。这些资料,读后令人喜出望外,因为它们表明:陇山的原名是"龙山"。

3. "昆仑"名称的由来与演变

崆峒山和陇山的原名,与华夏祖居地到底有着怎样的关系? 要能搞清楚这个问题,就得认识三种历史现象:一是古人将两个以上名词的首字(或其中一字)连在一起,组成一个带有综合特点的新名词,如将长江、黄河,组成江河;二是古人将名词进行同音假借,变成新名词,如将空洞变为空峒、峒、空桐、崆峒等;三是道教的崇拜者与信徒附会出一些新名词等。如"昆仑""崑崙"名称,极有可能是道教崇拜者将崆峒山原名"空洞山"第一个字"空"和陇山原名"龙山"第一个字"龙",组成为"空龙"一词,进而予以神化、仙化,就变成了"昆仑"或"崑崙"了。

"崑崙山"名称出现较晚,对此托名西汉东方朔著的《海内十洲记·提要》说:《海内十洲记》"似道家夸大之语,大抵恍惚,支离不可究诘。考刘向所录,东方朔书无此名。……盖六朝词人所依托"④。《海内十洲记》本文载道:"崑崙号曰崑陵,在西海之戌地,北海之亥地,去岸十三万里,又有弱水……山高地平,三万六千里,上有三角,方广万里,形似偃盆,下狭上广,故名崑崙山。"⑤据此可知,"崑崙山"之名是

①《甘肃省张家川回族自治县地名资料汇编》(内部资料),1986年7月,第56、104、116、133页。

②《甘肃省秦安县地名资料汇编》(内部资料),1985年10月,第190页。

③《甘肃省秦安县地名资料汇编》(内部资料),1985年10月,第194页。

④《海内十洲记·提要》,见《文渊阁四库全书》,台湾商务印书馆有限公司发行,第273页。

⑤《海内十洲记》,见《文渊阁四库全书》,台湾商务印书馆有限公司发行,第279页。

在六朝时期的崇道之徒假借西汉人东方朔名字而伪造的《海内十洲记》中首次出现的,并把帕米尔高原说成了崑崙山。

在唐代及以后,中原王朝进一步开拓并加强对西北内陆地区的管理,加之寻找黄河源活动的进行,进而逐渐确认了西北内陆三座昆仑山。20世纪20—30年代,中国史学界"疑古派"等学者通过对中国古代神话传说的研究,得出结论认为:"中国古代流传下来的神话中,有两个很重要的大系统:一个是崑崙神话系统;一个是蓬莱神话系统。崑崙的神话发源于西部高原地区,它那神奇瑰丽的故事,流传到东方以后,又跟苍莽窈冥的大海这一自然结合起来,在燕、吴、齐、越沿海地区形成了蓬莱神话系统。……探索崑崙与蓬莱这两个神话系统",对"回复古史的原来面貌有极其重要的意义。"[①]再到后来,西北高原神话和蓬莱神话便传播到了全国各地。在这一过程中,"崑崙山"名和"昆仑山"名逐渐统一为"昆仑山",其由崇道者多方进行神化和仙化现象极为明显,并被认定为华夏祖居地。

二、西北内陆三"昆仑山"为华夏祖居地说不可信

史学界所说的华夏祖居地"昆仑"究竟位于何处?目前所见颇为突出说法认为:华夏祖居地"昆仑"有三:一在敦煌西南;一在新疆和田之南,一在青海省西部。以上三座"昆仑"山所在地区是否真的是华夏祖居地?现在分别将其自然环境、得名时代与文物古迹遗存等予以概述,看三个"昆仑"地区是否具有成为华夏祖居地的基本条件。

1. 敦煌西南"昆仑"山

今敦煌西南部,即党河流域为祁连山西端,再往西南则属阿克塞

---

①顾颉刚:《庄子和楚辞中的崑崙》,见《顾颉刚全集》第6册,中华书局2011年版,第330–331页。

哈萨克族自治县辖地,那里大部为广阔草原,水草丰美,适宜游牧,在古代不具有农耕条件,直至 20 世纪 80 年代,还未发现新石器时代有价值的历史文物,中原人到达这一地区当在西汉时期。另据今人认为,当时南阳刑徒暴利长在敦煌屯田时,在此捕获一匹野生汗血马①。除此再无别的文证留存史册,尤其今人皆无法确指敦煌西南"昆仑"方位,因此不具备成为五千年前华夏祖居地的地理、历史条件。

然而,今人已从《后汉书》中查阅到"昆仑塞"②、从《通典》中查阅到"昆仑障"③的记载,而且二者方位均在今瓜州(原安西)县南境,这与敦煌西南"昆仑山"方位说不符。或许古代史家的敦煌西南"昆仑山"说存在某种误断,故不足凭信。

2. 新疆和田之南"昆仑山"

和田之南"昆仑山",是从帕米尔高原东南部向东延伸而来,实际上是喀喇昆仑山的一段,属高山地区,一年中气候较为寒冷,高山植被呈荒漠草原景观,绝大部分山区无森林分布。不过,从和田之南昆仑山中所发源水量较大之诸河流,当北流出山,进入山坡和北部沙漠后形成了数片绿洲,早在西汉人到达这里之前,当地已存在灌溉农业。据斯坦因《沙埋和田废墟记》所载,当地居民已皈依佛教,有梵文简牍出土④。当地居民中有羌人先民生活,但若从出土文物看,当地居民似与华夏之祖无涉。

---

①《汉书》卷 6《武帝纪》"元鼎四年六月"条注,中华书局 1962 年版,第 184-185 页。

②《后汉书》卷 2《明帝纪》,中华书局 1965 年版,第 122 页。

③《通典》卷 174《州郡四》,中华书局 1984 年版,第 923 页。

④[英]斯坦因著、殷晴等译:《沙埋和田废墟记》,新疆美术摄影出版社 1994 年版,第 249 页。

3. 青海西部"昆仑山"

青海西部"昆仑山",位于盐羌地区的南部和西南部,并与和田之南"昆仑山"呈断续相接状况。在《中国历史地图集》第 2 册《西域都护府》图上,将二山相接地段也标注为"昆仑山"[①]。青海西部"昆仑山"东段几乎全是荒漠景观,有些山坡照片若粗看,似乎分布有丛生植被,若仔细看原是经氧化变黑的片片裸露岩石。山下亦呈荒漠景观,虽然有的地方有小河,但河边不见茂密林木植被。看来,这里同样不具备华夏祖先生存的条件。这里为中原汉人所知悉,当在唐、元二代寻找黄河源时期,绝不会很早。

以上西北内陆三"昆仑",虽与南北朝后期所出现之"崑崙"同音,但现在来看,崇道之徒把空洞山和龙山山名的首字"空"与"龙"二字相连并神化和仙化为"昆仑"二字,只能迷惑一些文化人,但改变不了华夏祖居地的固有方位。

三、华夏祖居地的方位

华夏祖居地若从学术研究角度看,本是个笼统的概念,经仔细思考,其内涵大致可区分为以下三个方面,即华夏、华夏祖先和华夏祖居地。我以为,若将这三个方面依次解释、界定正确,华夏祖居地的方位问题也就迎刃而解了。

华夏,即华夏部族或华夏族,是我国原始社会后期以夏部族为核心形成的一个部族。在华夏部族形成时期,中国原始社会已进入部落联盟阶段。这一时期,夏部族的首领先是鲧,其继任者就是大名鼎鼎的夏禹。夏部族当时以农为生,已迁居中原腹地,而生活在中原周围

---

①谭其骧主编:《中国历史地图集》第 2 册《西域都护府图》,中国地图出版社1975 年版,第 24–25 页。

的各部族社会发展水平低下，被称为戎、狄、蛮、夷。这一时期的夏部族已将伏羲氏后裔中的炎、黄各部落统一为一体，而戎、狄、蛮、夷不在其内，"华夏"的得名也在这一时期。据此说来，"华夏"的得名是较为晚近的，约在距今 4000 年前。

华夏祖先，即上古传说中华夏部族的祖先。如果以上古传说资料和近百年考古史资料为据来看，一脉相承的有巢氏、燧人氏、华胥氏、伏羲氏、少典氏、炎帝、黄帝等氏族与部落无疑都是华夏祖先，其他说法既不完整，又不科学。

华夏祖居地，是华夏部族祖先曾经较为稳定生活过的地区。在距今 5000 年前后，从氏族到部落，华夏部族祖先曾经较为稳定地生活过的地区既不太狭小，也不十分广阔。顾颉刚先生说，中国上古神话传说产生于我国"西北高原地区"，这个说法堪称科学结论。不过，顾先生说法打上了六朝道家崇拜者有关崑崙山"夸大之语"的印迹，其实华夏祖先在 5000 年前生活地区根本没有那么广阔，更不可能包括整个"西北高原地区"。若根据上古神话传说和秦安大地湾文化遗址的丰富资料，华夏祖居地大体限于今黄土高原上北起崆峒山地区，南部包括今庄浪、秦安、清水、天水、秦州区、西和、礼县等市县区及其西部静宁、甘谷二县的一部分地方。这一地区的名称，距今 5000 年前后既不叫"昆仑"，也不叫"崑崙"，而当初的名称则叫"空龙"，后演变为"昆仑"或"崑崙"。从西汉开始，随着中原王朝向西北内陆开拓疆土，"昆仑"这个神秘的名称也伴随着逐渐迁到西北内陆的中原人所不了解的"神秘"地方去了，但这并不能证明，距今 5000 年前后，华夏祖先就居住在那里。

（原刊于《丝绸之路》2015 年第 4 期）

轩辕黄帝故乡问题考述

　　轩辕黄帝(亦称"黄帝")是我国五千年前完全可信的黄帝部落的部落长称号，同时也是中国人民和世界华人共尊的中华民族始祖之一。由于轩辕黄帝问题是中华民族史研究中第一重大课题，而且其历史的若干重要方面与我们甘肃省密切相关，从而成为摆在我们面前不可回避的研究任务。

　　从大量文献资料、古代遗迹遗物与传说来看，轩辕黄帝的故乡问题，是个十分重要的学术研究课题，其中主要包括轩辕黄帝的诞生地、活动地区与其冢所在地等方面。

一、"黄帝"称号释义

　　对轩辕黄帝问题的研究，因远古第一手直接资料的难以寻觅，故入手实在不易，尤其史学界不少人受"神话传说"论的影响，对"黄帝"称号内涵存在着"实"、"虚"等不同看法。这样看来，首先阐释"黄帝"称号涵义是个合乎情理的入手门径。现在，我们依据历史背景与古人记载下来的传说资料，对"黄帝"称号涵义予以简释。

　　从历史文献所载传说资料看，"黄帝"称号最初是五千年前一个氏族的名称。《国语·晋语四》云："昔少典娶于有蟜氏，生黄帝、炎帝。黄帝以姬水成，炎帝以姜水成。成而异德，故黄帝为姬，炎帝为姜。"①

---

①《国语》卷10《晋语四·重耳逆怀嬴》，岳麓书社1988年版，第98页。

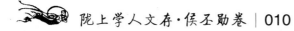

据史学界专家研究认为,在五千年前的"少典"氏及其近亲嫡裔"黄帝""炎帝"存在时期,我国尚处于从母系氏族公社向父系氏族公社的转变时期,因此,最初的"黄帝"与"炎帝",是我国远古时代从"少典"氏族里分离出来的两个兄弟(或姊妹)氏族的名称,其中生活在黄土高原上即"以土德王"的氏族叫"黄帝"氏族[①],而以"火德王"的氏族则叫炎帝氏族。此后,黄帝氏族经历了一个从氏族向部落、再向部落联盟演变的漫长时期。正如皇甫谧《帝王世纪》说,自炎、黄二氏族从少典氏族分离出来,到黄帝部落统一炎帝、蚩尤二部落,中间"凡隔八代,五百余年"[②]。这是说,黄帝氏族从"少典"氏族里分离出来后的"八代""五百余年"间,逐渐发展、壮大,从氏族发展为部落、再从部落发展为部落联盟。从"黄帝"名称内涵的这一演变,我们可以断言,远古"黄帝"氏族、"黄帝"部落在很长时间曾活动于今属甘肃的黄土高原上,当时该氏族的社会生活还十分原始,如《史记正义》指出:"黄帝之前,未有衣裳屋宇,及黄帝造屋宇,制衣服,营殡葬,万民故免存亡之难。"[③]到了这时,黄帝部落中产生了一个轩辕氏族,轩辕氏族的首领担任了黄帝部落的部落长,黄帝部落的这个部落长就叫轩辕黄帝。这个"轩辕黄帝"自然是一个真实存在过的历史人物。

二、轩辕黄帝诞生地

在古代和近代,我国史学界在轩辕黄帝诞生地问题上曾提出过

---

①《索隐》案:"有土德之瑞,土色黄,故称黄帝。"转引自《史记》卷1《五帝本纪》,中华书局1959年版,第1页注1。《正义》引《舆地志》云:黄帝"生日角龙颜,有景云之瑞,以土德王,故曰黄帝。"转引自《史记》卷1《五帝本纪》,中华书局1959年版,第2页注1。

②《史记》卷1《五帝本纪》,中华书局1959年版,第2页注2。

③《史记》卷1《五帝本纪》,中华书局1959年版,第8页注18。

诸多不同说法,至今仍无取得共识迹象。其实,当今国人若能坚持科学态度,坚持唯物史观,摒弃私念,在这一问题上取得共识还是有可能的。

根据著名史学家范文澜先生研究:远古时期,我国"居住在东方的人统被称为'夷族'";"居住在北方、西方的人统被称为'狄族'、'戎族'";"居住在南方的人统被称为'蛮族'"①。范先生又指出:"黄帝族原先居住在西北方。"②据此可以说,范文澜先生确信族属为西"戎族"的轩辕黄帝,其诞生地在我国"西北方"。

在我国古代历史文献和地方志中,有关轩辕黄帝诞生地的说法主要是两种,而且都说轩辕黄帝诞生在我国西北的甘肃省天水地区。如王国维《水经注校》说:"南安姚瞻以为黄帝生于天水,在上邽城东七十里轩辕谷"③;[清]乾隆《清水县志》则说,清水县"东南七十里,黄帝诞于此"。④以上两说,若从当地地理条件和地理方位(今天水县改为天水市麦积区,天水市麦积区与清水县地境相连,麦积区在南、清水县在北)来看,两说法基本上是一致的,因前一说以"天水"为视角,认为轩辕黄帝诞生于天水"上邽城"之东,而后一说则以"清水县"为视角,遂说轩辕黄帝诞生于"清水县"的东南。

若进行仔细思考,即可发现以上两说中的建置沿革与时代明显不同,至于"上邽城"的地理方位更是难以确定,因此需要进一步考辨:

《水经注校》说法中的"南安",为南安郡,东汉灵帝中平五年(188

---

①范文澜:《中国通史简编》第一编,人民出版社1964年第4版,第88–89页。
②范文澜:《中国通史简编》第一编,人民出版社1964年第4版,第90页。
③王国维校:《水经注校》卷17《渭水上》,上海人民出版社1984年版,第576页。
④[清](乾隆)《清水县志》卷2《古迹·轩辕谷》,乾隆六十年抄本,台湾成文出版社有限公司1970年2月台一版,第34页。

年)置①,辖今甘肃省陇西县东部、榆中县大部及定西、武山等县地,治所为狄道(今陇西县境渭水东岸),隋初废②;"姚瞻",疑为东汉末至曹魏间南安郡人(现暂未查到出典);"天水",指东汉天水郡(当时尚未置天水县),辖区相当于今甘肃省秦安、张家川、清水、甘谷、天水、礼县、西和等县及秦州区等地;"上邽城",即上邽县县城。据上看来,确定此说中"上邽"县县城的地理方位是个关键。

据《史记·秦本纪》记载:秦武公"十年(公元前688年),伐邽③、冀戎,初县之"。④即在伐灭邽、冀二戎人后设置邽县与冀县(冀县在此不论)。后至西汉时改"邽县"为上邽县,北魏时又"以避道武帝(拓跋珪)讳,改(上邽县)曰上邽,废县为镇。隋大业元年(605年)复为上邽县,属天水郡"。⑤到了唐代,又分上邽县为上邽、清水二县,当"开元(年间)地震,后移镇城纪(即成纪),改筑今城,有清水(县),无上邽(县)"⑥。但由于提出前一种说法的姚瞻是东汉末年人,当时已经将"邽县"改名为上邽县⑦,加之他所说轩辕谷"在上邽城东"七十里,显然姚瞻所

---

①《甘肃省陇西县地名资料汇编·陇西县概况》,内部版,1987年,第2—3页。

②[唐]李吉甫撰、贺次君点校《元和郡县图志》卷39《陇右道上·陇西县》,中华书局1983年版,第984页。

③在《汉书》卷28《地理志》中早有"上邽"县,但"上邽城"尚不知于何时修筑。

④"邽",即"邽戎"。有关"邽戎"得名问题,据郭仲产《秦州记》曰:"县北有利山,川中平地有土堆,高五丈,生细竹,翠茂殊常,二杨树大数十围,百姓祀之。"看来,邽戎得名于当地土圭,即大土丘。见《后汉书》志23《郡国志·汉阳郡·显亲》条注,中华书局1965年版,第3518页。

⑤《史记》卷5《秦本纪》,中华书局1959年版,第182页。

⑥《元和郡县图志》卷39《陇右道上·秦州·上邽县》,中华书局1983年版,第980页。

⑦[清](乾隆)《清水县志》卷4《风俗》,乾隆六十年抄本,台湾成文出版社有限公司1970年2月台一版,第52页。

说"天水"无疑是指天水郡,既如此,那"上邽城"似觉还在清水县境内(有关后来上邽县城的迁移问题暂且不论)。

至于乾隆《清水县志》关于"黄帝诞于"清水县"东南"方七十里问题也还需要作点简要说明:从《甘肃省地图集·天水地区》图①上看,今清水县与天水市麦积区相连之地多有弯曲,且距渭河远近不一,自西至东分别约在渭河北3~8公里处。若用米尺来量《甘肃省地图集》中有关图,今清水县城至"东南"方最远县界直线距离约为30公里稍多一点,这已达到陇山山区深处,仍不足"七十里"。再若从"上邽城"(清水县旧城)位于今县城以北二里分析,其"东南"七十里,同样到达东南部陇山深山区。这样说来,当年的"七十里",要么按山间道路里程计,或者里程数为粗估而来。据此分析,轩辕黄帝诞生之地位于清水旧县城东南七十里是没有问题的。这也就表明,《清水县志》是历史上对轩辕黄帝诞生地记载较早且较为准确的一次。

《水经注》又引皇甫谧《帝王世纪》云:"(轩辕黄帝)生寿丘,丘在鲁东门北,未知孰是也。"②皇甫谧(215—282)是魏晋间人,生年晚于姚瞻。同时,若从他的话看,他实际上未能完全肯定"寿丘"是轩辕黄帝的诞生地。原来,在历史上"寿丘"与"鲁东门"地址有二说,一说认为在今山东曲阜北,一说认为在今天水秦州区西南部。有专家早就指出:"寿丘""鲁东门"在曲阜北门者,是由孔子后裔孔安国所伪造,不足信。至于天水"寿丘""鲁东门",很可能是黄帝部落曾经活动过的地方。

不过,还有一个"邽戎""邽县""上邽县""上邽城"名称中"邽"字

---

①《天水地区》图,比例为1:750000,甘肃省地图集编纂办公室编《甘肃省地图集》1975年版,第40页。

②王国维校《水经注校》卷17《渭水上》,上海人民出版社1984年版,第576页。

的涵义是什么及其方位在何处的问题需要回答。据南朝宋郡王从事郭仲产《秦州记》记载:"上邽县北有利山。川中平地有土堆,高五丈,生细竹,翠茂殊常,二杨树大数十围,百姓祀之。"[①]从这一记载得知,古代神奇的"圭",原来是个天然土丘。那么,这个天然土丘原来到底位于何处?据近日向多位天水、清水籍人士咨询,尚无人知道"圭"的所在地。另据著名历史地理学家谭其骧主编的《中国历史地图集》第一册《晋秦》图所标注看,当时绵诸戎活动地区的中心为今天水老县城(麦积区)一带[②]。如果谭其骧先生等对绵诸戎居地判定正确的话,那就说明,秦武公十年(公元前688年)秦灭邽戎时,邽戎活动于今清水县一带,而绵诸戎则活动于今麦积区、秦州区一带。据此判断,那座神奇而又与轩辕黄帝诞生地相关的"圭",即天然土丘,必定在今清水县境内。分析、考辨至此,族出西戎羌的轩辕黄帝诞生之地位于今甘肃省清水县旧县城东南七十里的轩辕谷是完全可信的。

三、轩辕黄帝在远古甘肃活动过的地区

据我国古代众多历史文献,尤其据《史记·五帝本纪》记载,轩辕黄帝曾东至于海、西至于崆峒、南至于江、北至荤粥地。但仅就轩辕黄帝生活时代的社会状况、自然环境条件及黄帝部落尚处在兴起时期的现实予以客观分析,他的主要活动地区并非如此广阔。其实,他的主要活动当在陇山东、西一带属今甘肃省的部分辖地,其他地区必是轩辕黄帝后裔在统一炎帝、蚩尤部落后所到达和活动过的区域。

---

①[南朝宋]郭仲产《秦州记》,陇南丛书编印社,民国32年12月初版,第6页,藏甘肃省图书馆文献部。

②谭其骧主编《中国历史地图集》第1册《春秋·晋秦》图,中华地图学社1975年版,第23—24页。

甘肃省清水县,位于天水市境渭河之北的陇山西麓,由于是轩辕黄帝诞生地轩辕谷所在,因此,同样有轩辕黄帝的传说流传下来。据[清]乾隆《清水县志》记载:"轩辕谷,(县)东南七十里,黄帝诞于此。"①甘肃省清水县还有"轩辕谷"与"轩辕窑"的记载,也可以认定为轩辕黄帝及其部落在此活动过的佐证。

轩辕黄帝在远古甘肃地区活动的重要事件之一,当是《庄子·在宥》篇所载"黄帝立为天子十九年,令行天下,闻广成子在崆峒山上,故往见之"②的记载。《史记·五帝本纪》亦载道:黄帝"西至于空桐,登鸡头"。这里所说"黄帝",都是指轩辕黄帝;"空桐"与"崆峒",历来史家认为是同名异写,位于今甘肃省平凉市境内。从上述"崆峒山"问道事件无疑可以得知五千年前轩辕黄帝足迹所至属今甘肃省辖地这一条重要历史信息。

甘肃省正宁县博物馆现存北宋"承天观碑"一通,碑文由北宋朝散大夫李维奉敕撰成。碑文云:北宋宁州真宁之地,"轩丘在望,乃有熊得道之乡"③。"真宁",即真宁县(今正宁县);"轩丘",正宁县"承天观碑碑文"以为是轩辕黄帝生活过的地方,其位于今正宁县西部一带;"有熊",即有熊氏,亦即从黄帝部落中分离出来的一个氏族。 另外,[明]嘉靖《庆阳府志》还有岐伯"精医术,通脉理,黄帝以师事之。有《素问》《难经》若干卷行于世"④的记载。由于有关黄帝"师事"岐伯

①[清](乾隆)《清水县志》卷2《古迹·轩辕谷》,台湾成文出版社有限公司,1970年2月台一版,第34页。

②《庄子》卷4《外篇·在宥第十一》,《文渊阁四库全书》第1056册,台湾商务印书馆影印发行,1983年版,第55页。

③转引自于俊德《中国·庆阳历史大观》,中国文联出版社2009年版,第229页。

④[明](嘉靖)《庆阳府志》卷16《上古》,甘肃人民出版社2001年版,第366页。

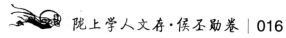

（中草药的发现人）的记载，故庆阳地区被誉为"岐黄故里"。

这里还有一个被史学界所忽略的问题，即流经天水市秦州区和麦积区的河流，今称"耤河"。《水经注》称"耤河"为"藉水"。这"耤"字是否为《史记索隐》引皇甫谧所说轩辕黄帝"生于寿丘，长于姬水，因以为姓"的"姬"字的同音异写①，如果是，那不就进一步证实了轩辕黄帝生于清水东南七十里与活动于天水地区的重要问题吗？

四、轩辕黄帝冢所在地

轩辕黄帝冢所在地，现在风行河南"新郑"说、河北"怀来"说、陕西"黄陵"说与甘肃"正宁"说等等。据称这些说法都有其立论的根据，因此，对各说我们自然都不能轻易予以否定。然而，有一点是可以肯定的，这就是说生活于五千年前的轩辕黄帝只能有一处冢，不可能有多处冢。那么，轩辕黄帝的冢究竟在什么地方？

我以为，要能客观回答上述问题，关键在于辨析清楚以下两个问题：即 1. 轩辕黄帝冢所在地"阳周"县的创设及其改易情况；2. 对轩辕黄帝遗体"还葬"说的看法。

首先来谈"阳周"县建置与县名改易情况。据文献记载，轩辕黄帝冢在秦上郡"阳周"县之南的桥山，这是自两汉以来史家共同的观点。如《汉书·地理志·上郡》载："阳周，桥山在南，有黄帝冢。"②东汉应劭注《汉书》亦曰："在上郡阳周县，有黄帝冢。"③其实在历史上，"阳周"县建置沿革及其县名的变化是相当复杂的。

据载，最初的"阳周"县是由秦朝所置，属上郡，西汉沿袭，东汉废

---

①《史记》卷 1《五帝本纪》，中华书局 1959 年版，第 2 页注 3。

②《汉书》卷 28 下《地理志》注，中华书局 1962 年版，第 1617 页。

③〔唐〕杜佑《通典》卷 173《州郡三·宁州》条，中华书局 1984 年版，第 917 页。

置,此后"阳周"县建置与名称多有变化。[唐]李吉甫《元和郡县图志·宁州·真宁县》载:真宁县"本汉阳周县地,属上郡。《汉书》陈余与章邯书曰:'蒙恬为秦将,北逐戎人,开榆中地数千里,竟斩阳周。'谓此县也。……后魏孝文帝太和十一年复置阳周县。隋开皇十八年改为罗川……属宁州。皇朝因之,天宝元年改为真宁县"。①《读史方舆纪要》对"阳周"县演变作了更为系统地记述:"阳周城,(正宁)县北三十五里,本秦县,属上郡,始皇死,胡亥矫诏赐蒙恬死,恬不肯死,使者以属吏,系之阳周。……汉亦为阳周县。后汉废,后魏复置阳周县,太平真君二年(441年),置赵兴郡治焉。西魏又置显州于此。后周,州郡俱废。隋开皇中,并入罗川县。"②后于"乾隆初,更名"为正宁县③。上述"阳周"县建置与名称,虽然屡经改易,但今甘肃省正宁县为秦、汉"阳周"县则正确无误。这无疑表明,轩辕黄帝冢在今甘肃省正宁县境之说是完全可以确认的。

其实,早在唐代,轩辕黄帝冢的地理方位就已具体确定下来了。[唐]张守节《史记正义》引(唐太宗第三子)李泰《括地志》指出:"黄帝陵在宁州罗川县东八十里子午山。"④《元和郡县图志》亦载道:"子午山,亦曰桥山,在(真宁)县东八十里,黄帝陵在山上,即群臣葬衣冠之处。"⑤近年来,陇东学院的张耀民通过实地踏查,在正宁县五顷原与

①《元和郡县图志》卷3《关内道三·宁州·真宁县》,中华书局1983年版,第65页。

②[清]顾祖禹撰,贺次君、施和金点校《读史方舆纪要》卷57《陕西六·庆阳府·真宁县·阳周城》,中华书局2005年版,第2770–2771页。

③《清史稿》卷64《地理志·庆阳府·正宁县》条,中华书局1977年版,第2115页。

④《史记》卷1《五帝本纪》,中华书局1959年版,第11页注10。

⑤《元和郡县图志》卷3《关内道三·宁州》,中华书局1983年版,第65页。

二顷原之间找到了轩辕黄帝冢的遗址,发现了黄帝冢土筑的层理,并且指出:"如以现行公路为冢底,到冢顶部高约 40 至 60 米。……冢顶部呈南北长约 70 米,东西宽约 30 米的椭圆形状,面积约 1500 至 1800 平方米(二亩半多)。从土层形成看,动土层至少在 40 米以上。"他还引当地老人话说:"这个古冢据上辈传下来叫'仙人坟',又叫'仙人穴'。"①以上资料,完全印证了古代史家有关轩辕黄帝冢地理方位在今甘肃正宁县东部的记载。

然而,在历史上和当代,曾有一些史家对轩辕黄帝冢所在地即秦朝所置"阳周"县的地理方位存在与上述不同说法,其中最为明显者当是谭其骧主编的《中国历史地图集》第二册《关中诸郡图》竟把"阳周"县标注在今陕北绥德县之西地方,这无疑与今甘肃省正宁县相去甚远了。

那么,古今部分史家为何认定秦"阳周"县位于今陕北地区呢?那是因为古代在划分行政区域时,一般是以山脉、河流为界的,这已成了规律和传统。可是,秦朝在设置上郡之时,以今人无法知晓的具体原因,破例将子午岭这一山体之西的今正宁县地也划入了上郡范围,这自然为我们论定轩辕黄帝冢所在地造成了困难。以此之故,古今部分史家对"阳周"县与肤施、高奴、雕阴三县被子午岭分隔在两个自然区域情况觉得不合常规、不可理解,于是就根据传统把秦"阳周"县误定在了今陕北地区。其实,如前引[唐]李吉甫《元和郡县图志·宁州·真宁县》条就有"真宁县,本汉阳周县地,属上郡"的记载;《读史方舆纪要》也有宁州"汉为北地郡及上郡地"②之说。以上资料证明秦"阳

---

①张耀民《黄帝冢原址实地考察记》,正宁县政协文史资料选辑,第 8 辑《黄帝冢》,2008 年内部版,第 1–2 页。

②《读史方舆纪要》卷 57《陕西六·宁州》,中华书局 2005 年版,第 2768 页。

周"县本来就位于子午岭之西的事实。这无疑也表明,秦"上郡"辖区的西南部(即今陕西省黄陵县之西)是横跨子午岭的。同时,秦、汉两代都将今正宁县称为阳周县也是符合"汉因秦制"古训的。以此看来,古今部分史家有关秦"阳周"县位于今陕北的不确之说,无论如何是难以改变轩辕黄帝冢位于今甘肃省正宁县境的事实。

行文至此,如果我们不对秦朝在设上郡之时,打破以山、水为界划分政区传统而把"阳周"县设在桥山之西今甘肃省正宁县境内问题作出解释,似有一块无形巨石压在心头,无论如何都挥之不去。那么怎样解释显得合理呢? 我以为这可能与痴迷神仙术的秦始皇对桥山中天然石桥堕入神仙所造迷信有关,因此将"阳周"县设在了桥山之西,这样就将"桥山"完整地包括在了上郡辖区境内。

其次,再对轩辕黄帝遗体"还葬"说简单谈一些看法。本来,《史记·五帝本纪》记载"黄帝崩,葬桥山"[①],可是《史记正义》则引《列仙传》语云:轩辕黄帝亡后,臣下便将其遗体"还葬桥山"[②]。此处《列仙传》[③]"还葬"桥山之说是否为客观真实情况,现在无据可证。假若反映的是真实情况,那无论轩辕黄帝亡于桥山之东地方,或是亡于桥山之西地方,或是亡于桥山之南地方,或是亡于桥山之北地方,但最终还

---

①《读史方舆纪要》卷 57"陕西六·中部县·桥山"条载:"志云:沮水至县北,穿山而过,因以桥名。相传黄帝葬衣冠于此。"中华书局 2005 年版,第 2738 页。"明一统志·延安府·祠庙"条载:"桥山,在中部县治北,下有沮水。或云水从山底经过如桥,即轩辕黄帝葬衣冠之所。"

②《史记》卷 1《五帝本纪》,中华书局 1959 年版,第 10 页。

③《列仙传》,东汉道教之书,主要讲神仙故事,其中所言未必都可信,但或许纪实性部分还有一定参考价值。

是"还葬"在了自己的故乡桥山地方,也就是"叶落归根"了。看来,此"还葬"说虽有可疑之处,但对轩辕黄帝冢在甘肃省正宁县境桥山的记载,还是起到了一定的旁证作用。

总之,对以上诸多问题的考述有力地证明,今甘肃省东部天水、庆阳和平凉三市所辖地区必是中华民族始祖之一的轩辕黄帝的故乡无疑。

(原刊于《丝绸之路》2013 年第 12 期)

我国原始社会史释难

学习和研究我国原始社会史,势必会遇到一些疑难问题,其中原始群的社会特征、"第一次社会大分工"的内涵、中华始祖及其世系以及"禅让"制的实质等就是这样的问题。

原始社会史中的疑难问题,实际上是这一时期历史中的重大而又关键的问题,只要对这些问题作出科学解释,就会使我们对原始社会史有一个较为深刻的认识和了解。

一、原始群的社会特征

原始群的"原始"性及其社会发展阶段的"低级"性,所决定的当时社会生活方式的"群居",就是原始群时代社会的主要特征。

关于原始群时代人类的"群居",史书曾有较多记载。《管子·君臣》说:古之人"兽处群居"。《吕氏春秋·恃君览》说:昔太古,"其民聚生群处"。《韩非子·五蠹》说:上古之世,人民"构木为巢,以避群害"。考古资料也为我们提供了这方面的物证。如元谋人遗址中出土的石器有石片、石核、尖状器、刮削器等,这说明这些石器既不是单个人所制,更不是单个人所用。这里出土的炭屑,分布在三层粘土中,上下界3米左右,有的地方炭屑呈鸡窝状 。这显然是当时人类"群居"的明显遗迹。北京人生活过的山洞里,出土了人的 6 个头盖骨、3 个肱骨、7 个股骨、152 颗牙齿;石器很多;灰烬约有 7 米厚。以上所举物证虽不很多，但同样足以说明北京人曾经"群居"的史实。恩格斯在进行原始社会史研究时，对原始群的"群居"问题也曾有过重要论断。他在《给拉乌洛夫的信》中指出："最古的人，大概是成群而居的，并且，就我们对远古人类观察所及，我们发现的情况正是如此。"①

以上文献记载、考古实物资料和恩格斯的论断，都说明"群居"是原始群时代社会的主要特征。

原始群时代社会的"群居"特征，主要是由四个方面的原因形成的：

一是原始人类沿袭了类人猿"群居"的习性。恩格斯认为，原始人类是由"一种特别高度发展的类人猿"进化而来的。这种类人猿当进化为人类后，他们因受各种条件的制约，不可避免地沿袭了祖先群居的习性。如恩格斯所说：最早人类的群居，"是从动物界搬来的原始的东西"。

二是低下生产力水平的制约。在人类社会初期，人们的生产工具仅限于天然石块、树枝和经初步加工的粗笨石器等，使用如此简陋、落后的生产工具，单个人根本不可能生产出满足自己生存需要的食物。因迫于这种条件，原始人只有群居，并依靠集体的力量和智慧，获得生活必需品。

三是抗御野兽伤害的需要。原始群时代人类的生存，所受到的最为严重的威胁来自凶猛野兽的伤害和捕食。古代文献中有关原始群时代"禽兽多而人少"和"人民不胜禽兽虫蛇"的记载就是明证。可是，当时在缺乏防御野兽伤害能力的条件下，人类为了生存，可供选择的只有过"群居"生活，集体抗御野兽的捕食。这正如恩格斯所说：原始人"以群的联合力量和集体行动来弥补个体自卫能力的不足"②。

四是繁衍后代的需要。在原始群时代，由于乱婚和疾病的影响，

①《马克思恩格斯全集》，人民出版社1974年版。

②引自恩格斯《家庭、私有制和国家的起源》，《马克思恩格斯选集》第4卷，人民出版社1977年版，第29页。

婴儿的成活率很低,人类繁衍后代极其不容易。单个原始人生活,根本谈不上后代的繁衍,所以,保持"群居"生活方式,正是满足了繁衍后代的需要。

二、"第一次社会大分工"的内涵

在母系氏族公社时期,人类社会曾发生过一次重大变革,史称"第一次社会大分工"。长久以来,我国史学界不少人在论及"第一次社会大分工"定义时,几乎一致认为,农业和畜牧业分离就是第一次社会大分工。这个近乎公认的看法事实上并不正确。

根据马克思主义著作,"第一次社会大分工"的概念,是恩格斯首先提出来的。为了明白这一概念的内涵,这就需要我们先搞清楚恩格斯关于这一问题的论断。恩格斯在《家庭、私有制和国家的起源》中,把原始群时代称为"蒙昧时代",把氏族公社时代称为"野蛮时代",而把"野蛮时代"又划分为低级、中级和高级三个阶段,其中前两个阶段为母系氏族公社,后一个阶段为父系氏族公社。同时,恩格斯还明确指出:"游牧部落从其余的野蛮人群中分离出来——这是第一次社会大分工。"恩格斯的这一论断,主要包括了三个基本点,即"游牧部落"、"其余的野蛮人群"和"分离",其中"其余的野蛮人群"这一点是理解问题的关键所在。

从以上所述可知,恩格斯所说"游牧部落",是指母系氏族公社时期以畜牧为业、逐水草以居、游徙不定的母系氏族。"分离"是指母系氏族公社的分离或分化。而"其余的野蛮人群"的内涵则较难理解。不过,只要我们把握住母系氏族公社时代属于"野蛮时代"低级阶段和中级阶段这一点,问题就会迎刃而解。很明显,基于上述这一点,我们就可以确知母系氏族公社的原始人就是恩格斯所说"野蛮人群",因此,尚未变为"游牧部落"的母系氏族自然就是"其余的野蛮人群"了。

根据恩格斯的论述，"游牧部落""不仅有数量多得多的牛乳、乳制品和肉类，而且有兽皮、绵羊毛、山羊毛和随着原料增多而日益增加的纺织物"，他们"生产的生活资料，不仅比其余的野蛮人群多，而且也不相同"。而"其余的野蛮人群"，他们获取生活必需品的生产与"游牧部落"明显不同，他们动物的驯养、繁殖数量远不如"游牧部落"多，其畜产品远未达到可以满足生活需求的水平。实际上他们生活必需品的大部分，仍来自如同蒙昧时代（原始群）末期原始人的采集、捕捞和打猎。从这里我们看得很清楚："其余的野蛮人群"实质上是仍然过着采集、渔猎、饲养家畜和兼营原始氏族。

再就我国母系氏族公社遗址考古发掘来看，其出土实物亦不能为"第一次社会大分工"是农业和畜牧业分离这一论点提供佐证。如河姆渡遗址中既出土有山稻和粳稻，又出土有鹿角鹤咀锄，还有水牛、羊和猪等动物的骨骼。半坡遗址中出土了粟、菜籽，并出土有狗和猪等家畜的骨骼。仅此就足以说明，直到距今 7000—6000 年的母系氏族公社繁荣期，人类仍是农、牧兼营的，农业和畜牧业根本没有分离。因此，那种认为"第一次社会大分工"是农业和畜牧业分离的说法显然是不正确的。

正因以上所述，恩格斯所说"第一次社会大分工"的内涵，实质上是指畜牧部落与仍然处于采集、渔猎、饲养动物及兼营原始农业部落的分离。

三、人文初祖黄帝及其世系

黄帝历来被推崇为中华始祖，若追根溯源，这与当时以中原为中心的各氏族和各部落的融合密切相关。

黄帝为少典之子。少典娶于有蟜氏，生炎帝和黄帝。炎帝成于姜水，故姓姜；黄帝成于姬水，故姓姬。

相传,炎黄时代中原及周围地区,氏族、部落林立,著名者除炎、黄部落外,还有出于东夷的蚩尤等部落。正当神农氏(一说为炎帝)世衰,各氏族、各部落相互侵伐,神农氏不能治,于是轩辕氏(一说为黄帝)起而以征不归顺者,结果众多氏族和部落归服了轩辕氏。之后炎帝部落又侵凌诸侯,接着黄帝部落联合四方的熊、罴、貔、貅、䝙、虎等部落,与炎帝部落大战于"坂泉之野"(相传位于今河北怀来县境),经过三次大战才取得了胜利。从此,炎帝部落成员全都加入了黄帝部落,形成了炎黄联盟。此后蚩尤部落又作乱,于是炎黄联盟又同蚩尤大战于"涿鹿之野"(相传在今河北涿鹿县境),结果蚩尤战败被擒杀,而其部分成员加入了炎黄联盟。据《帝王世纪》记载,"黄帝凡五十二战,而天下咸服"。这样一来,以黄帝为首领、以黄炎部落成员为主体的黄帝部落联盟就形成了。正因如此,历代人们把黄帝推崇为中华民族始祖,而中华民族的各族人民则被称为"炎黄子孙"。

黄帝在中华民族历史上能够享有崇高地位,并使其具有巨大影响,还在于其后裔的作用与贡献,以下黄帝后裔世系表可集中说明这一点。现据《史记·五帝本纪》等文献资料列世系表(表中虚线箭头所示,为黄帝部落联盟首领传承的次序)如下:

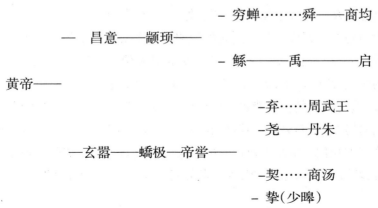

黄帝部落联盟世系表内涵丰富，主要说明了以下问题：(1)黄帝是中华民族的始祖；(2)从黄帝至禹是中国从原始社会向奴隶社会的过渡时期；(3)中国早期的奴隶制国家都是由黄帝后裔所建立的；(4)黄帝部落联盟首领传承有序。

四、禅让制的实质

原始社会的"禅让"制，实行于尧、舜、禹为部落联盟首领时期。不少历史书籍给"禅让"制下定义说："禅让"制是原始社会末期，氏族、部落首领，民主选举部落联盟首领的制度。这一定义把"禅让"制的实质论定为"民主"性。《辞海》也说："部落联盟推选领袖的制度，史称'禅让'。"这一定义虽显含糊，但仍认为"禅让"制带有民主推选之意。其实，给"禅让"制下这样的定义是值得商讨的。

史学界早已公认，实行"禅让"制的尧、舜、禹时期，是我国中原地区原始社会末期的父系氏族公社时期。这一时期突出的社会特点就是夫权和父权的确立，或者说父家长制的确立。受父家长制的影响，在家庭中，血统按父系计算、财产由男性孩子继承、婚姻实行一男一女的独占同居或曰一夫一妻制，这时丈夫与妻子之间的不平等现象已经出现。近几十年来，中原以外地区父系氏族公社的考古资料，对中原地区父系氏族公社问题的说明具有重要参考价值：甘肃临夏秦魏家一个一男一女合葬墓，墓坑中的男人仰身直肢，居于正中，而女的则侧身屈肢，面向男的，位于左边；武威皇娘娘台的一男二女合葬墓，墓坑中男的仰身直肢，居于正中，女的侧身屈肢，分卧两侧，面都朝向男的；江苏吴县市草鞋山的一个男女合葬墓，与甘肃秦魏家的葬式基本相似；山东大汶口有的男女合葬墓墓坑中，男的占据中心位置，坑较大，随葬品较多，而女的卧身处坑较小，随葬品寥寥无几。这些资料说明,在父家长制家庭中,妻子"是丈夫的奴隶"①,"在历史上出现的最初的阶级对立,是同个体婚制下夫妻间的对抗与发展同时发生的,而最初的阶级压迫是同男性对女性的奴役同时发生的"②。这表明,在父系氏族公社时期社会上已不存在实行"民主"选举部落联盟首领的基本条件。

这一时期的部落联盟首领,已经拥有很大权势,并常常施暴力于他人,以此维护自己的权力与地位。尧在晚年,要求四岳给自己推荐继承人。四岳说"鲧可",尧不赞成,并说"鲧负命",即鲧不服从命令。当天下发生大洪水后,尧曾派鲧负责治水,但经"九载,功用不成",于是舜"殛鲧于羽山"。禹在做了部落联盟首领之后,曾大会诸侯于会稽,但因"防风之君"(防风部落之首领)误期,结果被禹杀了。启继位后,伯益不服,启以"益干启位,启杀之"③。这些记载说明,在父权制下,部落联盟首领们已拥有了强权,这在氏族民主制下是不可能的。

先秦儒家曾一味颂扬"禅让"制,甚至有过分理想化的现象。但这一时期的法家人物,则发表了一些相反的见解。《竹书纪年》记载说,在实行"禅让"制时期,"舜囚尧,复偃塞丹朱"。韩非子说:"舜逼尧,禹逼舜",此"人臣之弑其君者也"④。从上可以看出,儒家心目中的"禅让"制,其情况同当时的父权制社会特征背道而驰,而法家人物笔下的"禅让"制则与当时的父权制社会特征正好吻合。以此说来,儒家"禅让"说的不可信和法家"禅让"说的可信,都是显而易见的。

①《费尔巴哈》,人民出版社 1972 年版,第 219–220 页。

②《家庭、私有制和国家的起源》,《马克思恩格斯选集》第 4 卷,人民出版社 1977 年版,第 61 页。

③《竹书纪年》,中华书局 1985 年版,第 8 页。

④《韩非子·说疑》。

总之,在实行"禅让"制的时期,氏族民主制开始消亡,父家长强权逐渐确立,奴隶制萌芽已经出现,部落联盟首领已施暴力与强权于他人,在这样的社会条件下所实行的"禅让"制,已无什么"民主"性可言。因此,"禅让"制的实质绝无可能是"民主"性,而实际上应是部落联盟首领个人强权的确立。

（原刊于《高师函授》,1994 年第 2 期）

西周宗法分封制内涵辨析

在史学界，有的学者将西周宗法制和分封制看做明显不同的两种制度。其实，若从宗法制与分封制的本质性内涵来看，二者互为表里，关系密不可分，因此统称为宗法分封制是最为确当的。

一、宗法制的核心

有一种说法认为，西周宗法制的核心是嫡长子继承制，就是所谓"立嫡以长不以贤"。这一关乎宗法制本质性内涵的说法，恰与史实相去甚远。

据有的专家考证，先周的季历（文王）和姬发（武王）属非长子即位。周初，周公（武王之弟）摄政称王实际上是"兄终弟及"；成王即位时尚在襁褓中，可是其父武王死时已达高龄，一说认为高达 90 多岁，这表明成王亦非长子；周懿王死，孝王即位，懿王为叔，孝王为侄，此本叔侄相承。西周诸侯国国君之位的继承，与周王族相类似，具体继承情况我们以鲁国为例予以分析。鲁国本是周公的封国，但实际上周公之子伯禽就封为鲁公。那么鲁国实行嫡长子继承制的实际情况是怎样的呢？据考证，从伯禽至鲁哀公，国君之位的继承始终是"一继一及"，也就是一代传子，即"父死子继"，一代传弟即"兄终弟及"。可见西周王位和诸侯国君位根本没有实行单一的嫡长子继承制。这就充分说明，把西周宗法制的核心论定为"嫡长子继承制"显然于史无据。

要能正确认识西周宗法制度的核心亦即本质性内涵，虽然并非易事，但只要把握住一个基本前提，即西周社会客观存在的"宗族"，问题便会迎刃而解。那么什么是西周社会的"宗族"呢？《尔雅·释亲》说："父之党为宗族。"①东汉郑玄释曰："党，犹亲也。"这就是说父辈的兄弟及其子女组成一个"宗族"。若就具体情况来看，"宗族"还有它鲜明的特点，如具有共同的祖先、以血缘关系为纽带、聚族而居、以某一男子为宗长，位处社会下层的宗族还有其共同的牧场和耕地等等。既然这样，那就意味着西周社会，上自王族、诸侯，下至卿大夫以至于平民百姓，各阶层都有"宗族"。这一史实表明，"宗族"是西周宗法制具有普遍性的前提。同时，西周又是奴隶制社会，父家长统治现象普遍存在。从以上情况看来，男性宗长（父家长）对宗族的政治、经济、宗教祭祀等各方面所具有的绝对支配权，无疑是宗法制的核心，亦即其本质性内涵。显而易见，在西周父家长制社会条件下，不论在王族、诸侯中，还是卿大夫以至于平民百姓中，王权、诸侯国君权以至卿大夫之权和平民百姓族权，是直接传子（如传长、传幼、传嫡、传庶），还是直接传兄弟、叔侄都是次要的了。

二、实行分封制的目的

同宗法制相表里的分封制，其本质性内涵主要表现在西周统治者实行分封制度的目的上。有一种观点认为，西周分封诸侯的目的，在于西周统治者为了对征服所得器物、土地和人民的分赃。可是，《公羊传·桓公元年》云："有天子存，则诸侯不得专地也。"《诗·小雅·北山》云："普天之下，莫非王土；率土之滨，莫非王臣。"据这些资料分析，天下的土地、人民概为周天子所代表的国家所有，诸侯均不得专

①《尔雅注疏》卷4，《十三经注疏》中华书局影印1980年版，第2593页。

擅和据为己有。显然,以上"分赃"说,难免有点肤浅。

其实,若要认识实行分封制的目的,首先必须明白一个浅显的道理,即西周分封制是一种重大的治国举措。据此来看,西周实行分封制的目的势必与治国有关,也就是与解决当时所存在的有碍西周王朝巩固的问题有关。由于西周初年,有碍于王朝巩固的问题是多方面的,因此,实行分封制的具体目的必然有若干个,其中主要是三个:

1. 建立藩屏,拱卫王室

西周建立之初,王朝并未立即得到巩固,尤其殷商遗民仍在伺机复辟,因而成为潜在的威胁。在这种形势下,实行分封制就会使建立在各地的诸侯国形成一种强有力的屏障,起到拱卫王室的作用。周康王曾经说过:先王"建侯树屏,在我后之人"。①春秋时代的富辰也曾说:周公"封建亲戚,以蕃屏周"②。王子朝(西周景王之子,名朝)与富辰有着同样的看法,如说周"并建母弟,以蕃屏周"。从以上资料来看,西周实行分封制,其目的之一无疑在于巩固新生的王朝,巩固周天子的统治地位。

2. 稳定社会,镇抚各族

武王灭商之后,原商朝控制下的东方各部落先后叛周,从而使社会在较长时间内不得安定。据《史记·周本纪》记载,周武王死后,奄(居曲阜)、薄姑(居营丘)等部落,乘武庚(殷纣王之子)、管叔、蔡叔叛乱,也发动叛周活动。周公东方平叛时,曾灭国"五十",可见不仅叛周部落不少,而且影响了社会的安定。周成王在令姜尚就封营丘时又

---

①《尚书·康王之诰》,《尚书正义》卷19,《十三经注疏》,中华书局影印1980年版,第244页。

②《春秋左传正义》卷15,《十三经注疏》,中华书局影印1980年版,第1817页。

说:"五侯九伯,实得征之。"①周公长子伯禽就封鲁国不久,"淮夷、徐夷亦并兴反"②。东方各部落的反叛,使居关中丰镐的西周统治者实难直接镇抚。可是,一旦在东方各部落居地建立诸侯国,便能代行王权就近镇抚,从而有利于社会的安定。

3. 抵御外侮,巩固边防

西周初年的诸侯国,大多建立在关东以雒邑(洛阳)为中心的广大地区。这种情况,是由北方猃狁和东南地方的淮夷、徐夷等的经常扰边所造成的。在这些地区建立诸侯国,就是为了解决边境地区不安定的问题。这正如富辰所说:周初"其怀柔天下也,犹惧有外侮,捍御侮者,莫若亲亲,故以亲屏周"。③

以上三个方面,虽然各有不同,但根本点则是相同的,这就是分封诸侯,完全是为了巩固西周王朝。这既是实行分封制的目的,又是分封制的本质性内涵。

三、宗法分封制的基本特征

在西周宗法分封制中,宗法与分封二者,以宗法为里,以分封为表,宗法是分封所遵从的原则,而分封则是宗法的某种表现。从此可知,西周的分封制,明显受制于宗法制。因此,要能认识宗法制对分封制的制约,认识宗法分封制的基本社会特征,就必须对宗法制的由来追根溯源。

宗法制与宗族有关,而宗族又是由氏族发展而来。氏族本是原始

①《史记》卷32《齐太公世家》,中华书局1959年版,第1481页。
②《史记》卷33《鲁周公世家》,中华书局1959年版,第1524页。
③《春秋左传正义》卷15,《十三经注疏》,中华书局影印1980年版,第1818页。

群时代末期的产物,在氏族公社时期发展成为基本的社会经济单位,并且成为一种社会制度。母系制时代的氏族,是由母系血缘关系联结而成;父系制时代的氏族,是由父系血缘关系联结而成。这种联结氏族成为社会基本单位的血缘关系,就是氏族制时代的基本社会特征。从此不难看出宗法制基本社会特征与氏族制基本社会特征之间的亲缘关系。

当社会发展到商周时期,中原地区原有的氏族制已经发生了很大变化,但并未消失殆尽,而是发展演变成了宗族制。"宗"是祭祀祖先的地方,即祖庙;"族"即家族。基于这种情况,出于同一祖先的若干家族,因祭祖而要聚集于祖庙,故称其为"宗族"。《左传·定公四年》载道:分鲁公伯禽"殷民六族:条氏、徐氏、萧氏、索氏、长勺氏、尾勺氏,使帅其宗氏,辑其分族,将其丑类";分康叔"殷民七族:陶氏、施氏、繁氏、錡氏、樊氏、饥氏、终葵氏",康叔"怀姓九宗"。这些记载,既表明商代存在着宗族,又表明西周保留着宗族。由于宗族的前一种形态即父系氏族是由父系血缘关系联结而成的,因此,商周时期的宗族毫无例外也是由父系血缘关系联结而成。

在西周时期,宗族成了社会各阶层普遍存在的社会现象,因此,在它的强烈影响之下,社会上逐渐形成了严格的宗法制度。宗法制以"别子为祖,继别为宗"①为重要原则,即按父系血缘关系亲疏划分宗族和确定继承权。这说明宗法制是把族权和政权合而为一的。在宗法分封中,以下特点反映得尤其明显:西周的分封,从王族的血缘关系出发,以王族的宗长(家长)为核心,具体表现是:在王族中,以某一男性为宗长(天子),是为大宗,其他支庶为诸侯,是为小宗;在诸侯国

---

①《礼记正义》卷16,《十三经注疏》,中华书局影印1980年版,第1508页。

中,以某一男性为宗长(诸侯),是为大宗,其他支庶为卿大夫,是为小宗;在卿大夫封邑内,以某一男性为宗长(卿大夫),是为大宗,其他支庶为士,是为小宗。士以下之皂、隶及平民百姓中也有其宗族和宗长。不难看出,西周社会这种层层为宗、上下相系的宗法分封制的实行,使西周王朝形成了"天子建国,诸侯立家,卿置侧室,大夫有贰宗,士有隶之弟,庶人工商,各有分亲,皆有等衰"[①]的状况。就实质而言,西周的宗法分封制,是在以血缘关系为纽带的基础上,社会各阶层众多父家长(宗长)将族权与政权集于一身的一种制度。我们将这一点视为西周宗法分封制的基本社会特征和本质性内涵无疑是正确的。

(原刊于《高师函授》1995 年第 3 期)

---

①《春秋左传正义》卷 5,《十三经注疏》,中华书局影印 1980 年版,第 1744 页。

"成康盛世"的缔造及其史鉴价值

西周成王和康王时期，是被历代史家广为称颂的我国历史上所缔造的第一个"盛世"。成王和康王在位时期，处于我国奴隶社会的发展阶段，在这样的阶段出现"盛世"，不但具有其时代特征，而且对它的缔造及其由盛而衰等问题的研究，还具有重要史鉴价值。

一、国安、民和的盛世

"成康盛世"之"盛"，若要同封建社会中后期的"开天盛世"或"康雍乾盛世"之"盛"相比，自然要逊色得多。虽然如此，但在历史上如同"成康盛世"这样的"盛世"还是不多见的。"成康盛世"之"盛"，主要表现在以下几方面：

1. 拥有广阔疆域

西周经武王灭商、分封诸侯，周公东征平叛，成王、康王继续分封诸侯和开拓疆域，使西周的疆域规模基本形成。春秋时期的周人詹桓伯讲到西周疆域时曾经说："我自夏以后稷，魏（今山西省芮城东北）、骀（骀即邰，今陕西省武功县西南）、芮（今甘肃省华亭县之西）①、岐（今陕西省岐山县东北）、毕（今陕西省咸阳市东北），吾西土也；及武王克商，薄姑（今山东省博兴县一带）、商（今河南省安阳即殷都一带）、奄（今山东省曲阜一带），吾东土也；巴（今重庆市一带）、濮（今长

---

① 谭其骧主编《中国历史地图集》第 1 册，第 15—16 页。

江三峡南北地区)、楚(今湖北省西部、三峡以东地区)、邓(今湖北省襄樊市之北),吾南土也;肃慎(今乌苏里江、松花江以东地区)、燕(今北京市一带)、亳(今河北省石家庄以北一带),吾北土也。"①在詹桓伯的这些说法中,除肃慎、巴、濮等地区外,其余基本上是客观的。《诗·周颂·执竞》亦云:"丕显成康,上帝是皇;自彼成康,奄有四方。"其意是说,成、康二王治周,立下了大功,得到了"上帝"(即天神)的褒扬;在成、康二王时,开拓和奠定了西周广阔的疆域。

2. 以"礼乐"经邦治国

在西周时期,以"礼乐"经邦治国是颇为突出的。"礼"即礼制,亦即西周奴隶制的等级制;"乐"即舞乐,亦即西周奴隶制的舞乐制。舞乐制在当时是礼制的附属性制度,所以它也具有等级制的特征。从《论语·为政》"周因于殷礼",《尚书大传》周公摄政,"六年制礼作乐"和《史记·周本纪》成王时,"兴正礼乐"的记载来看,西周的礼乐制源于商朝,而逐渐完备于周公摄政期间。

西周礼乐制的内容很广泛,举凡政治、经济、军事、伦理、教育、司法、宗教、风俗等无不关涉。《礼记·曲礼》记述道:"道德仁义,非礼不成;教训正俗,非礼不备;分争辩讼,非礼不决;君臣上下,父子兄弟,非礼不定……祷祠祭祀,供给鬼神,非礼不诚不庄。"足见,西周礼乐制是关涉社会生活的所有方面的。

西周时期,"兴正"包罗万象的礼乐之制是与经邦治国密切相关的。正如《韩诗外传》所说:"为人上无礼则无以使其下,为人下无礼则无以事其上。"②而《左传》则说得更加明白,如说西周之礼"经国家,定

①《左传》昭公九年,《春秋左传正义》卷4,《十三经注疏》,中华书局1980年版,第2056页。
②《韩诗外传》卷9,台北师范大学出版社1963年版,第1708页。

社稷,序民人,利后嗣者也"①。从礼乐的内容、特点及其作用可以看出,成康时期礼乐制的"兴正",自然对巩固西周王朝、稳定西周社会起到了积极作用,并开了我国历史上以"礼乐"经邦治国的先声。

3. "刑错四十余年不用"

在《史记·周本纪》中,有"成康之际……刑错四十余年不用"的记载。这一记载表明,在司马迁的心目中,"刑错四十余年不用"是"成康盛世"的重要标志之一。《史记》集解引应劭的话阐释说:"错,置也。民不犯法,无所置刑。"应劭之意是说,西周成、康之际,民不犯法,社会安定,统治者故未制定刑律,用以维护统治地位和社会秩序。西周前期,社会发展水平较低,统治者主要采用分封制、宗法制、礼乐制、井田制等制度治国。从这个角度来看,成、康之际四十余年间,尚未完全实行以法治国方针的记载是可信的②。

4. 天下安,"民和睦,颂声兴"

成、康太平盛世的"盛"况,史书多有记载:《史记·周本纪》说,成王时,社会呈现"民和睦,颂声兴"的"盛"况。《史记》集解又引何休的话解释说:"颂声者,太平歌颂之声,帝王之高致也。"③到了康王时,又出现了天下安宁局面。东汉王充在《论衡》中也指出:"夫文、武之隆贵在成、康。"西周成、康时期为历史上的"盛世",这绝非是史家的蓄意粉饰,而是一种客观存在。

①《左传》隐公十一年,《春秋左传正义》第 4 卷,《十三经注疏》,中华书局1980 年版,第 1736 页。

②从《史记》卷 4《周本纪》记载来看,至穆王时西周开始重视法治,参见第136–139 页。

③"高致",即高尚的品格或情趣。

二、"盛世"的缔造

"成康盛世"的出现,是周族人长期辛勤缔造的结果,其中既有周文王治岐之功,也有武王灭商建周之效,尤其与成、康二王采取重大治国举措密切相关。

1. 周公东征平叛

武王克殷初,为安定原商朝境内社会秩序,于是分封纣王之子武庚(又名禄父)于殷,让其统领商遗民。但武王对此仍不放心,因此又分封其弟姬鲜于殷都以东的管,建立卫国;分封其弟姬度于殷都以西的蔡,建立鄘国;分封其弟姬处于殷都以北的霍,建立邶国,共同监视武庚,史称之为"三监"。另有分封其弟姬旦于曲阜,建立鲁国;分封其弟姬奭于蓟,建立燕国。但周、召二公"留佐武王",均未就封。武王进行以上分封后,就返回了镐京。过了两年,武王因病逝世,其子姬诵受命即位,是为成王。但因成王年幼,尚在襁褓中,不能自理朝政,故周公姬旦奉武王之托辅政。

周公辅政后,担心乘武王之死,"诸侯叛周,公乃摄行政当国"。周公此举,竟引起了"管叔、蔡叔群弟疑周公"①,并在各自封国内散布不满周公的流言蜚语,说什么"公将不利于孺子"。据《尚书大传》记载,当时东方的一些原商朝盟国也乘机活动,并鼓动武庚反叛,如"奄君、薄姑谓禄父曰:'武王既死矣,今王尚幼矣,周公见疑矣,此百世之时也,请举事。'"在此情况下,武庚以为有机可乘,于是和管叔、蔡叔等相勾结,并联合原商朝盟国,如薄姑、奄、淮夷等发动了反周叛乱。

武庚与管叔、蔡叔等发动的叛乱事件,严重威胁着西周王朝,于是"周公奉成王命",东征平叛。经过三年多的艰苦战争,终于"诛武

①《史记》卷4《周本纪》,中华书局1959年版,第132页。

庚、管叔,放蔡叔",灭薄姑、奄和淮夷,平定了叛乱,将东部疆域扩展至海边,东北部疆域扩展至今河北省北部一带,从而巩固了新生的西周王朝,为"成、康盛世"的形成创造了重要条件。

2. 成王营建东都洛邑

在灭商之初,周武王曾打算在洛水以北地方筑城,作为有效控制原商朝疆域的中心,并在返回镐京的途中,亲自察看了地形。至成王五年,正式"营成周"①,同时筑了两座城,即王城(位于今洛阳市内,现已辟为王城公园)和成周(位于今洛阳市以东约 15 公里处)。王城是西周的东都,而成周则是监督"殷顽民"之所,周公曾派八师军队驻防。

西周所封诸侯国,大多在洛邑的东、北、南三面地区。东都洛邑的营建完成,客观上便利了对各诸侯国的统辖,而各诸侯国在当时交通不便的条件下,向周王室的贡献也方便多了。所以,周公当时曾说:洛邑在"天下之中,四方入贡道里均"②。《尚书·周书·康诰》甚至说:"周公初基,作新大邑于东国洛,四方民大和会。"从上述可以看出,东都洛邑的营建,在很大程度上解决了宗周丰镐对黄河下游等地管辖上鞭长莫及的困难,对"成康盛世"的形成同样起到了重要作用。

3. 康王推行拓疆、分封与"明德慎罚"举措

周康王是成王之子,名姬钊。据《史记·周本纪》记载:康王即位后,曾宣布继承文王与武王业绩,并获得了成功③,尤其在开拓疆域、继续分封和"明德慎罚"等方面所取得的业绩更为显著。

---

①《尚书·周书·洛诰》,《十三经注疏》,中华书局 1980 年版,第 214 页。

②《尚书大传》,中华书局,1985 年版。

③参见沈长云《论周康王》,《西周史论文集》下,陕西人民教育出版社 1993 年版,第 954—965 页。

（1）开拓疆域

周康王开拓疆域的情况，在当时的铜器铭文中多有记载，《令簋》云："唯王于伐楚伯，在炎。""王"，即周康王；"楚伯"，即为"中原旧楚丘之国"国君。《俎侯夨簋》云："唯四月，王省武王、成王伐商鄙，遂省东国鄙。""王"，即康王；"省"，即巡视、巡狩；"俎侯夨"，即与周康王同时的"吴国先君熊遂"。《廿五祀盂鼎》云："王令盂以……伐鬼方。""鬼方"，即"晋南世居土著"，成王赐给唐叔虞的"怀姓九宗"是其中的一部分①。

（2）分封诸侯

在康王时期，继续实行分封诸侯制度，成了推动"成康盛世"形成的又一重要因素。《左传》昭公九年云："文、武、成、康之建母弟，以蕃屏周"。二十六年又云："昔武王克商，成王靖四方，康王息民，并建母弟，以蕃屏周"。《墙盘》铭文称，康王"分尹亿疆"。裘锡圭先生认为，"分尹亿疆"就是"分封诸侯，巩固疆域的意思"②。这一时期，分封诸侯较多，从《刑侯簋》等的铭文来看，周公的几个后裔，如凡、蒋、茅、胙、祭等，很可能都是在康王时期所分封。另有吴国、"汉阳诸姬"、楚国等，也都可能是康王时期分封的③。

周康王在继续分封诸侯的同时，又极力维护周王室宗主地位，以此巩固分封制和西周王朝。据《麦尊》铭文记载，刑侯在就封后，曾返回丰镐朝见康王。康王待之以很高礼遇，让其参加裸祭和大射礼，又赐予二百家侍卫之臣，甚至还把自己乘坐的马车也赐给了刑侯。《匽侯旨鼎》云："匽侯旨初见事于宗周，王赏旨贝廿朋。"沈长云先生认

①②参见沈长云《论周康王》，《西周史论文集》下，陕西人民教育出版社1993年版，第954–965页。

③裘锡圭：《史墙盘铭文试释》，《文物》1978年第3期。

为,"旨"为第二代燕侯,当他继立后,就按西周的宗法分封制,前往丰镐朝见周康王。这同样反映了康王时期维护周王室宗主地位的情况。宗法分封制为"成康盛世"的形成起了奠定基础的作用。

（3）推行"明德慎罚"制度

"明德慎罚"是一种治国思想,同时也是一种治国制度。这一制度约创始于周文王时期,而盛行于成、康二王时期。《尚书·周书·梓材》云:"今王惟曰:先王既勤用明德,怀为夹。"①《梓材》是周公平定武庚与管、蔡二叔之乱,分封康叔姬封（武王之弟）建立卫国后,以成王的名义告诫康叔的文告,其内容主要讲述"为政之道"。《尚书正义》注《梓材》这段话时说:"言文武已勤用明德,怀远为近,汝治国当法之。"

在康王时期,实行"明德慎罚"制度情况缺乏记载,但我们可以从《康诰》中得知其大概。当年,周公要求康叔"显用（文王）俊德,慎去刑罚,以为教（化之）首;惠恤穷民,不慢鳏夫寡妇;用可用,敬可敬,刑可刑,明此道以示民;用此明德慎罚之道……始为政于我区域诸夏"②。据此可知,实行以德治国,恰当运用刑罚,就是"明德慎罚"。

在成、康时期,以"明德慎罚"制度治国,曾取得了很大成功。《史记·周本纪》说:"成康之际,天下安宁,刑错四十余年不用。"董仲舒"武王行大谊,平残贼,周公作礼乐以文之,至于成康之隆,囹圄空虚四十余年,此亦教化之渐而仁谊之流,非独伤肌肤之效也"③的说法,虽对成康时期尚未实行严刑酷法问题有过分称颂之嫌,但在一定程度上也反映了成康时期实行刑罚较为宽松的一些情况。

总之,"成康盛世"是经历数代人的不懈努力才缔造成功的,这一成功的获得实属不易。

---

①《尚书正义·梓材》,《十三经注疏》,中华书局 1980 年版,第 208 页"疏"。
②③《尚书正义·康诰》,《十三经注疏》,中华书局 1980 年版,第 203 页。

三、"成康盛世"的史鉴价值

人类历史的一个重要特征,就是它的继承性。这就是说,后世帝王、贤臣在治国、平天下时,总是要从前世社会汲取有益的经验、教训。从这一意义上来看,"成康盛世"期间虽然社会经济尚不十分繁荣,社会发展水平仍较低下,但它仍不乏可资后世治国的借鉴之处。

首先,要缔造"盛世",就必须进行长期不懈的奋斗。《尚书·周书·毕命》说:"惟文王武王,敷大德于天下,用克受殷命;惟周公左右先王,绥定厥家。"《史记·周本纪》也记载说:召公、毕公奉成王临终之命,率诸侯,在"先王庙"(即祖庙)中向新即位的康王宣告说:"文王、武王之所以为王业之不易,务在节俭,毋多欲,以笃信临之。"这些记载昭示,"成康盛世"是自周文王以来经数代人的努力奋斗才实现的,是来之不易的。康王即位后,应"以笃信临之",即以文王、武王和成王遗愿,治理好周的天下。

其次,要缔造"盛世",就必须继承以往帝王治国的一切有益方略。武王灭商后西归时,打算"营周居于雒邑",以此作为统治关东原商朝疆域的中心,当成王即位后,为实现武王遗愿,遂"使召公复营雒邑,如武王意"[1]。康王即位后,以继承文武业绩为己任,于是明确"宣告以文武之业以申之"[2]。类似记载,虽不很多,但它业已清楚说明,成、康二王是在继承文武以来先王治国方略的前提下缔造"盛世"的。

第三,要缔造"盛世",就必须巩固王朝的统一和广阔的疆域。文王和武王开拓了疆域和建立了西周王朝,成王和周公巩固了西周疆域和西周统一,而康王通过继续分封诸侯,进一步扩大了西周疆域。

---

①《史记》卷4《周本纪》,中华书局1959年版,第133页。
②《史记》卷4《周本纪》,中华书局1959年版,第134页。

在成康全盛时期,西周疆域囊括了原商朝疆域的全部、关西周人居地及江汉、江浙等地。疆域的广阔和王朝的统一,客观上为"成康盛世"的形成奠定了最重要的基础。

第四,要缔造"盛世",就必须保持政治的清明和社会的安定。西周初年,在统治者中业已形成了较为系统和成熟的治国思想,掌握了较高水平的治国之术,如《尚书·旅獒》在讲到"西旅献獒"时说:"明王慎德,四夷咸宾。"还说:"玩人丧德,玩物丧志","狎侮君子,罔以尽人心;狎侮小人,罔以尽其力"①。周成王另外又说:"抚民以宽,除其邪虐;功加于时,德垂后裔"。成王在位期间,还曾推行"兴礼正乐"的措施,这对社会的安定和保持社会风气的良好,都曾起到了积极作用。总之,成康时期主要是以"德"和"礼乐"之制治国的。这种治国之术,完全适应当时的社会实际,从而出现了"民和睦,颂声兴"的盛况。

第五,要缔造"盛世",就必须经常注意洞察和清除社会弊端,保持社会健康发展。"盛世"的缔造是长期的,同时又是极为困难的。一旦社会进入"盛世",就会逐渐滋生一些新的社会弊端,并成为瓦解"盛世"的因素。如在社会安定、生产发展基础上必然会滋生社会富裕病,即统治阶级以为天下太平,无复可忧,并在一定程度上丧失开拓进取精神,陶醉于"盛世",过起奢侈、享乐生活,从而对社会隐患疏于洞察。而平民百姓则受统治阶级腐朽生活习染,也产生一些不轨行为。在这样的社会条件下,西周在康王之子姬瑕(即昭王)继立后出现的情况正是如此。正如《史记·周本纪》说:"昭王之时,王道微缺。昭王南巡狩不返,卒于江上。其卒不赴告,讳之也。"②穆王继立后,社会状

①《尚书正义》卷13《旅獒》,中华书局1980年版,第195页。
②《史记》卷4《周本纪》,中华书局1959年版,第134页。

况进一步恶化,出现了"王道衰微"的情况①。可见,至穆王时,"成康盛世"已变成了历史陈迹,这是统治阶级对社会积弊疏于洞察和清除的必然结果。

(原刊于《西北师大学报》2002 年第 2 期;2016 年 5 月 30 日由《北京日报·理论周刊·文史》和 2016 年 7 月山东济南《今参考》全文转载)

①《史记》卷 4《周本纪》,中华书局 1959 年版,第 134 页。

李林甫专权与盛唐骤衰

李林甫是我国历史上一个大名鼎鼎的人物。他之所以特别出名，并非因为他治国有方，建勋劳于天下，倒完全是由于他专权用事，滥施淫威，竭力玩弄"口蜜腹剑"①伎俩，以致促使盛唐骤衰的缘故。

那么，李林甫是如何专权用事的？造成他专权用事的社会条件是什么？他的专权用事同盛唐骤衰又有些什么关系？本文试就以上问题，作一点粗浅的探讨。

一

秦汉以降，在我国上层建筑领域，逐渐形成了一套腐朽的官僚制度。在这一制度下，历朝历代的文臣武将、学士墨客，很少有不追逐名誉利禄的。置身唐代中期的李林甫，在这一点上虽与一般禄虫书蠹和混迹官场的政客并无二致，但在专权用事，滥施淫威，玩弄"口蜜腹剑"伎俩方面，却使别的官僚政客望尘莫及。

李林甫为了达到专权用事的目的，竭力"媚事左右，迎合上意，以固其宠"②。李林甫"柔佞多狡数，深结宦官及妃嫔家，伺候上动静，无

---

①《资治通鉴》卷215，唐玄宗"天宝元年"条记载："李林甫为相，凡才望功业出己右及为上所厚、势位将逼己者，必百计去之；尤忌文学之士，或阳与之善，啖以甘言，而阴陷之。世为李林甫'口有蜜，腹有剑'。"中华书局1956年版，第6853页。

②《资治通鉴》卷216，唐玄宗"天宝十一载十一月"条，中华书局1956年版，第6914页。

不知之,由是每奏对,常称旨,上悦之"。①当时,武惠妃宠幸倾后宫,因此之故,惠妃之子寿王也得到玄宗格外恩宠,而太子李瑛却逐渐被疏远。在这种情况下,李林甫乘机通过宦官向惠妃献媚讨好,表示愿意尽力保护寿王,为此深得惠妃青睐。惠妃对李林甫"阴为内助",从而林甫被"擢黄门侍郎"②。自天宝年间以来,宦官袁思艺屡次乘去中书省宣诏的机会,"玄宗动静必告林甫;林甫先意奏请,玄宗惊喜若神"③。正因如此,所以李林甫"权柄恩宠日甚"④。

李林甫专权用事之时,竭力"杜绝言路,掩蔽聪明,以成其奸"⑤。当时,有的大臣向玄宗进谏,李林甫竟明目张胆地进行阻挠,并用恐吓手段杜绝言路,蔽塞玄宗耳目。他说:"今明主在上,群臣将顺之不暇,乌用多言!诸君不见立仗马乎?食三品料,一鸣辄斥去。悔之何及!"⑥自此,群臣慑于李林甫的权势地位,不敢再向玄宗进谏了。李林甫对玄宗起用新人也是横加阻挠的。天宝六年(747 年),玄宗"欲广求天下之士",并降旨命"通一艺以上皆诣京师"⑦,以备录用。这件事引起了李林甫的恐慌不安,他惧怕"草野之士对策斥言其奸恶",因而别有用心地建议玄宗说:"举人多卑贱愚聩,恐有俚言污浊圣听。"⑧李林甫的话,玄宗深信不疑,于是便改变成命。接着玄宗又下令郡县长

①②《资治通鉴》卷 214,唐玄宗"开元二十二年四月"条,中华书局 1956 年版,第 6806 页。

③④《资治通鉴》卷 214,唐玄宗"开元二十二年四月"条注引《颜真卿疏》,中华书局 1956 年版,第 6807 页。

⑤《资治通鉴》卷 216,唐玄宗"天宝十一年十一月"条,中华书局 1956 年版,第 6914 页。

⑥《资治通鉴》卷 214,唐玄宗"开元二十四年十一月"条,中华书局 1956 年版,第 6825 页。

⑦⑧《资治通鉴》卷 215,唐玄宗"天宝六年正月"条,中华书局 1956 年版,第 6876 页。

官,对士人先行"精加试练,灼然超绝者,具名送省",而后再由尚书省"试以诗、赋、论"。那么,郡县"试练"和尚书省"试以诗、赋、论"的结果怎样呢? 据载,全国终"无一人及第者"①。这时,得意忘形的李林甫又借机给玄宗上表,恭贺什么"野无遗贤"②。在此,我们且不论唐"求士"之举的动机如何,但仅就李林甫狡猾地利用玄宗对自己的宠信略施小计,致使"求士"无着这点,就可看出李林甫压制人才、掩蔽聪明的行为何等卑劣了。

李林甫在"妒贤疾能,排抑胜己,以保其位"③方面,真是机关算尽,不遗余力。安禄山"贤""能"俱无,"狡黠"有余,但因得宠于唐玄宗、杨贵妃,以致其"势位"威逼李林甫,于是两个奸诈之徒,展开明争暗斗,最后以安禄山的失败而告终。安禄山出身胡人,是一个"外若痴直,内实狡黠"的野心家,其"体充肥,腹垂过膝",肚子很大,曾"自称腹重三百斤"④。有一次,安禄山觐见唐玄宗,玄宗指着他的大肚子戏弄道:"此胡腹中何所有? 其大乃尔!"安禄山十分狡猾地答道,我这肚子中"更无余物,正有赤心耳"!⑤玄宗听后,深感快慰。又有一次,安禄山进皇宫,当时玄宗正与杨贵妃坐在一起,安禄山便先拜贵妃,后拜玄宗,玄宗问这是为什么,安禄山又狡猾地回答:"胡人先母而后父。"⑥玄宗听后,喜形于色。狡诈的安禄山就如此几次三番地用伪装忠诚、故作愚蠢的手法,终于骗取了唐玄宗的宠信。这从一个方面不能不说安禄山其人狡黠至极了。这时,由于安禄山业已受宠,因此有人暗中

①②④《资治通鉴》卷215,唐玄宗"天宝六载正月"条,中华书局1956年版,第6876页。

③《资治通鉴》卷216,唐玄宗"天宝十一载十一月"条,中华书局1956年版,第6914页。

⑤⑥《资治通鉴》卷215,唐玄宗"天宝六载正月"条,中华书局1956年版,第6877页。

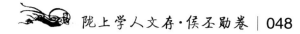

策划让其取代李林甫当宰相。这件事对于权迷心窍、利欲熏心的李林甫来说,是绝对不能容忍的。于是,李林甫为了击败政敌安禄山,巩固自己的权力地位,于是就施展他那"阳与之善而阴陷之"的故技。他表面上对安禄山"礼貌颇倨"的傲慢态度,佯装豁达,进而用虚情假意讨得了安禄山的好感,可是在背地里却制造了"胡人不知书"①,不能当宰相的借口。这样一来,唐玄宗居然放弃了让安禄山当宰相的打算,因而李林甫的阴谋也就得逞了。这件事充分表明,安禄山虽十分狡猾,但同"口蜜腹剑"的李林甫相比,却是小巫见大巫,实属望尘莫及。正如史书所载:李林甫"好以甘言啗人,而阴中伤之,不露辞色。凡为上所厚者,始则亲结之,及位势稍逼,辄以计去之。虽老奸巨猾,无能逃于其术者"②。从此,安禄山因"李林甫狡猾愈己,故畏服之"③。

李林甫在"屡起大狱,诛逐贵臣,以张其势"④方面,也是不择手段的。唐玄宗天宝四年(745年),李林甫"欲除不附己者",便四处网罗"狱吏",当时幸得吉温其人,因此"大喜"。吉温其人,自命不凡,常常自我表白说:"若遇知己,南山白额虎不足缚也。"⑤吉温的自我表白,和盘托出了这个"狱吏"的狠毒本质。还有个杭州人,名叫罗希奭,他"为吏深刻林甫引之,自御史台主簿再迁殿中侍御史"⑥。吉、罗二人

①《资治通鉴》卷216,唐玄宗"天宝六载十二月"条,中华书局1956年版,第6888页。

②《资治通鉴》卷214,唐玄宗"开元二十四年十一月"条,中华书局1956年版,第6826页。

③《资治通鉴》卷216,唐玄宗"天宝十二载五月"条,中华书局1956年版,第6918页。

④《资治通鉴》卷216,唐玄宗"天宝十一载十一月"条,中华书局1956年版,第6914页。

⑤⑥《资治通鉴》卷215,唐玄宗"天宝四载六月"条,中华书局1956年版,第6866页。

"皆随林甫所欲深浅,锻炼成狱,无能自脱者",时人谓之'罗钳吉网'"。①陕郡太守、江淮租庸转运使韦坚,升迁刑部尚书,而李林甫则"恨韦坚不已",于是"遣使于循河及江、淮州县求坚罪,收系纲典船夫,溢于牢狱,征剥逋负,延及邻伍,皆裸露死于公府,至林甫薨乃止"。②更有甚者,因咸宁太守赵奉璋揭发李林甫罪恶二十余条,"状未达,林甫知之,讽御史逮捕,以为妖言,杖杀之"③。李林甫结伙为党,诛除异己,真是无所不用其极!

二

李林甫久居相位、自专大权,唐玄宗"怠于政事"、大权旁落,结果使得朝廷出现了"百司悉集林甫第门,台省为空",虽有黄门侍郎陈希烈"坐府",但却"无一人入谒者"④的越出常规的现象。从此可以看出,高居相位的李林甫专权用事,滥施淫威,已经达到了无以复加的地步。那么当时何以能够出现这一历史现象呢?

马克思主义认为,全部人类历史本来是由个人活动构成的,而这些个人的活动却是由当时特定的社会环境所决定的⑤。李林甫的专权用事、唐玄宗的"怠于政事",正是受制于当时的社会环境的。

---

① 《资治通鉴》卷215,唐玄宗"天宝四载六月"条,中华书局1956年版,第6866页。

② 《资治通鉴》卷215,唐玄宗"天宝六载正月"条,中华书局1956年版,第6876页。

③ 《资治通鉴》卷216,唐玄宗"天宝八载四月"条,中华书局1956年版,第6894页。

④ 《资治通鉴》卷215,唐玄宗"天宝六载十二月"条,中华书局1956年版,第6884页。

⑤ 参见列宁《民粹主义的经济内容》,《马克思主义经典作家论历史人物评价问题》,人民出版社1962年版,第10页。

唐朝建立之初,近乎凝固状态的世族地主土地所有制,虽有一定程度削弱,但仍不失为以李渊、李世民父子为首的高门世族地主集团赖以立国的经济基础。鉴于这一情况,因而唐初封建人身依附关系仍然比较强烈,社会生产力水平还比较低下,商品交换关系也还比较冷落,而社会经济尚呈凋敝状态。正如史书所载:"自伊、洛以东,暨乎海岱,灌莽巨泽,苍茫千里,人烟断绝,鸡犬不闻,道路萧条。"①然而,唐初民生的凋敝现象,在经历唐前期一百多年时间后却有了极大改观。这是因为,在这一时期的前半期,李唐统治者不断记取隋王朝短暂而亡的历史教训,竭力励精图治,从而使社会生产力不断发展,劳动生产率逐渐提高,商品货币关系日益增长,封建人身依附关系日益松弛,以致导致世族地主土地所有制逐渐瓦解,庶族地主土地所有制逐渐形成。这一历史现象的出现,无疑是唐代历史上,同时也是中国封建社会历史上的一大变革。这一社会变革,不可避免地引起了封建经济的长足发展,并使社会经济出现了远非唐初所能比拟的繁荣景象。最能说明问题的是农业生产的发展。史家盛称:"开元天宝之中,耕者益力。四海之内,高山绝壑,耒耜已满。人家粮储,皆及数岁。太仓委积,陈腐不可较量。"杜甫在《忆昔》)诗中也写道:"忆昔开元全盛日,小邑犹藏万家室。稻米流脂粟米白,公私仓廪俱丰实。"这首诗中的"小邑"系指地方官府所在地,"公私"之"公"系指官府、"私"系指地方。这就表明,中唐前由于广大农民的辛勤耕作,势所必然地使地主阶级及其政府从农业生产的发展中得到极大的经济利益。商业和交通运输业也有了很大发展,"自(开元)十三年后天下无贵物","东至宋汴,西至岐州,夹路列店肆待客,酒馔丰满,每店皆有驴赁乘客,倏

①[唐]杜佑撰《通典》卷7《食货·历代盛衰户口》,中华书局1984年版,第39页。

忽数十里,谓之驴驿。南诣荆襄,北至太原、范阳,西至蜀川、凉府,皆有店肆,以供商旅,远适数千里,不持寸刃"。在上述材料中,以长安、洛阳为中心的东西南北交通道路两旁"店肆"的兴设和大道上"商旅"的往来,引起了我们的特别注意。这是因为,唐朝初年,西起伊洛,东到海岱,是"苍茫千里,人烟断绝,鸡犬不闻"的荒凉、残破景象,而至开元十三年后,则一反往常,出现了"夹路列店肆待客,酒馔丰满,每店皆有驴赁乘客,倏忽数十里"的盛况。这一盛况,正好是当时社会秩序安定、经济繁荣、交通发达、商品货币关系繁盛的生动反映。

社会经济的繁荣和社会秩序的安定,对国家和劳动人民来说,无疑都是好事。然而,这种好事,不可避免会引出一些坏结果来。这种坏结果,早已被封建政治家唐太宗预见到了。他说:"治安则骄侈易生,骄侈则危亡立至。"①开元、天宝年间,唐代社会经济正处于极盛时期,正是在这个时期,唐王朝的统治也从"治安"向"危亡"迅速转变,而唐玄宗在"盛世"的骄侈之心,无疑加速了这个"危亡"时日的到来。

唐玄宗是个半明半暗的皇帝,也可以说是个前期明后期暗的皇帝。玄宗即位之初,求治心切,也有一定的政治才能,在用人、纳谏等方面表现出是个明君。有一段时间,韩休与肖嵩同为宰相。韩休"为人峭直,不干荣利","守政不阿"②,见玄宗有过失,就上书指陈,而肖嵩则不然。有一回,玄宗照镜子,显得闷闷不乐,左右便说:"韩休为相,陛下殊瘦于旧,何不逐之!"玄宗叹道:"吾貌虽瘦,天下必肥。肖嵩奏事常顺指,既退,吾寝不安。韩休常力争,既退,吾寝乃安。吾用韩休,为社稷耳,非为身也。"③这些话,如果出于真意,那么我们可以说,身

①《资治通鉴》卷196,唐太宗"贞观十五年八月"条,中华书局1956年版,第6170页。

②③《资治通鉴》卷213,唐玄宗"开元二十一年三月"条,中华书局1956年版,第6801页。

为封建皇帝的唐玄宗,能把纳谏同国家的利益联系起来,这在封建帝王中不能不说是少有的。

据史书记载,开元、天宝年间,国家仓库中所存钱物多得惊人。天宝八年(749年)杨国忠屡奏"帑藏充牣,古今罕俦",于是玄宗便率领百官"观左藏"①。玄宗看了多得惊人的钱物后,使他一方面产生了"自恃承平,以为天下无复可忧"②的思想,因而"深居禁中,专以声色自娱,悉委政事于林甫"③。另一方面,他"以国用丰衍,故视金帛如粪壤,尝赐贵宠之家,无有限极"④。从此,"在位岁久"的唐玄宗,便"渐肆奢欲,怠于政事"⑤。不难看出,至此玄宗的骄侈之心无疑已经压倒了求治之心,而杨贵妃入宫后出现的"春宵苦短日高起,从此君王不早朝"(白居易《长恨歌》)的现象,更是玄宗骄侈之心滋长的一个佐证。

在这种情况下,唐玄宗为使自己能够纵情享乐,于是决意找一个完全顺从自己旨意的人当宰相,而权欲熏心、口蜜腹剑、善于"迎合上意"的李林甫自然就成了他的意中之人。就这样,李林甫被推上了当时的政治舞台。

---

①《资治通鉴》卷216,唐玄宗"天宝八载二月"条,中华书局1956年版,第6893页。

②《资治通鉴》卷216,唐玄宗"天宝十一载十一月"条,中华书局1956年版,第6914页。

③《资治通鉴》卷216,唐玄宗"天宝十一载十一月"条,中华书局1956年版,第6914页。

④《资治通鉴》卷216,唐玄宗"天宝八载二月"条,中华书局1956年版,第6893页。

⑤《资治通鉴》卷214,唐玄宗"开元二十四年十一月"条,中华书局1956年版,第6823页。

三

正当李林甫专权用事之日,恰逢唐王朝鼎盛之时。然而,在身为宰相的李林甫死后的第三年(即755年),却爆发了大规模的、祸及全国的"安史之乱"。那么,关乎唐王朝前途命运的这一大事变,究竟造成了怎样的后果? 它同李林甫专权的关系又怎样? 探讨这些问题,对本文来说是至关重要的。

历时八年之久的"安史之乱",给予唐王朝的打击近乎是毁灭性的:纵欲游乐、在位近五十年的唐玄宗狼狈出逃巴蜀,并因此而丧失了皇位;东京洛阳、西京长安惨遭安史叛军洗劫,自此之后,二京政治地位下降,经济繁盛景象终未恢复;北方广大地区人民群众的生命财产遭受极为严重的损失;藩镇势力猖獗不已,他们相互"喜则连衡而叛上,怒则以力而相并,又其甚则起而弱王室";世居西陲的吐蕃,乘机攻陷河西走廊,占据陇右等地。总之,"安史之乱"造成的后果十分严重,"数年间,天下户口什亡八九,州县多为藩镇所据,贡赋不入,朝廷府库耗竭,中国多故,戎狄每岁犯边,所在宿重兵,仰给县府,所费不赀"。显然,"安史之乱"的发生,无疑致使强盛的唐王朝骤然而衰,江河日下。

李林甫的专权用事同"安史之乱"的发生、盛唐的骤衰,有着颇为直接的关系。唐代宗大历元年(766年),曾经亲自抗击安史叛军的刑部尚书颜真卿上疏说:"天宝以后,李林甫为相,深疾言者,道路以目。上意不下逮,下情不上达,蒙蔽暗呜,卒成幸蜀之祸。"[①]元和十四年(819年),唐宪宗曾问政于宰相崔群:"玄宗之政,先理而后乱,何

---

①《资治通鉴》卷224,唐代宗"大历元年二月"条,中华书局1956年版,第7189页。

也？"崔群回答说："玄宗用姚崇、宋王景、卢怀慎、苏还顼、韩休、张九龄则理,用宇文融、李林甫、杨国忠则乱。故用人得失,所系非轻。人皆以天宝十四年安禄山反为乱之始,臣独以为开元二十四年罢张九龄相,专任李林甫,此理、乱之所分也。"[1]至北宋时,司马光也指出:李林甫"在相位十九年,养成天下之乱,而上不之寤也"[2]。苏轼在《荔枝叹》诗中,一方面控诉了唐玄宗、杨贵妃的罪恶,同时又表达了对李林甫专权的愤怒,曾写道:"至今欲食林甫肉。"从上述我们可以看出,颜真卿是把唐玄宗逃亡蜀地的原因归结为李林甫做宰相时的"深疾言者";崔群把唐玄宗"罢张九龄相,专任李林甫"的开元二十四年(736年)作为唐中期"理"与"乱"的时间分界;而司马光则把"安史之乱"看作是李林甫"养成"的,而堕入昏君泥潭的唐玄宗仅只是"不之寤"而已。当然,发生"安史之乱"的原因是多方面的,但如果从政治角度探究,显然颜真卿、崔群、司马光等人的见解是符合事实的,称得上是真知灼见。

同时,李林甫为使自己"专宠固位",并不致冒犯玄宗对安禄山的宠信,于是采取表面上对安禄山举荐、褒扬,实际进行排斥的狡猾手法,结果反倒使得安禄山乘机掌握了戍守边防的大权,这无疑为唐王朝的骤衰造成了一大隐患。天宝三年(744年),唐玄宗委任平卢节度使安禄山兼领范阳节度使,当时礼部尚书席建侯便称赞什么"禄山公直",而宰相李林甫、户部尚书裴宽也大称"其美"。正因如此,所以使

---

①《资治通鉴》卷241,唐宪宗"元和十四年九月"条,中华书局1956年版,第7773页。

②《资治通鉴》卷216,唐玄宗"天宝十一载十一月"条,中华书局1956年版,第6914页。

得"禄山之宠益固不摇矣"①。自唐初以来,忠厚名臣常为边帅,功名卓著边帅又往往入迁为相,而李林甫专权之后,则竭力堵塞边帅入相之路。天宝六年(747年),李林甫以胡人适于做边帅、不宜入为相为借口上奏玄宗说:"文臣为将,怯当矢石,不若用寒畯胡人;胡人则勇决习战,寒族则孤立无党,陛下诚以恩洽其心,彼必能为朝廷尽死。"②李林甫的奏折,以貌似忠直的言辞,掩盖着不可告人的险恶用心。可是,唐玄宗不但"悦其言",而且还任用安禄山为边帅。自此以后,唐朝"诸道节度尽用胡人,精兵咸戍北边,天下之势偏重,卒使禄山倾覆天下,皆出于林甫专宠固位之谋也。"③据上所述,我们认为,"安史之乱"的发生同李林甫的倒行逆施显然有着密切的关系。

李林甫的专权,虽使唐朝政局出现了严重危机,然而,如果朝廷处置得当,必不会酿成祸及全国的大规模叛乱。正如清人顾祖禹所说:"夫渔阳之祸,亦唐自召之耳,使委任得人,而制御得方,安在禄山之能为变哉!"④但在事实上,当时正值李林甫专权用事之际,朝政根本不可能有得当的处置。在唐玄宗怠于政事,悉委政事于李林甫后,唐王朝权力中枢次第失序,危机四伏,众朝臣均在李林甫的威势之下过着提心吊胆、朝不保夕的日子。据史书记载:李林甫"久典枢衡,天下威权,并归于己,台司机务,(陈)希烈不敢参议,但唯诺而已"⑤;"宰

①《资治通鉴》卷215,唐玄宗"天宝三载三月"条,中华书局1956年版,第6860页。

②③《资治通鉴》卷216,唐玄宗"天宝六载十二月"条,中华书局1956年版,第6889页。

④《读史方舆纪要·北直方舆纪要序》,中华书局2005年版,第403页。

⑤《旧唐书》卷106《李林甫传》,中华书局1975年版,第3238页。

相用事之盛,开元以来,未有其比"①。李林甫"秉钧二十年,朝野侧目,惮其威权"②,"自皇太子以下,畏之侧足"③。李林甫专横跋扈,几乎到了独裁的地步。既然唐王朝权力中枢的状况如此,那怎么能设想对朝政会有得当的处置呢?

李林甫本人的处境,在一定程度上也为我们提供了探究他与政局骤变关系的一个方面。天宝六年,有一天将作监李岫随从其父李林甫游览后园时,指着"役夫"对李林甫说:"大人久处钧轴,怨仇满天下,一朝祸至,欲为此得乎!"李林甫无可奈何地答道:"势已如此,将若之何!"④李岫自知其父作恶多端,"怨仇满天下",从而产生了严重的危机感,有点惶惶不可终日的心态。同时,李岫的话也说明了一个问题,只是由于李林甫的"久处钧轴",才使得"怨仇满天下"的。李林甫本人又怎样呢?他"自以多结怨,常虞刺客,出则步骑百余人为左右翼,金吾静街,前驱在数百步外,公卿走避;居则重关复壁,以石甃地,墙中置板,如防大敌,一夕屡徙床,虽家人莫知其处"。⑤不难看出,至此曾经不可一世的李林甫,已经陷入了草木皆兵的窘境。

以上种种史实,从各个不同的角度,说明了一个共同的问题,这就是:李林甫的"口蜜腹剑"及专权用事,是唐代中期政治危机和盛唐骤衰的重要原因之一。这就是我们的结论。

(原刊于《甘肃理论学刊》2000 年第 3 期)

①《旧唐书》卷 106《李林甫传》,中华书局 1975 年版,第 3238 页。

②《旧唐书》卷 106,中华书局 1956 年版,第 3241 页。

③《资治通鉴》卷 216,唐玄宗"天宝十一载十一月"条,中华书局 1956 年版,第 6914 页。

④⑤《资治通鉴》卷 215,唐玄宗"天宝六载十二月"条,中华书局 1956 年版,第 6884 页。

雄才大略雍正帝

雍正皇帝当政之时,适逢康雍乾盛世的中期,处于承前启后、继往开来之际。清朝自入主中原,历经顺治、康熙两朝约八十年的统治,王朝大局已定,但仍面临着许多严重问题。诸如皇位继承、内争迭兴;京畿之内,"旗人暴横,颇苦小民"①;西北、西南边疆动乱频起,纷扰不止;吏治松弛,已见弊端。雍正帝荣登皇位之后,顺应时势,坚决果断地推行了一系列政治改革,政绩辉煌。其所采取重大治国举措,多为中国历史之首创,其雄才大略之英风,颇为史家所称颂,堪为"康雍乾盛世"之一代英主。

一

雍正皇帝,满族,姓爱新觉罗,名胤禛,生于清康熙十七年(1678年)十月三十日,清圣祖康熙皇帝第四子。康熙三十七年(1698年)封"贝勒"(清宗室爵号,位居亲王、郡王之下),1709年封雍亲王。康熙六十一年(1722年)奉诏即皇帝位,年号雍正,1723年改为雍正元年。

雍正皇帝即位之时,年届四十五岁,业已具有一定从政经历。他以第四子身份继承皇位,名不正,言不顺,政敌林立,皇位不稳,为此他登基之后,便推行了一系列政治制度改革,以加强中央皇权的统治,其中对后世影响较大的政改措施有二项:

---

① 《清史稿》卷9《世宗本纪》,中华书局1977年版,第309页。

1. 首创密定皇储制度

自周、秦、汉以来,两千多年间的帝王继承者皇储(或称太子)的确定,多遵循封建的嫡长子继承制,通过一定程序而确定下来并公布于众。这种不重视贤愚与德才的皇储制度,曾在历史上一再酿成争权夺利的流血悲剧,康熙也曾在晚年为此而陷入了困局。康熙长子允褆,因不是皇后所生,没有被立为太子,而二子允礽是嫡长子,因此得立。但由于允礽性格乖戾不羁,与诸兄弟结怨倾轧,且有效法隋炀帝杀父取代之心,故被康熙察觉而废之。从此,诸皇子纷纷争立,并勾结朝中朋党,各成势力,互相攻击。康熙无奈,曾一度复立允礽。但这位嫡长子实不争气,乖戾不改,难以承位,康熙只得再次将他罢黜,由是皇子争位再起,搞得康熙焦头烂额,成为他临终悲哀的一大憾事。胤禛虽得以继承皇位,但皇室内部早已形成的派系及朝中朋党,自然成了他的政敌,直接威胁他皇位的稳固。

胤禛平素行为谨慎,在诸皇子争皇位中,他隐蔽锋芒,巧设心机,得到康熙的青睐。继位后,他以非凡的胆略采取分化瓦解、各个击破的策略,将政敌一一肃清。他先任命允禩(皇八弟)、胤祥(皇十三弟)、大学士马齐、理藩院尚书隆科多等人为总理大臣,稳住了政局。同时急召正在西北军中的十四弟抚远大将军允禵回京,令其留守景陵附近的汤泉,夺其兵权。随后又以九十二条大罪之名,将允禵的部将、抚远大将军年羹尧处死,铲除军中劲敌势力。隆科多是雍正的长舅,富有才智谋略,雍正得继皇位,他出力最多。雍正即位后,隆科多被任为总理大臣,袭一等公爵,又加太保衔,授吏部尚书兼步军统领。雍正常与之在宫中密谋,谕令启奏等一切奏章均书"舅舅隆科多"字样,可见权势之重。雍正五年(1727年)十月,雍正利用其舅铲除了皇室与军中异己势力后,便罗织其舅大罪四十一款,处以从宽免死之罪,将其软禁,由此树立了个人皇权的绝对权威。

在铲除政敌、巩固皇权的斗争中,雍正皇帝总结了历代皇储纷争的历史教训,毅然决然地废除公开预立皇储的旧制,首创密定皇储的制度,即由皇帝在诸子中慎选德才兼备者为继承人,并将其名字写成密旨,先贮藏宫中,秘而不宣,待皇帝临终或逝世后再行公布,以此激励皇子奋发向上、避免预立的纷争。

2. 创设军机处。

在雍正之前,清朝中央政府中从无军机处机构的设置。雍正七年(1729 年),为适应向西北地区用兵之需,在中央内阁六部之外,始设军机房,雍正十年(1732 年)改称"办理军机处",简称"军机处"。

军机处是辅佐皇帝的政务机构,主要职掌朝廷军国政务。军机处的主要官员为军机大臣,他们每天可以见皇帝,既负责向皇帝奏报军务,又承担传达皇帝有关军务的谕旨,遂成为中央权力之中枢。军机大臣一般情况下由六七人组成,从亲王、大学士、尚书和侍郎中选任。

军机处虽总揽军国政务,但它只是皇帝的军务办事机构,也就是雍正皇帝用来集中兵权的机构,因此,这一机构的创设不仅标志着雍正皇帝集中了兵权,而且杜绝了历史上诸王朝最高军事将领因擅权而危害皇权现象的重演。军机处一直延续到清末,清咸丰十年(1860 年),清政府又建立"总理各国通商事务衙门",军机处之权渐次移属之。

二

雍正皇帝为巩固统一、多民族国家耗费了大量心血,十多年间创造了卓有成效的政绩。

1. 平定罗卜藏丹津和噶尔丹策零叛乱

罗卜藏丹津是游牧于青海的和硕特蒙古亲王,他在雍正即位之际即 1723 年,纠合各部头人发动了叛乱。为了维护西北边疆的稳定,雍正皇帝于翌年命令抚远大将军年羹尧率清军，出其不意地直攻罗卜藏丹津在柴达木地区的大本营，大破叛军，歼俘十万之众。罗卜藏丹津化装成妇女，乘夜色逃往准噶尔部去了。接着，清军又平定了和硕特叛军残部，安置了当地藏人，委任了土司，并在和硕特部聚居的青海地区设置了西宁办事大臣，从此把青海地区进一步置于清朝中央的控制之下。

准噶尔部噶尔丹的叛乱，前经康熙朝的多次征讨，已遭重创，不断向西北溃退。在此情况下，噶尔丹之侄策旺阿拉布坦向清朝表示，愿配合清军夹攻噶尔丹，但却乘机派兵进入西藏，杀了拉藏汗，拘禁了达赖喇嘛，坚持分裂祖国的行径。不久，策旺死，其子噶尔丹策零继位后，在沙俄的支持下，仍无归降之意，不仅继续收留和硕特罗卜藏丹津，而且又在加紧策划新的叛乱活动。为此，雍正皇帝于雍正七年（1729年）派兵两路征讨，北路由靖边大将军傅尔丹率领进驻阿尔泰山地区；西路军由宁远大将军岳钟琪率领屯兵巴里坤。雍正八年（1730年），北路军遭到噶尔丹策零袭击，损失惨重；雍正十年（1732年），噶尔丹策零东犯哈密，被岳钟琪西路军击败。此后，噶尔丹策零又北犯，被清北路军打得大败。至雍正十二年（1734年），噶尔丹策零叛军崩溃，只好向清朝重新称臣入觐，从而使西北边疆得以稳定，也使沙皇俄国分裂中国的图谋遭到失败。

2. 推行"改土归流"政策

"改土归流"，是创始于明代、实行于边疆少数民族地区的一项政治改革制度，而这一制度的完善和大力推行，并收到显著效果，则在清朝雍正时期。雍正六年（1728年），雍正皇帝授权云贵总督鄂尔泰在当地大力推行"改土归流"，时至雍正九年（1731年），基本完成了这项社会改革任务。

在西南苗族地区推行"改土归流"制度，虽然充满了矛盾斗争，伴随着一些流血事件,但总的来看,进行得还是颇有章法,和平改造为其主流。根据雍正皇帝的旨意,鄂尔泰在推行"改土归流"制度时,对土司采取了攻抚并用、分别对待的政策:有的土司主动放弃权利与称号,交回前朝所颁赐的官印,接受流官治理;对顽固抗拒者则调兵弹压,强行收回原颁官印,收缴兵器,改派流官取而代之;有的土司被下令迁往江苏、江西、安徽、浙江、河南、陕西、盛京、广东等内地,迫使他们脱离土民,离开本土,以利流官治理;对部分过于偏僻和流官尚难直接治理的地方,又保留和新增设了若干土司、土州,并对他们实行"考成"制度,即考核是否执行中央政令,是否有扰民行为等,对违令者惩处,对遵令者褒奖;同时还推行了"分袭"制,即把"深山穷谷,流官威法所不及之处"①大土司,分割为若干小土司,从而起到了"地小势分"、"不能为害"的作用。

"改土归流"制度的推行,削弱和抑制了土司势力,革除了若干旧规陋习,便利了清朝中央的管理、政令的推行和先进文化技术的推广,加速了当地社会进步,巩固了西南边疆。

3.创立"驻藏大臣"制度

自元朝起,西藏开始实行政教合一制度。康熙六十年(1721年),清朝政府任命西藏上层僧俗人物掌握了地方政权。雍正五年(1727年),西藏发生了一起变乱事件,清朝政府所任命的西藏地方官被杀,严重影响了西藏地方社会的安定。因此,雍正皇帝当机立断,在迅速平定这一变乱事件的同时,派遣大臣二人入藏,作为西藏地方的行政长官,名为"钦差驻藏办事大臣",简称"驻藏大臣"。自此,清朝"驻藏大臣"制度正式创立。

---

①《清世宗实录》。

雍正六年(1728年),清朝政府又册封西藏颇罗鼐为"贝子",令其具体统管前藏、后藏,并颁给银印一枚。这样就出现了"驻藏大臣"和"贝子"并存局面。不过,二者之职掌是有所不同的。雍正皇帝说:"所以命大臣驻藏办事者,原为照看达赖喇嘛,镇抚土伯特人众。"①又说,"国家因西藏地处僻远,特命大臣驻扎其地,所冀得其情伪,控制由我"。从此可知,"驻藏大臣"制度创设之初,其任务主要在于统领驻藏官兵,安定及安抚"土伯特人众",即西藏及其附近地区民众,之后又承担监督颇罗鼐总理西藏事务。历史表明,雍正时所创立的"驻藏大臣"制度,对西藏社会的稳定和发展,对西藏隶属清朝中央政府关系的确定,对我国统一多民族国家的最终形成,都起到了极为重要的历史作用。这一制度从雍正朝开始一直延用至清末民初。

4. 大力经营台湾

康熙二十二年(1683年)清军入台,郑成功之孙郑克塽归降,从此清朝对台湾的经营管理逐渐加强。雍正即位后,继承了康熙经营台湾的事业,其举措均颇值得称道。雍正元年(1723年),在台湾原有的一府三县地方政府机构基础上,又增设一县二厅,即彰化县和淡水、澎湖二厅;雍正五年(1727年),又将隶属福建的台厦道改置为台湾道,责成专辖台、澎地区。同年,雍正诏谕规定驻台官员兼管司法、经济、军事等方面事务,从而扩大了驻台官员的权限;雍正九年(1731年),在台湾新设二县丞、四巡检之职,其中二县丞分驻万丹和笨港,四巡检分驻鹿仔港、猫雾捒、竹堑和八里岔。为使驻台官员专心政务,雍正于雍正五年(1727年)特颁敕谕,钦定驻台官员凡称职和政绩优异者予以褒奖;雍正十二年(1734年),又特许驻台官员年逾四十岁而无子嗣者可携带眷属赴任,任期一般三年。

①《清世宗实录》。

雍正重视台湾的军事设防事务。雍正十一年（1733 年），颁诏升台湾镇为挂印总兵，颁发方印，新增左、右城守营，驻台总兵力从一万人增至一万二千六百七十人。为使将士安心戍守台、澎地区，雍正时还曾实行了优待戍守台、澎军人家属政策，规定凡戍台、澎兵丁家中生活困难，无力养赡者，政府每月发给每户米一斗；雍正七年（1729 年）又规定，政府每年拨出赏银四万两，以为台兵养赡家口之用。

兴办学校，传授儒学，是雍正时期经营台湾的又一重大举措。雍正五年（1727 年）清朝派往台湾的御史官，奉命兼管学校及教育事务；雍正十一年（1733 年），清朝在台湾增设了台湾府学和台湾、凤山、诸罗和彰化四县学，且各置训导官一名。至此，台湾地区的教育管理制度初步形成。在教学内容方面，主要是推行汉字，推广儒学，使台湾的文化风气开始发生变化，密切了与内地的联系与统一。

三

雍正皇帝在位时期，欧洲一些资本主义国家正在向海外加紧扩张，中国逐渐变成了他们宗教渗透、鸦片输入等的主要对象。针对这种形势，雍正皇帝采取了一些防范措施，有效地维护了国家的权益。

在《尼布楚条约》签订后的三十多年间，沙皇俄国妄图侵占中俄边界中段交界地区的中国领土，于是采取先通商、后签边界条约的拖延战术。经康、雍时期的斗争，中俄终于在雍正五年（1727 年）签订了《恰克图条约》，其中对中俄中段边界走向作了明确规定，即以恰克图与鄂尔怀图山之间的第一个鄂博为起点，自此向东直达额尔古纳河西岸；向西直达阿尔泰地区的沙毕纳伊岭，此线以北属俄国，以南属中国。《恰克图条约》的签订，虽然使中国丧失了部分领土，但它明确标志了中俄中段边界的划定，它对沙俄进一步侵占我国这一地区领土起了重要遏制作用。

雍正皇帝即位之后,继承了康熙朝禁洋教的政策。在雍正朱批的一份奏折中指出:对洋教,"沿海省份,尤当禁革"。雍正二年(1724年),雍正在召见居京传教士时指出:"尔等欲我中国人尽为教徒,此为尔等之要求,朕亦知之;但试想一旦如此,则我等为何如之人,岂不成为尔等皇帝之百姓乎?教徒惟认识尔等,一旦边境有事,百姓惟尔等之命是从,虽现在不必顾虑及此,然苟千万战舰来我海岸,则祸患大矣。"又说,"朕惟一之本分是为国家而治事"①。这一谈话,表达了他禁洋教的坚定立场和维护国家权益的远见卓识。从此,在全国很快掀起了拆毁教堂、焚毁圣像和将教堂改为公所、书院与医院的斗争,使洋教势力受到了一次沉重打击。

罂粟在中国的种植很早,据说至迟在唐代就有种植。不过,从唐代至明末,中国种植的罂粟和从国外输入的鸦片,都是作为药材,一般采用吞服或煎服方法进行治病。大约在荷兰人占领台湾之后,用烟枪吸食鸦片方法才传入我国。到雍正即位之时,我国民众吸食鸦片现象到处蔓延,"流行各省","开馆卖烟",造成了严重社会灾害。正是忧患这种社会现实,雍正七年(1729年)在我国历史上首次颁布了禁烟令,从此揭开了清朝一百多年禁烟斗争史的序幕。雍正在禁烟令中明确规定:贩卖鸦片者,"枷号一月,发近边充军",所贩卖鸦片一律没收;胁从者"杖一百,流三千里";海关文武官员,若因失察导致鸦片流入者,"均交部严加议处"。雍正时所开展的禁烟斗争,对当时鸦片的输入有所抑制,禁烟斗争初见成效。

四

雍正是以严明吏治而著称于史的皇帝,其治国之道留下了许多

---

①《清世宗实录》。

宝贵的经验,为后世史家所肯定。

雍正元年(1723 年)正月,雍正曾颁布谕旨十一道,分别训饬上自总督、巡抚、提督,下至州、县、游击各文武官员,务必改革积习,兴利除弊,共襄至治。他认为治国之关键在于吏治,吏治的要害在于中央官吏。他说,"大臣者,群僚之表率也,职官士庶之仪型也",即强调高官大吏的榜样、形象和模范作用。他认为为官者首先要端正自己,先行"正心","去其营求请托之私",才能"成公平之化",育成良好的社会风气。官吏如以权谋私,"标准不立",则社会必然出现"种种依仗势力",使奸邪之徒"汇缘奔竟",国家进退人才"不得其实",导致冤情积案,民怨载道,国无宁日;朝中官吏行为不端,属吏效尤,百僚庶士,相习成风,必然造成民心涣散,纲纪不振,民不守法,风气败坏。他严令官吏"举国法以谢亲知,秉公去私,共襄移风易俗之化","慎之勉之"①。

清世宗雍正强调为政要顺应民心,以民为本。雍正元年(1723 年)十二月,他下令停止各省进贡地方土产,养民生息,严禁满洲八旗扰民行为。他敕谕直隶巡抚李维均说:"京师附近地方,旗人、民人交杂居住,旗人残暴蛮横,经常苦害民人,你应当整顿治理,不必避忌旗、汉形迹,畏惧王公勋旗,凡有欺压民人百姓事件,都要秘密奏报。"②雍正三年(1725 年)正月,又谕令拨出固安县官地二百顷,作为井田,派遣八旗闲散人员前往承领耕种,防止旗人游手好闲,扰害社会。雍正十三年(1735 年)三月,他就地方编立保甲事颁布谕旨说:"地方编立保甲,必须俯顺舆情,徐为劝导,若过于严急,则善良受累矣。为政以得人为要。不得其人,虽良法美意,徒美观听,于民无济也。"③他还以治

①《清世宗实录》。
②《清世宗实录》。
③《清史稿》卷 9《世宗本纪》,中华书局 1977 年版,第 339 页。

理苗疆事务为例,检讨自己说,所行政策本意安民,但由于官吏办理不好,造成苗民叛乱,安民的心愿,反成害民之政,回想当初本意,能不惭愧吗?于是下令"贵州本年钱粮,通行蠲免,其被贼州县,蠲免三年,以示抚绥救恤之意"①。他勇于检查纠正为政之错,堪为明君之举。

雍正关心农耕,体察民苦。雍正十一年(1733年)正月,诏令户部左侍郎海望、直隶总督李卫前往浙江察勘海塘工程,修筑公堤;二月,他在前往遵化祭奠陵寝途中,看见沿路安设水缸,蓄水喷洒道路,遂训谕随侍大臣说:"跸路所经,虽有微尘何碍。地方官当以牧养生民为重。若移奉上之心以抚百姓,岂不善乎?"②雍正十三年(1735年)三月,即在他逝世前,他还亲自到先农坛耕耘田地,为民作表率。

是年八月,雍正帝驾崩,终年五十八岁,谥号为"敬天昌运建中表正文武英明宽仁信毅睿圣大孝至诚宪皇帝"③,庙号世宗。雍正传位于皇四子宝亲王弘历,是为乾隆皇帝。

雍正帝在位十三年,承圣祖康熙宽仁之基,顺应时势,更行严厉之策,文武张弛,颇得治国之道。他辛勤于政,多有创建之功,是中国历史上一位卓有成就的君主。

(原载于《中国历代少数民族英才传》2000年9月版)

---

①《清史稿》卷9《世宗本纪》,中华书局1977年版,第340页。

②《清史稿》卷9《世宗本纪》,中华书局1977年版,第335页。

③《清史稿》卷9《世宗本纪》,中华书局1977年版,第307页。

论马克思主义地理环境观

马克思主义传入我国已经有百年时间了（据载是 1918 年传入）。在这百年时间中，马克思主义对我国的政治、经济、军事、思想、文化，以至于中国人的家庭生活都发生了巨大而又深刻的影响。可是，长久以来我国的马克思主义历史学家们，不但没有运用马克思主义的地理环境观对我国境内发生的历史地理现象作出科学解释和理论说明，而且从来没有把马克思主义地理环境观看成是马克思主义理论体系的一个组成部分，特别是自批判所谓资产阶级的"地理环境决定论"以来，这方面竟然变成了历史研究中的一个禁区。如果我们考察一下中国现代史学史，就很容易发现，不论洋洋数百万言的史学巨著，还是数千言的史学论文，几乎无不言必称阶级斗争，言必称生产力与生产关系，言必称经济基础与上层建筑。即使在党的十一届三中全会后，我国史学界学术空气虽然十分活跃，但至今在一些问题的讨论中，仍然存在忽视地理环境因素的现象。这就表明，马克思主义地理环境观在我国遭受冷遇的不正常现象并未得到彻底改变。

一、马克思主义地理环境观

马克思、恩格斯、列宁、斯大林及普列汉诺夫等马克思主义经典理论家有关地理环境问题的一系列论述，是马克思主义辩证唯物主义和历史唯物主义理论体系的重要组成部分。在马克思主义历史科学体系中也同样占有十分重要的地位。事实上，马克思主义经典理论家不论在革命实践中，还是在理论的探索中，不只重视生产力、生产关系、经济基础、上层建筑，同时也非常重视地理环境与人类产生及其活动之间的相互影响。马克思主义经典理论家从来就认为，人类的产生，人类的社会发展，没有哪一方面可以能够须臾离开地理环境的。很清楚，马克思主义经典理论家在创立经济学、政治学、哲学等理论的同时，也创立了有关地理环境问题的卓越理论。马克思主义地理环境观到底是什么？其主要内容表现在哪些方面？为了便于说明马克思主义地理环境观，在此先行摘引马克思和恩格斯等经典理论家的如下论述。马克思、恩格斯《德意志意识形态》说："人创造环境，同样环境也创造人。"①马克思、恩格斯《德意志意识形态》又说："自然界和人的同一性也表现在：人们对自然界的狭隘的关系制约着他们之间的狭隘的关系，而他们之间的狭隘的关系又制约着他们对自然界的狭隘的关系。"②《1844年经济学——哲学手稿》写道："没有自然界，没有外部的感性世界，劳动者就什么也不能创造。"③《资本论》还说："人在作用于外部自然界的时候，他便改变了他自己的本性。"普列汉诺夫在谈到对马克思这段话的认识时特别指出："在这几句话中包括了马克思的历史理论的全部本质。"④以上，我们所引马克思等经典理论家的论述，虽然数量极为有限，但他们有关地理环境问题的基本观点却表达得很明显。概括而言，这些观点就是：在人类社会的发展中，人类与自然界密切联系，相互影响、相互制约、相互促进，不断变化。马克思主义经典理论家的这些观点，我将它称之为马克思主义的"人

①《马克思恩格斯选集》卷1，人民出版社1972年版，第43页。
②《马克思恩格斯选集》卷1，人民出版社1972年版，第35页。
③马克思《1844年经济学——哲学手稿》，人民出版社1972年版，第45页。
④转引自《普列汉诺夫哲学著作选集》卷3，三联书店1974年版，第676页。

地关系观"。这个观点,不仅把马克思主义关于地理环境问题的众多论述联结为一个完整系统,而且还使其独具特色。这也就清楚表明,人地关系是马克思主义地理环境观的核心。马克思主义的人地关系理论,对人与地二者相互作用影响社会发展的问题有着许多精辟的论述。马克思主义认为,虽然"自然界本身是推动社会生产力发展的原始推动力……但是人跟地理环境的关系并不是不变的:人的生产力越是增长,社会的人跟自然界的关系也就变化得越快,人也就能更加迅速地使自然界服从自己的控制"①。又认为:"人在生产上只能和自然一道来进行工作。"不只如此,人在改变物质形态的劳动中,"也要不断由各种自然力得到支持"②。同时,还认为土壤的"自然生产品的多样性构成了社会分工的天然基础,而且由于人们周围的自然条件的多样性,才使人们本身不得不有各式各样的需要、能力、生产工具和方法"③。以上马克思主义理论家有关人类与自然的相互作用问题的论述,从根本上揭示了人类与自然结界相互作用问题中的奥秘,这对进行中国历史地理学的研究工作具有重要指导意义。其实,人类与自然相互作用的影响还不至于此。在马克思主义理论家看来,人类与自然相互作用还对人类思维及智力的产生和发展有着根本性影响,这是因为"人的思维的最本质和最切近的基础,正是人所引起的自然界的变化,而不单独是自然界本身;人的智力是按照人如何学会改变自然界而发展的"④。所以,在马克思主义看来,人本身产生于自然界,是在一定的自然环境中并且和这个环境一起发展起来的,"只要有人

①《普列汉诺夫哲学著作选集》卷2,三联书店1974年版,第250页。
②马克思《资本论》卷1,1965年版,第14页。
③《普列汉诺夫哲学著作选集》卷3,三联书店1974年版,第165页。
④《马克思恩格斯选集》卷3,人民出版社1972年版,第551页。

存在,自然史和人类史"①就总是彼此密切联系,相互制约。

二、马克思主义地理环境观的主要内容

马克思主义地理环境观,具有异常丰富的内容,其所涉及具体问题特别广泛,为了正确认识、深刻理解和科学运用它,就必须进行科学归纳和概括。现在,我们把马克思主义关于地理环境问题最为重要、最具代表性的论述归纳和概括为以下四个方面,并分别予以介绍:

1. 人本身是自然界的产物

恩格斯在《反杜林论》中早就从地理环境角度提出了"人本身是自然界的产物"②的论断。这个论断,虽然不为人们所熟知,虽然流传并不很广,虽然影响并不太大,但它的科学价值并不亚于"在某种意义上不得不说:劳动创造了人本身"③的著名论断。恩格斯等经典理论家之所以认为"人本身是自然界的产物",其理由之一是:人和他的类人祖先从来就是自然界的一部分。对此,普列汉诺夫也指出:"我们的类人的祖先,正如一切其他动物一样,完全服从于自然",后来,"他慢慢地从其余动物世界中区分出来了"。④恩格斯还指出:"我们连同我们的肉、血和头脑都是属于自然界,存在于自然界。"⑤这说明,作为野生动物的类人猿,无疑是自然界的一部分,而且有高度发达的智慧、

①马克思、恩格斯《德意志意识形态》,《马克思恩格斯全集》卷 3,第 20 页注。转引自《马克思恩格斯列宁斯大林论历史科学》,人民出版社,1980 年版,第 1 页。

②《反杜林论》,《马克思恩格斯选集》卷 3,人民出版社 1972 年版,第 74 页。

③恩格斯《劳动在从猿到人转变过程中的作用》,《马克思恩格斯选集》卷 3 下,人民出版社 1972 年版,第 508 页。

④《普列汉诺夫哲学著作选集》卷 1,三联书店 1974 年版,第 765 页。

⑤《马克思恩格斯选集》卷 3,人民出版社 1972 年版,第 518 页。

能够制造工具和具有社会属性的人类，由于在生理结构上同野生动物类人猿不存在本质差别，直到今天，人类的食、衣、住、行等仍然无不取之于自然界。以此来看，人类既不是超时代的，也不是超自然的，所以，从古至今，存在于我们周围的有机自然界还"包括人在内"①。马克思主义理论家认为人本身是自然界产物的理由之二是：食物种类的变化促使类人猿向人类转变。这是马克思主义关于人本身是自然界的产物的又一论据。恩格斯对此有着十分详尽的论述。他指出，一切动物对食物都是非常浪费的，并且常常摧毁还在胚胎状态中的食物。猿群满足于把它们占据地区内的食物吃光，为了获取新的食物地区就进行迁徙和斗争。一旦所有可能被猿群占据的食物地区都被占据了，猿群就会因食物的限制不能再扩大繁殖了。动物的这种"滥用资源"，造成了其传统食物匮乏的现象，于是饥饿迫使猿群去吃传统食物之外的"食料植物"。这样，它们的血液中就因增加新种类食物而有了新的化学成分。因此，猿的"整个身体的结构也渐渐变得不同了，至于一下子固定下来的物种，那就灭绝了。毫无疑义，这种滥用资源有力地促进了我们的祖先转变成人"。②但是，猿类因食物的变化而转变成了人的现象，并不是说食物种类的变化对一切猿类所起作用都是完全相同的。所以，恩格斯又进一步指出：只是在智力和适应能力都比其他一切猿类高得多的"一种猿类"那里，这种滥用资源必然造成的结果，是食料植物的数目愈来愈增大，食料植物中可食用的部分也愈来愈加多。"总之，就是食物愈来愈复杂，因而输入身体内的材料也愈来愈复杂，而这些材料就是这种猿转变成人的化学条件"③。在恩

①《马克思恩格斯选集》卷4，人民出版社1972年版，第241页。
②③《马克思恩格斯选集》卷3，人民出版社1972年版，第513页。

格斯看来,食物种类的变化不仅对类人猿向猿人转变有重要作用,而且对猿人向现代人转变也有重要作用。人类学家也认为,猿人的食物同类人猿的食物有很大不同。类人猿主要吃植物性食物,而猿人则既吃植物性食物,又吃肉类食物。食物种类的这一极为重要的变化,是猿人变成现代人的"重要的一步"。为什么呢?恩格斯指出:"肉类食物几乎是现成地包含着为身体新陈代谢所必需的重要材料,其消化过程也比植物性食物缩短,因而赢得了更多的时间、更多的材料和更多的精力来过真正的动物生活。①……既吃植物也吃肉的习惯,大大地促进了正在形成中的人的体力和独立性,但是最重要的还是肉类食物对于脑髓的影响。脑髓因此得到了比过去多得多的为本身的营养和发展所必需的材料,因此它就能够一代一代更迅速、更完善地发展起来。"②由于猿人增加了肉类食物,从而使他们的血液中又增加了肉类食物的化学成分,正因这样,所以在各种化学成分的作用下,猿人便更迅速地向现代人转化了。正如马克思所说:"如果不吃肉,人是不会发展到现代这个地步的。"③人类手脚分工和直立行走的生理现象主要是自然界作用的结果。经典理论家认为,人类手脚分工和直立行走的生理现象,既不始于人类产生初期,也不为人类所特有,在地球发展史上第三纪的末期,生活着一种特别高度发达的类人猿。我们的这些祖先,他们成群地生活在树上。这些猿类,大概首先由于它们的生活方式的影响,使"手在攀援时从事和脚不同的活动"④。"在猿类中,手和脚的运用已经有了某种分工"⑤。后来,在平地上行走

①《马克思恩格斯选集》卷3,人民出版社1972年版,第513页。
②③《马克思恩格斯选集》卷3,人民出版社1972年版,第514页。
④《马克思恩格斯选集》卷3,人民出版社1972年版,第508页。
⑤《马克思恩格斯选集》卷4,人民出版社1972年版,第17页。

时,就开始摆脱用手帮助的习惯,渐渐直立行走,"这就完成了从猿转变到人的具有决定意义的一步"①,在经历漫长的时期后,人终于"用手把第一块石头做成刀子"②了,这样,"具有决定意义的一步完成了:手变得自由了"③。这说明,手脚的初步分工现象,远在类人猿时代就已出现,而人类手脚的明显分工则是类人猿手脚初步分工的继续和发展。那么,人类的直立行走现象是否完全是劳动的产物?不是的。因为类人猿在为自己的生存而斗争时,就已产生了偶尔直立或半直立行走现象,人类的直立行走完全是类人猿直立、半直立行走的继续和发展。显而易见,人类手脚分工和直立行走生理现象与自然界的长期影响也是分不开的。人类使用火、吃熟食、创造音节语言等,也都未离开过自然界的影响。当然,在人类进化中,猿人的具有一定自然属性的"劳动",同样对人类的产生起过作用。所以,从根本上来说,人本身还是"自然界的产物",是"环境创造"的,不能简单地说成是劳动创造的。

2. 地理环境因素对社会发展的影响

在马克思主义看来,区域性地理环境因素对人类的历史活动的影响,其情况既是很复杂的,也是很强烈的。首先,在人类社会发展的不同阶段,区域性地理环境因素对人类社会的影响是不同的。人类社会初期,人类生存的形式是"游牧",当到某一区域定居下来后,原始人的社会共同体"就依种种外界的(气候的、地理的、物理的等)条件,以及他们特殊的自然习性(他们的部落性质)等等,而或多或少的发

①《马克思恩格斯列宁斯大林论历史科学》,人民出版社 1980 年版,第 75-76 页。

②《马克思恩格斯选集》卷 4,人民出版社 1972 年版,第 19-20 页。

③《普列汉诺夫哲学著作选集》卷 3,三联书店 1974 年版,第 164 页。

生变化"。①在母系氏族公社之初,世界各国的生活方式"是相同的","人类有着同一个出发点",但是"由于生存斗争的自然条件不同,因此人类共同生活的形式也渐渐地具有不同的性质。到处相同的氏族生活方式让位给各种不同的社会关系"。②在中世纪和近现代社会,地理环境因素在人类社会发展中的影响仍然是显而易见的。普列汉诺夫指出:"居住在干燥的高地上的居民——例如蒙古人——过着家长制的游牧生活,就'历史'这个词的严格意义说,他们是没有历史的。"③这是说,早期的蒙古人由于受"干燥的高地"这种区域性地理条件的制约,使得其社会的发展非常缓慢。其次,马克思主义又认为,不同的地理环境因素对人类的历史活动有着不同的影响,地理环境的不同,主要表现在地球的地带、东西半球、地形、地域、出产以及各种条件的优劣等方面。

地球的各个地带,地理条件从来就不相同,这种不同必然对人类和人类社会发展产生不同作用。恩格斯说,在地球发展史上第三纪的末期,大概是现在已经沉入"印度洋底的一片大陆"上,生活着一种特别高度发展的类人猿④。又指出,在蒙昧时代的低级阶段,人还住在自己最初居住的地方,即"住在热带的或亚热带的森林中"⑤,只是到了蒙昧时代的中级阶段,人类才移居到了新的地带,既遍布于一切大陆上。马克思也曾指出:"资本的祖国不是草木繁茂的热带,而是温带。"⑥这就明白告诉我们,地带对人类产生和人类社会发展的影响无疑既是有差别的,也是很强烈的。东西两半球,远在地质时代地理条件就已存在差异,随着野蛮时代的到来,这种差异就有了意义。东半球上

①《普列汉诺夫哲学著作选集》卷 1,三联书店 1974 年版,第 485–486 页。
②④《马克思恩格斯选集》卷 3,人民出版社 1972 年版,第 508 页。
③⑤⑥《马克思恩格斯选集》卷 3,人民出版社 1972 年版,第 509 页。

所生存的、能驯养成为家畜的野生动物只缺一种,能培养成谷物的野生植物也只缺一种。而西半球,在一切适于驯养的野生哺乳动物中,只有羊驼一种,并且只是在南部某些地方才有;在一切可种植的野生谷物中,也只有一种,但却是最好的一种,即玉蜀黍。"由于自然条件的这种差异,两个半球上的居民从此以后,便各自循着自己独特的道路发展,而表示各个阶段的界标在两个半球也就各不相同了。"①普列汉诺夫也曾引用摩尔根的话说:"西半球缺乏适于畜养的动物和东西两半球植物区系的特殊差异,使两个半球居民的社会发展行程也有了很大的区别。"②各种地形之间的差别,是造成各地社会之间差别的重要条件之一。普列汉诺夫认为,在平原地区,由于有河流、土地肥沃、出产丰饶,因而历史上的文化生活首先从这里开始。他又引述黑格尔的话说:"可是居住在平原地带上的农业人民惰性很大,安土重迁、闭塞成性;他们不善于利用自然界供他们支配的各种手段来互相联系。至于沿海居住的人民则完全没有这种缺点。海并不能使人们隔离,却把他们联结起来了。因为这个缘故,所以正是在沿海的国度里,文化以及随着文化而来的人类意识的发展,达到发展的最高度。这种例子并不要到很远处去找,只要指出古代的希腊就够了。"③各地出产物的不同和条件的优劣,也都对社会的发展有不同影响。在古代,"没有金属的地方,土著部落就不能用他们自己所有的力量越过我们称作石器时代的那个界限"。同样,原始的渔猎部落要转变到畜牧业和农业,"就必须要有相当的动物区系和植物区系"④。历史时期,有些地

---

①《马克思恩格斯全集》第46卷上,人民出版社1979年版,第472页。
②《普列汉诺夫哲学著作选集》卷4,三联书店1974年版,第44页。
③《普列汉诺夫哲学著作选集》卷1,三联书店1974年版,第485页。
④《普列汉诺夫哲学著作选集》卷3,三联书店1974年版,第164页。

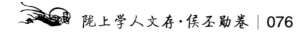
区"丰饶",而有些地区则"穷瘠",这些天然条件对社会的影响怎么样呢?对此马克思曾指出:"过于丰饶的自然,'使人离不开自然的手,像儿童离不开引绳一样'。那不会使人类本身的发展成为一个自然的必然。"①恩格斯也指出:"内地,特别是穷瘠而交通阻塞的山区就成了野蛮和封建的避难所。"②

3. 人类对地理环境能动的反作用

地理环境因素对人类社会发展虽然具有强烈影响,可是在马克思主义看来,人类在地理环境面前,也不总是被动的、消极的、无所作为的。在人类同自然界之间,不只是自然界作用于人,不只是自然条件到处决定人的历史发展,而人也能反作用于自然界,改变自然界,为自己创造新的生存条件。这说明,马克思主义地理环境观,既是唯物的,又是辩证的。人类对地理环境能动的反作用,其表现形式是多方面的,诸如采集、渔猎、游牧、农耕、樵柴、采矿、筑路、开河、兴建房屋和进行战争等,概括而言,就是生产和战争两类。不过,在人类历史的不同发展阶段,由于生产力和生产关系发展水平不同,因而人类对地理环境反作用的形式和程度也各有异。人类在自己的"婴儿期",一定程度上是自然界的"奴隶"。但是,即使在"婴儿期",人类为了自己的生存而进行的生产,也是动物的那种"生产"所不能比拟的。动物"对周围自然界的作用在自然界面前只等于零。只有人才给自然界打上自己的印记,因为他们不仅变更了植物和动物的位置,而且也改变了他们所居住的地方的面貌、气候,他们甚至还改变了植物

①《马克思恩格斯全集》卷4,人民出版社1979年版,第555页。
②恩格斯《奥地利末日的开端》,《马克思恩格斯全集》卷4,人民出版社1958年版,第517页。

和动物本身"①。随着人类社会的发展,随着人"对自然规律的知识的迅速增加,人对自然界施加反作用的手段也增加了"。②人离开狭义的动物界愈远,"对自然界的作用就愈带有经过思考的、有计划的、向着一定的和事先知道的目标前进的特征"③。显然,愈是接近今天,人类愈是能利用自然、控制自然、改造自然,使自然界更好地为自己服务。然而,人类通过多种形式反作用于自然界所造成的客观结果,对人类自己并不都是有益的,而倒是既有益又有害,益中潜伏着害,害又伴随着益。当年西班牙的种植场主,为了在古巴种植咖啡树的生产中获得最高利润,就砍伐山坡上的森林,烧成木灰,当作肥料施在地里。种植场主们这样做的结果,使山坡上的沃土失去了掩护的植被,后来在热带大雨的冲刷下,沃土流失,以致山坡上"只留下赤裸裸的岩石"④。阿尔卑斯山地区的意大利人砍光了山南坡上的松林,从而造成了三个方面的后果:一是"把他们区域里的高山畜牧业的基础给摧毁了";二是"竟使山泉在一年中的大部分时间内枯竭了";三是"在雨季又使更加凶猛的洪水倾泻到平原上"⑤。虽然,历史时期地理环境的变迁并不都是人类的反作用,而是还有纯自然的原因,但是纯自然原因的作用远不能同人类的反作用相比拟,不论在影响的广度上还是深度上都是如此。对此,恩格斯曾作了精辟论述,他说:"日耳曼民族移入时期的德意志'自然界',现在只剩下很少很少了,地球的表面、气候、植物界、动物界以及人类本身都不断变化,而且这一切都是由于人的活动。可是德意志自然界在这个时期中没有人的干预而发生的变化,实

①②《马克思恩格斯选集》卷 3,人民出版社 1972 年版,第 457 页。
③《马克思恩格斯选集》卷 3,人民出版社 1972 年版,第 516 页。
④《马克思恩格斯选集》卷 3,人民出版社 1972 年版,第 520 页。
⑤《马克思恩格斯选集》卷 3,人民出版社 1972 年版,第 518 页。

在是微乎其微的。"①

4. 生产力和生产关系的自然属性及其"传导"作用

生产力和生产关系带有强烈的社会属性,这是人所共知的,但它们是否带有自然属性的问题,在我国从未引起人们重视。在马克思看来,生产力和生产关系不仅带有社会属性,而且还带有自然属性。他说:历史上不但有文明创造的生产工具,而且还有"自然"产生的生产工具,"耕地(水等等)"就正是"自然产生的生产工具"②。马克思还指出,土地是"最初的劳动工具"③,决定生产力的还有"各种自然状况"④。普列汉诺夫也指出,社会生产力的发展在很大程度上决定于地理环境的特点。这就表明,生产力明显带有自然属性。生产关系怎么样呢?它带不带有自然属性?由于生产关系的前提与基础是生产力,所以生产力所具有的自然属性必然对生产关系的自然属性具有决定性影响。正如马克思所说:"生产者相互间的社会关系,他们共同活动的条件以及他们参加全部生产行程的情形,都是随着生产力性质而变化的。"⑤在我们了解了生产力、生产关系的自然属性后,再来认识人和环境间的关系:在人类社会发展的漫长历程中,客观地存在着地理环境、生产力、生产关系和社会人这样四种相互联系、相互影响、不可或缺的因素。在这四种因素中,成为矛盾着的双方的主要因素是地理环境和社会人,而具有自然属性的生产力和生产关系则处于地理环境

①《马克思恩格斯选集》卷3,人民出版社1972年版,第551页。

②《马克思恩格斯选集》卷1,人民出版社1972年版,第71页。

③马克思《政治经济学批判》,《马克思恩格斯全集》卷4,人民出版社1979年版,第483页。

④《普列汉诺夫哲学著作选集》卷3,三联书店1974年版,第166页。

⑤马克思《资本论》卷1,人民出版社1963年版,第11页。

和社会人二者相互作用的"媒介"地位上。正由于这一点,所以地理环境和社会人之间的关系不是直接的,而是"间接"的。

然而,地理环境和社会人之间的间接关系并非从来就如此,事实上二者之间的关系经历了一个从"直接"到"间接"的发展过程。在人类的祖先类人猿生活的时代,既未出现生产活动,也不存在由类人猿制造的严格意义上的生产工具,谈不上有什么生产力,因而也就无法形成一定的生产关系。由于种种客观条件的制约,致使那个时代类人猿的生活必需品必然直接取之于自然界。从而类人猿同自然界之间的相互作用也必然是直接的。在进入人类社会之初,原始人开始有了简陋的生产工具,逐渐开展了生产活动,并在极端低下的生产力基础之上,开始形成了一定的生产关系。因此就出现了原始人借助生产力和生产关系这些手段,向自然界索取生活必需品和通过劳动在自然界生产生活必需品的现象。这样,原始人同地理环境之间的关系,就因生产力和生产关系出现于它们之间,便从直接向间接缓慢演变了。到了阶级社会,生产工具不断改进,生产力水平日益提高,于是形成了比原始社会时更为先进的生产关系。同时,随着社会人口的增加和人们对生活必需品需求的增加,以致出现了人们离开生产工具、生产力和生产关系无以生存的状况。到了这时,社会人同地理环境之间的关系也就完全变成间接的了。正如普列汉诺夫所说:"自然条件往往只是间接的,只是通过它们所引起的那些社会关系来对历史发生影响的"[1],而社会关系一旦产生,往后自然界就通过社会关系对"人类的历史运动"予以制约,因此人对地理环境的依赖也就"从直接的变成间接的了"[2]。马克思主义经典理论家在科学地阐明人类活动与地

[1]《普列汉诺夫哲学著作选集》卷4,三联书店,1974年版,第332页。
[2]《普列汉诺夫哲学著作选集》卷1,三联书店,1974年版,第766页。

理环境之间"间接"关系的同时，还特别指出了生产力和生产关系在地理环境与社会人之间具有的"媒介"和"传导"作用。马克思指出：人们在创造各种物质财富时，总需要有"某种特殊的、有目的的生产活动作为媒介"，如果"没有它，就不会有人与自然界之间的物质交换，因此也就不会有人类生活"①。还指出，劳动者把劳动手段"用在他自己和劳动对象中去……而在劳动对象上引起一个预先企图的变化"②。这些论述表明，人类要进行创造物质财富的劳动，就必须把自己的"企图"，通过劳动手段即"传导物"，传导他的活动到对象即自然界中去，从而实现自己的企图，创造出自己所需的物质财富。同时也清楚地说明，人类和地理环境二者之所以相互发生影响，那完全是"传导物"即生产力和生产关系从中发挥作用的必然结果。

三、马克思主义地理环境观对历史地理学与历史学研究的指导作用

马克思主义地理环境观对诸多学科的研究工作是具有指导作用的，其中对历史地理学和历史学学科研究的指导作用尤为明显。那我们如何来认识这种指导作用呢？我们知道，历史现象由于有着国别、民族、时代以及地域的差别，所以呈现出十分复杂的情形。在这样的情况下，我们应当如何正确认识马克思主义地理环境观在历史地理学与历史学研究工作中的指导作用呢？笔者认为，关键在于紧紧把握住人地关系观这个在历史地理学和历史学学科中极具广泛性且渗透一切方面的观点。

马克思主义地理环境观认为，人类的历史活动无一例外都是在一定的地理环境之内进行的，人类的一幕幕历史活剧，同样无一例外

---

①马克思《资本论》卷1，人民出版社1963年版，第14页。
②马克思《资本论》卷1，人民出版社1953年版，第175页。

都是在一定的地理环境舞台上演出的,从而可以断言,在世界上,没有哪一个国家的历史不打有地理环境因素影响的印记。这些情况雄辩地说明,人类的历史发展从一开始就同地理环境因素结下了不解之缘。再就马克思主义地理环境理论的创立而论,大量史实表明,它是在汲取前人和同时代人的研究成果,极大重视地理环境因素对历史发展的影响的基础上创立的。所以,普列汉诺夫说:马克思主义的"历史理论不仅不排斥自然界的影响,而且还直接以它为前提(比方说,从《资本论》第一卷中就可以看出)"①。同时,由于所有历史运动的"根本原因"都是"人类为了自己的生存而同自然界进行的斗争"②,任何人类历史中"第一个需要确定的具体事实"是人们"与自然界的关系"③,因而,自然界在人类创造历史的过程中所起作用是毋庸置疑的。这种情况也说明,进行历史地理学研究,以马克思主义人地关系观为理论指导既是完全正确的,也是非常必要的。至于如何具体以马克思主义人地关系理论为指导进行历史地理学研究工作,对此,马克思和恩格斯等以下论述,为我们指明了方向。马克思和恩格斯指出:"我们仅仅知道一门唯一的科学,即历史科学。历史可以从两方面来考察,可以把它分为自然史和人类史。但这两方面是密切相关的,只要有人存在,自然史和人类史就彼此相互制约。"④在这里,着重阐明了三点:1.历史科学是世界上一门唯一的科学;2.历史划分为人类史和自然史两方面,并应从这两方面对历史进行研究考察;3.人类史和自然史二者,既是密切相关的,又是相互制约的。这就表明,马克思和

①《普列汉诺夫哲学著作选集》卷2,三联书店1974年版,第815页。
②《马克思恩格斯选集》卷1,人民出版社1972年版,第746页。
③《马克思恩格斯选集》卷1,人民出版社1972年版,第24页。
④《马克思恩格斯选集》卷1,人民出版社1972年版,第21页。

恩格斯认为,要研究整个人类发展史,绝对不能仅仅局限于人类史,而是还要十分重视自然史。在对自然史的研究中,特别要重视人类活动对自然界变迁的影响和自然界变迁对人类社会发展的影响,即重视人地之间相互影响的辩证关系。

世界各国人民所创造的历史千差万别,为什么情况会如此?这是历史研究中遇到的一大难题。在对这类问题的认识方面,普列汉诺夫有一段十分精彩的论述,他说:人们之所以这样地,而不是那样地创造历史,并不是他们自觉地要这样地,而不是那样地创造历史,而是因为他们的行动决定于不以他们意志为转移的那些条件。在这些条件中,"当然也应当提到外部自然条件,但生产关系应当占有主要地位。生产关系是在特定的生产力的基础上产生的,而生产力又在相当程度上依赖于地理环境"。[1]可见,世界各国历史中千差万别现象的形成,归根到底还是与各有关国家人民在历史上和各自国家特定的地理环境间的相互影响分不开的。自奴隶社会以来,东西方国家社会之间逐渐形成的重大差别,这是史学研究中遇到的另一主要难题。不过,马克思主义经典理论家有关地理环境问题的部分论述已从理论上解答了这一问题。马克思曾指出:"东方各民族为什么没有达到土地私有制、甚至没有达到封建土地私有制?我认为,这主要是由于气候和土壤的性质,特别是由于大沙漠地带,这个地带从撒哈拉经过阿拉伯,波斯、印度和鞑靼直到亚洲高原的最高地区。"[2]普列汉诺夫也指出:如果说古代生产方式和东方生产方式"彼此有着很大的区别,那么它们的主要特征是在地理环境的影响之下形成的"[3]。又说:"雅

①《普列汉诺夫哲学著作选集》卷 4,三联书店 1974 年版,第 332-333 页。

②《马克思和恩格斯全卷》卷 28,人民出版社 1979 年版,第 260 页。

③《普列汉诺夫哲学著作选集》卷 3,三联书店 1974 年版,第 178 页。

典社会的制度不同于中国的制度，西方的经济发展进程根本不同于东方的经济发展进程。当然，这里有许多东西也依赖该社会的历史环境的影响，但人类发展的'地理背景'毕竟无疑地表现出强烈的影响。"①在近代史上，资本主义制度首先在西方国家确立，这一重大历史变革尽管与生产力高度发展分不开，然而它同样是"以人对自然的支配为前提"②的。看来，若从人地关系角度探讨历史上的东西方国家社会制度之间的重大差别，那也是科学的、正确的做法。马克思和恩格斯据人地关系理论也曾指出在他们之前所存在的错误历史观，以及在那种历史观影响下所编写的历史著作中存在的问题。他们说：过去的一切历史观不是完全忽视"生产力、资金和环境"这一历史的"现实基础"，就是把它仅仅看成与历史过程没有任何联系的"附带因素"。在这种历史观影响下编写的历史著作，把"现实的生活生产被描述成某种史前的东西，而历史的东西则被说成是某种脱离日常生活的东西。这样就把人对自然界的关系从历史中排除出去了，因而造成了自然界和历史之间的对立。因此这种观点只能在历史上看到元首和国家的丰功伟绩，看到宗教的、一般理论的斗争，而且在每次描述某一历史时代的时候，它都不得不赞同这一时代的幻想"。③显然，由于错误历史观的影响和对历史上人地关系等因素的忽视，致使历史著述同社会现实很隔膜，史学研究成果犹如空中楼阁。正因为如此，所以马克思和恩格斯指出：进行"任何历史记载都应当从这些自然基础（即地质条件、地理条件，气候条件以及其他条件——引者注）以及它们

---

① 《普列汉诺夫哲学著作选集》卷 4，三联书店 1974 年版，第 44 页。

② 黎澍主编：《马克思恩格斯列宁斯大林论历史科学》，人民出版社 1980 年版，第 75 页。

③ 《马克思恩格斯选集》卷 1，人民出版社 1972 年版，第 44 页。

在历史进程中由于人们的活动而发生的变更出发"。[1]马克思和恩格斯在这里所主张的最主要之点是：任何历史记载的起点都应当是由于人们的活动所引起的自然界的变迁,而不是其他。很明显,马克思和恩格斯这段重要论述,把以人地关系观为理论指导进行史学研究的问题阐述得更加透彻和明了。总之,以马克思主义地理环境理论为指导进行历史地理学的研究,完全是正确的,也是必须的。

（原刊于《西北民族学院学报》1986 年第 4 期）

---

① 《马克思恩格斯选集》卷 1,人民出版社 1972 年版,第 24 页。

《禹贡》雍州西界黑水问题新探

　　《禹贡》雍州西界黑水及其地理方位问题，是我国历史上两千多年来的一桩悬案。古今不少学者虽在这个问题的探讨上付出了艰辛劳动，但尚未得出一个令人信服的科学结论。纵观古今学者对这个问题的研究情况，大致是：唐代以前的学者，侧重用古典经义解释黑水，为求新异，穿凿附会，因而犯了任意附会历史的错误；唐至新中国成立前夕的学者，侧重考订前人按古典经义对黑水所作的各种解释，并力求判定何说为是，故无创见闻世①；现今一些学者，则跟在唐以来学者之后亦步亦趋，分明囿于俗套而不能自拔。笔者认为，为了对《禹贡》雍州西界黑水及其地理方位问题的研究有所助益，具体研究工作既不能拘泥于古典经义，也不能落入俗套，必须另辟蹊径，锐意创新。本着这一原则，笔者在前人研究和考古发掘工作的基础上，从我国古代疆域地理变迁角度，对黑水及其地理方位问题进行了新的探讨，提出了一些粗浅意见，现公之于众，求教识者。

一、雍州的得名及其西界黑水的方位

　　雍州因何而得名？这个问题，古今史家说法不一。据史籍所载，主

---

　　①《汉书》卷 28《地理志》说："中古以来，说地理者多矣，或解释经典，或撰述方志，竞为新异，妄有穿凿，安处互会，颇失其真。后之学者，因而祖述，曾不考其谬论，莫能寻其根本。"

要有四说：一曰雍水为泽说；二曰山水得名说；三曰"四山之地"说；四是"阴气雍阏"说。

雍水为泽说认为，"雍"是水被壅塞而成的泽薮。《诗·周颂·振鹭》："振鹭于飞，于彼西雝"。雝，即雍；雍，"泽也"①。《尔雅注疏》："汧出不流。释曰谓水泉潜出停成汙池者名汧"②。《汉书·地理志》：汧山"北有蒲谷乡弦中谷，雍州弦蒲薮"③。《水经注》：汧水"出汧县之蒲谷乡，维中谷决为弦蒲薮。尔雅曰：水决之泽为汧，汧之为名"④。以上资料说明，雝、雍、汧三字虽异，但其含义基本相同，三者共指汧水所流经的弦中谷中因壅塞而形成的泽薮，这个泽薮就是历史上有名的弦蒲薮。新版《辞海》"雍"的释文，却与此有所不同，它认为，雍是"渭水被壅而成的池沼"⑤。《辞海》此说，源出何处，经查尚未见到文证。可是，此说对雍的得名和雍的本义的看法同我们前引资料相一致，因而可以作出这样的判断："雍"并非渭水干流被壅塞而成的"池沼"，而恰是渭水支流之一的汧水被壅塞而成的"泽薮"。至于雍州的名称，极有可能始源于此。

山水得名说认为，今陕西凤翔县西北有座雍山，雍水源出其下，雍州因此而得名。正如《禹贡易知编》所载："今陕西凤翔府西北有雍山，雍水出焉，雍州之名以此。"⑥可是，《古今图书集成·职方典》的记

---

①《十三经注疏》上册，中华书局 1980 年版，第 594 页。

②《尔雅注疏》卷 7《释水》，《十三经注疏》下册，中华书局 1980 年版，第 2619 页。

③《汉书》卷 28《地理志》上，中华书局 1962 年版，第 1547 页。

④《水经注》卷八。据颜师古《汉书·地理志》注，"维"应为"弦"；"绖"亦为"弦"。

⑤《辞海》(缩印本)，上海辞书出版社 1980 年版，第 360 页。

⑥李慎儒：《禹贡易知编》卷 9《雍州》，《续修四库全书》第 55 册，上海古籍出版社 1996 年版，第 523 页。

载却是:雍山在"凤翔府西北三十里。四面积高曰雍,又四面不见四方曰雍。春秋为雍地,山之名以此"。显然,这是说雍山得名于"雍地",而"雍地"又得名于"四面积高"和"四面不见四方"。根据史籍所载,山水得名说不仅产生较晚,而且山与水本身的得名也不可信,同时,从壅水为泽说所依据的材料分析,"雍"无疑出现在先,而雍山、雍水得名于后,这就表明,雍州得名于雍山、雍水说不能成立。

"四山之地"说认为,"四面积高曰雍①","以其四山之地,故以雍名焉②"。"雍"在这里有遮蔽、壅塞之意,也就是说,被四面的山岳遮蔽、包围着的地方称为"雍"。那么,"四山之地"说所谓的"雍",究竟是指什么地方呢? 我们知道,"四面积高曰雍",是东汉应劭对《汉书·地理志》右扶风雍县的释文;"以其四山之地,故以雍名焉",是唐房玄龄等所撰《晋书·地理志》中有关雍县的正文。很明显,这里的"雍"是指关中西部的雍汧盆地。顾祖禹在《读史方舆纪要》中释凤翔府时也指出:"府居四山之中。"又说:"志云,府境四周,皆有高山,而中实平坦,春秋时谓之故雍。"③显而易见,若从时间角度去考察,就可看出此说产生于秦汉之后。这说明,《禹贡》雍州得名在先,"四山之地"说产生在后,因而,雍州得名于此说不可信。

"阴气雍阏"说认为,雍州地处"西北之位,阳所不及,阴气雍阏④"。《禹贡易知编》引蔡传文说:"雍州,西北之位,阳所不及,阴气壅遏,故以为名。汉改雍州为梁(凉)州,以地处西方常寒凉也。⑤"不难看出,此

---

① 《汉书》28《地理志》上,应劭注,中华书局1962年版,第1548页。
② 《晋书》卷14《地理志上》,中华书局1974年版,第430页。
③ 《读史方舆纪要》卷55《陕西四·凤翔府》,中华书局2005年版,第2635页。
④ 《晋书》卷14《地理志上》,中华书局1974年版,第430页。
⑤ 李慎儒:《禹贡易知编》卷9《雍州》,《续修四库全书》第55册,上海古籍出版社,1996年版,第523页。

说所涉雍州范围,不但超出了关中西部雍沂盆地,而且超出了关中地区,甚至还包括了整个西北高原。如果从疆域地理变迁角度去分析,无疑这一说法所反映的历史情况大体同汉武帝败匈奴、设四郡、通西域之后西汉疆域状况相合。这就表明,"阴气雍阏"说产生的历史时代,不但比"雍"这一地名的出现晚千年以上,而且比《禹贡》成书的时代也晚约五百年左右。显然,以此说作为雍州的得名也是不能成立的。

那么,春秋时秦都为何称为"雍邑"? 春秋以来,关中地区又何以称为"雍州"? 我们知道,早在西周时,因沂水被壅塞而在弦中谷中形成了"西雏",自此,"雍"作为一个地名开始出现。约到了西周末、春秋初,当人们意识到今雍沂地区四周有山,中部平坦,分明是一区四塞之地,犹如"西雏"一样也是因壅塞而成,因而认为此地地形也具有"雍"的特点。春秋初,周平王东迁后赐岐丰之地与秦。当秦在此四塞之地中部的雍水岸上筑都城时,可能由于都城与"西雏"同在四塞之内,而"西雏"在当时又是一处令人神往之地,因此便慕其名、取其义,命名都城为"雍",史称"雍邑"。此后,秦国的势力逐渐扩展到了整个关中地区。而关中地区的地形同雍沂地区的地形也具有相同的特点,即三面高山,中部平坦,从而人们也就称关中地区为"雍"。正因为这样,所以在《禹贡》成书之时,便将关中地区定名为"雍州"。

春秋以后,史书称关中为雍州者屡见不鲜。《史记·秦始皇本纪》:秦孝公"据殽函之固,拥雍州之地"[1];《晋书·地理志》:"周自武王克殷,都于丰镐,雍州为王畿。"[2]《读史方舆纪要》:"禹贡雍州地,周为王畿,东迁后属秦,始皇置内史郡[3]……周都丰镐,则雍州为王畿;东迁

---

[1]《史记》卷6《秦始皇本纪》,中华书局1959年版,第273页。

[2]《晋书》卷14《地理志上》,中华书局1974年版,第430页。

[3]《读史方舆纪要》卷53《陕西二》,中华书局2005年版,第2505页。

以后,乃为秦地,孝公作为咸阳,筑冀阙徙都之,谓之秦川,亦曰关中。"①上述史籍所载清楚说明,春秋时代的雍州,作为地域名称确指关中地区无疑。既然《禹贡》雍州之域仅限于关中地区,那么同"西河"②相对的其西界"黑水"的地理方位必然在今陇山以东地区。至于历史上雍州的范围在另外一些人们观念中的日益扩大,毫无疑问,那无非是受我国古代疆域变迁影响所致。

在我国古代,人们曾把《禹贡》九州看作是禹治水之后的夏朝疆域、雍州是《禹贡》九州中地处西北方的一个州。根据这种观点,九州远离中原的四边,无疑也就成了夏朝疆域的边界,与"西河"相对的"黑水",同样也就成了九州的西北方边界。

然而,笔者认为,在禹的时代,不但不可能出现现代意义的国家疆域,而且也不可能有以山川为标志的明确边界。以中原为中心的九州和远离中原的九州四边,只能是《禹贡》成书时的中原华夏族疆域及华夏族疆域同四周戎、狄、蛮、夷各古代少数民族活动区域之间的分界在古代地理学方面的反映。如果我们从疆域变迁角度去考察,也不难发现《禹贡》九州所反映的疆域状况同春秋末期中原华夏族疆域相吻合的现象。这就表明,《禹贡》九州同夏朝疆域之间没有什么直接的联系。

那么,《禹贡》究竟成书于何时?《禹贡》成书时代的雍州西界又位于何地? 关于《禹贡》的成书时代,学术界向来众说纷纭,仅就新中国成立以来情况讲,就有西周成书说、春秋成书说和战国成书说,其中

①《读史方舆纪要》卷52《陕西一》,中华书局2005年版,第2452页。
②颜师古注《汉书》卷28《地理志》说:雍州"东距西河。西河即龙门之河也,在冀州西,故曰西河"。颜氏关于龙门附近黄河河段为《禹贡》冀州西界之说,向来被人们所信从,故认定为《禹贡》雍州东界比较确当。

以战国成书说较为流行。

辛树帜持《禹贡》西周成书说。他曾指出:"禹贡成书年代,应在西周的文、武、周公、成、康全盛时代,下至穆王为止。它是当时的太史所录。"①我们知道,处于文、武、周公、成、康及至穆王时代西周疆域的西北部边界,如以关中地区为中心来说,其西部基本上稳定在汧陇之地,北部基本上稳定在东起今陕西的旬邑、彬县、长武,西至今甘肃的灵台、泾川各县地方。如果我们把《禹贡》雍州西界黑水作为《禹贡》成书时代我国西北部边界时,虽然这段边界的地理方位是同上自文、武,下至周穆时代西周西北边界基本相合。但是,雍州的得名表明,《禹贡》成书于公元前677年秦德公都雍之后②。这时上距周穆王已在三个世纪以上,而《禹贡》所载赋制的通行要比这时还要晚,铁更没有在西周早期受到过重视③。这就说明,《禹贡》在西周前期并未成书。

顾颉刚主张《禹贡》成书于战国,同时指出:"它是公元前第三世纪前期的作品,较秦始皇统一的时代约早六十年。"并且还认为,《禹贡》"作者的地理知识仅限于公元前280年以前七国所达到的疆域"④。他又说:《禹贡》"把《山海经》净化了";《禹贡》的成书,"其时代必在战国越灭吴和秦灭蜀之后,其创作者为地理学家"⑤。顾颉刚在研究

①辛树帜:《禹贡新解》,农业出版社1964年版,第9页。

②《读史方舆纪要》卷55《陕西四·凤翔府》:"秦德公元年,初居雍,雍盖秦都也。"中华书局2005年版,第2634页;万国鼎《中国历史纪年表》:"甲辰677周釐王五年,秦德公元年。"

③王成组:《中国地理学史》上册,商务印书馆1982年版,第4–6页。

④顾颉刚:《禹贡(全文注释)》,载《中国古代地理名著选读》,科学出版社1959年版,第4页。

⑤顾颉刚:《〈禹贡〉中的昆仑》,《历史地理》创刊号,上海人民出版社1980年版。

《禹贡》的成书年代时,虽然一方面重视了《禹贡》的内容,另一方面注意《禹贡》九州与当时华夏族各政权间的关系,可是他却忽略了一个至关重要的方面,即《禹贡》同《尚书》的关系问题。《禹贡》是《尚书》里的一篇,古往今来,人们对此从未有过异议,同时还一直公认为《尚书》所固有。在顾颉刚所认定的《禹贡》成书的公元前280年前后,《尚书》早已风行一时。这就表明,《禹贡》成书要比这个年代还要早一些①。

王成组新近提出了"孔子编写《禹贡》"的观点。他还指出:《禹贡》"基本上是孔子依据春秋时代他所了解的地理范围和生产条件所写成的古文献"。孔子把《禹贡》"以春秋后期的历法装点成尧时代所颁定的一样","孔子编写《禹贡》,大约是在公元前500年前后。写成禹自己或禹时代作品的方式,竟推前十七个世纪以上"②。王成组从《禹贡》的内容,《春秋》所记秦、楚开拓巴蜀的历史以及战国秦汉作品中有关舜、禹的传说等方面,分析论证了《禹贡》产生的时代条件③。笔者认为,王成组先生关于《禹贡》成书年代的见解,其可信程度远在其他各说之上。

既然如此,那么根据王成组先生关于《禹贡》出自孔子之手、成书于春秋末期的见解,我们如何去认识这一时期雍州的西界呢?我们前已说过,《禹贡》所载九州和远离中原的九州四边,只不过是当时华夏族政权的疆域及华夏族政权疆域同四周戎、狄、蛮、夷各族活动区域之间的边界在古代地理学方面的反映。基于这种认识,笔者以为要确定雍州西界的方位,必须首先要搞清楚春秋末期地处西北方的秦国的西北边界。

---

① ② ③ 王成组《中国地理学史》上册,商务印书馆1982年版,第4-6页。

春秋初年,秦襄公因派兵护送周平王迁都雒邑有功,平王便把岐丰之地赐予秦。此后,秦人便从秦谷(今甘肃清水县境)迁到平阳(今陕西眉县境),至德公元年(公元前677)又迁都雍邑(今陕西凤翔县南)。在春秋中期秦穆公时(公元前659—公元前625),秦国的势力有了较大发展。正如秦孝公在求贤令中所说:"昔我缪公,自岐丰之间,修德行武,东平晋乱,以河为界,西霸戎狄,广地千里,天子致伯,诸侯毕贺,为后世开业,甚光美。"①《史记·秦本纪》也说:"三十七年,秦用由余谋伐戎王,益国十二,开地千里,遂霸西戎。"从以上记载,如何确定春秋末期秦国疆域呢?是否可以得出这时秦国疆域业已包括西戎十二国的千里之地呢?笔者认为,上述记载表明,秦是"霸"西戎。"霸"从秦国方面讲,就是秦在西戎十二国中称王称霸;从西戎各国方面讲,就是西戎十二国慑服于秦国的威势,听凭强秦任意摆布。《史记·匈奴列传》有关西戎八国"服"于秦和《史记·秦本纪》秦穆公东"服"强晋的记载,也说明西戎八国和强晋在秦国武力威胁下屈服了,而不是将它们的疆域并入了秦国。

秦国从穆公时代直至春秋末期,其西北部和西部边界基本上与西周前期边界相一致,大体上还是在东起旬邑,中经彬县、长武、泾川、灵台各县,西至汧陇一线。这一边界维持了较长时间,直到战国后期的秦惠王之前,秦才开始对义渠之地"稍蚕食",至于惠王,"伐取义渠二十五城"②。"秦昭王时……遂起兵伐残义渠。于是秦有陇西、北地、上郡,筑长城以拒胡"③。这就充分表明,早在秦昭王之前的春秋末期,从东起旬邑,西至汧陇一线的以北和以西地区,不属秦国疆域,而

---

①《史记》卷5《秦本纪》,中华书局1959年版,第202页。

②《史记》卷5《秦本纪》,中华书局1959年版,第203页。

③《史记》卷110《匈奴列传》,中华书局1959年版,第2885页。

在华夏族的观念中仍是"化外"之地。

通过上面的分析,使我们产生了这样的想法:从西周初年至春秋末年,特别是在春秋末年的《禹贡》成书时代,如果在东起旬邑,西至汧陇的这一地区真有一条"黑水",那么我们把这条"黑水"确定为《禹贡》雍州西界,无疑是顺理成章的事。

三、从出土文物判定《禹贡》雍州西界黑水

《禹贡》雍州西界黑水及其地理方位的确定,不但有足资证明的文献资料,而且地下考古发掘也提供了可靠的实物依据。

一九六七年九月,在甘肃省灵台县西屯公社白草坡大队西周墓葬的发掘中,出土了一批在商周史研究上很有价值的铜器。这批铜器之所以有价值,主要是因为不少铜器上镌刻着具有较高史料价值的铭文。其中铭文与黑水有关的铜器共三件,铭文多达五条[1]。对五条铭文若予分析归类,就可发现实际上只是"潶伯作宝彝宗"和"潶伯作宗彝"这样两条文句完全相同的铭文。在这两条均为六个字的铭文之间,也无大的差别,若稍作比较,即可发现仅只是末尾"宗"、"彝"二字的位置颠倒而已。

那么,在这些重要的铜器铭文中,"潶伯"二字的含意是什么?"潶"是否确属《禹贡》雍州西界潶水?

顾野王《玉篇·水部》云:"潶,呼得切,水";陈彭年《广韵·德韵》云:"潶,水名,在雍州";伍德煦等同志在《灵台出土铜器铭文考释》(未刊稿)中指出:"潶即黑,亦即黑水","潶伯即黑水之伯,为黑水地区之统治者,以其濒黑水故字类化加水作潶"[2]。魏怀珩、伍德煦同志,

---

①《文物》1972 年第 12 期第 8 页附图 13、14、17、18。

②伍德煦、缪文远、彭静中:《灵台出土铜器铭文考释》(未刊稿)。经伍德熙先生同意,有关论述在此引证,并予发表。

在对上述铭文进行研究后指出："估计'潶伯'可能是此墓的主人。"
还指出："现在横贯灵台县境的达溪河,据《重修灵台县志》载:'达溪
河即县川之西河,自陕西陇县五马山发源而来,绕县城前而至邻县梁
山入泾,邻志谓梁山黑水者即此。'白草坡正临近达溪河,潶伯即葬在
这里,则白草坡一带很可能是他的采邑所在。周王把他封在这里,看
来是为了加强对密人的监视和镇压"。"潶伯虽不一定是诸侯,从出土
的铜器看,至少也是王室重臣,他的地位实际上和诸侯相似。"①

从上述文证和物证,我们可以得出如下看法:1."潶伯"为黑水之
伯,是黑水地区的统治者,约在西周初年分封在此,其职守在于监视
和镇压当地密人,以维护西周西北部边境地区的稳定与安全;2.今甘
肃灵台县境之达溪河,在西周初年确曾以黑水为名。至于"潶"即今达
溪河是否确属成书于春秋末期的《禹贡》雍州西界黑水的问题,我们
可以在古代疆域地理变迁的有关资料中找到答案。

《史记·十二诸侯年表》载:"晋阻三河,齐负东海,楚界江淮,秦因
雍州之固。"这条材料,虽然意在说明春秋时期晋、齐、楚、秦四国的大
致疆域范围,可是,它把秦国疆域同"雍州"相联系的做法,却为我们
探讨春秋时期雍州的西界黑水地理方位以很大启示。"秦因雍州之
固",若从疆域地理变迁角度来说,春秋时期秦国的疆域就是当时的
雍州,而雍州即是当时的秦国疆域,二者的地理范围大致等同。这也
就是说,司马迁所谓"秦因雍州之固"的"雍州",实际上就是指关中地
区。以此说来,把历史上的"黑水"、今灵台县境的达溪河论定为《禹
贡》雍州西界是确当的。

《周礼·职方氏》载:"正西曰雍州:其山曰嶽,薮曰弦蒲,川曰泾、

---

① 魏怀珩、伍德熙:《灵台白草坡西周墓》,载《文物》1972 年 12 期。

汭,其浸曰渭、洛;其利玉、石。"①颜师古对此注释道:嶽"即吴嶽也"
(吴嶽即吴山,亦即今陇山);弦蒲"在汧县";"汭在豳地";"洛即漆、沮
也,在冯翊"②。《周礼注疏》对颜氏尚未注释的"利"作了如下注疏:"雍
州云,其利玉石,蓝田见有玉山,出玉石,以为利者也。"③那么,以上正
文和注疏能说明什么问题呢?笔者以为,它说明《职方氏》雍州范围内
的"山"、"薮"、"川"、"浸"等的地理位置和"玉、石"的产地均在历史上
的关中地区之内。换句话说,《周礼·职方氏》雍州的地理范围是同《史
记·十二诸侯年表》所说雍州地理范围基本一致。很清楚,《周礼·职方
氏》上述记载,从疆域地理学方面同样为我们断定今灵台县境达溪河
是《禹贡》雍州西界黑水提供了一个佐证。

　　另外,泾水上游的其他一些支流,在历史上和现在,有以"黑水"
为名者④。可是,在《元和郡县图志》及其以前的文献中,这些泾水支流
均未以"黑水"见称。可见这些"黑水"得名很晚,因而达溪河以外的泾
水其他支流也不可能成为《禹贡》雍州西界黑水。

四、陇山以西诸黑水均非《禹贡》雍州西界黑水

　　在历史上,位于陇山以西的我国西北地区,有若干条河流曾被称
为"黑水",并被认定为《禹贡》雍州西界,现今有一部分学者仍持这种
观点。可是,事实上陇山以西我国西北地区诸黑水,均非《禹贡》雍州
西界黑水。

　　《禹贡》本身,三处载有"黑水":梁州章为"华阳、黑水惟梁州";雍

---

　　①《汉书》卷28《地理志》上,中华书局1962年版,第1540—1541页。《十三经
注疏·周礼注疏·职方氏》文字与《汉书·地理志》略有不同,但文义完全一致。

　　②《汉书》卷28《地理志》上,中华书局1962年版,第1540–1541页注1、2、3、4。

　　③《周礼注疏》,《十三经注疏》,中华书局1980年版,第862页。

　　④《读史方舆纪要》卷54《陕西三》,中华书局2005年版,第2631页。

州章为"黑水、西河惟雍州";导水章为"导黑水,至于三危,入于南海"。那么,《禹贡》所载黑水,究竟是几条? 是一条? 两条? 还是三条? 这个问题,在历史上说法同样很分歧①。

笔者认为,《禹贡》"黑水",既不是一条,也不是三条,而是两条:一条是梁州章"黑水",另一条是雍州章和导水章"黑水"。梁州章"黑水"位于华阳之西②,而不在陇山以西。根据当地地理条件,梁州章"黑水",不可能成为雍州西界。至于雍州章和导水章"黑水"是同一条"黑水"的问题,这是特别需要搞清楚的。

雍州西界"黑水",前已论定其为今甘肃灵台县境之达溪河,这里不再重述。导水章"黑水",古代不少注家认定在陇山以西的河西走廊地区。这种看法是否正确呢? 笔者以为,这个问题一旦搞清楚导水章"黑水"的得名时代,就能得到完满回答。根据河西走廊的地理条件,在传说中的禹的时代,当地根本不可能洪水成灾,禹在当时既不可能、也无必要跋涉到那里去导水,更没有为那里的河流命名的必要性。后至《禹贡》成书的春秋末期,中原地区的华夏族对河西走廊及其以西地区的地理条件仍不甚了解,在那样的情况下,也不可能对远在河西走廊的河流确定名称,所以也就谈不上载入《禹贡》了。既然如此,那么河西走廊"黑水"究竟得名于何时呢? 我们认为,它的得名时代应该是同当地其他绝大多数汉语地名的得名时代相一致。历史上河西走廊地名中,除祁连山名称外③,几乎都是汉武帝败匈奴、设四

---

①李慎儒:《禹贡易知编》卷十一《导水》上,中华书局1986年版,第5–15页。

②蔡传"梁州之境,东距华山之南,西据黑水"。转引自《禹贡易知编》卷八《梁州》,页1。

③《史记》卷110《匈奴列传》匈奴歌曰:"失我祁连山,使我六畜不蕃息。"《读史方舆纪要》卷52《陕西一》:祁连山"甚高广,本名天山,匈奴呼天为祁连也",中华书局2005年版,第2472页。

郡、通西域时或此后命名,而"黑水"的得名也绝无例外。

鉴于以上原因,早在春秋末,《禹贡》作者笔下的导水章"黑水",必不在河西走廊地区,而倒是极有可能在中原华夏农业民族与西北游牧民族活动区的交界地带。《禹贡》出自孔子之手、成书于春秋末期,这一时期我国西北方的农牧分界线大致在陇山地区。根据这点判断,导水章"黑水"的地理方位与雍州章"黑水"的地理方位有着明显的一致性。依据上述分析,导水章"黑水"和雍州章"黑水"不是两条水,而是同一条水。唐代樊绰也曾指出:《禹贡》虽"三言黑水",但事实上"雍州及导川之黑水一也,梁州黑水又一也"①。以此说来,雍州章黑水的地理方位,也就是导水章黑水的地理方位。到了秦汉以后,有人才开始把《禹贡》雍州章和导水章黑水的地理方位搬往河西走廊,并提出雍州和梁州西部黑水共界说。本来,汉武帝以后河西走廊黑水同《禹贡》雍州章和导水章黑水就没有什么事实的联系,这不仅在于上述黑水同其名、异其地,而且得名时代也相差甚远。后来之所以变成这种情况,那完全是古代文人学者任意附会汉武帝以后我国一些统一王朝开拓西北疆域历史的结果。

郦道元在《水经注》中说:"黑水出张掖鸡山,南流经敦煌,过三危山,又南入南海"②。颜师古注《汉书·地理志》时也沿袭了郦道元的说法③。郦、颜二氏之说,很明显是拘泥于《禹贡》导水章"导黑水,至于三危,入于南

①转引自清俞正燮《癸巳类稿·黑水解》,《续修四库全书》第 1159 册《子部·黑水解》,上海古籍出版社,第 277 页。

②转引自李慎儒《禹贡易知编》卷 11《导水》上,页 6。现行《水经注》无此段文字,如顾颉刚先生指出:"《水经注》颇有散逸,此文为今本所无。"(《历史地理》创刊号,第 6 页)

③《汉书》卷 28《地理志》上颜师古注:"黑水出张掖鸡山,西流至敦煌,过三危山,又南流而入于南海。"中华书局 1962 年版,第 1535 页。

海"的说法。郦、颜二氏注文,除增加所谓黑水流经地区的"敦煌"一地名外,其余同导水章文字无大的区别。显然,郦、颜二氏都是把《禹贡》梁州、雍州和导水三章"黑水"释为一条,这条黑水发源于河西走廊的张掖鸡山,由北向南,纵贯我国西部地区,流经敦煌、三危山,最后流入南海即今印度洋。然而在事实上,我国历史上并未存在过这样一条纵贯南北、既是雍州西界又是梁州西界的黑水。就我国西部地区具体地理条件而言,根本不可能存在这样一条河流。因为北起张掖,南至南海,二地之间横亘有祁连山脉和巴颜喀拉山脉,黑水根本无法通过。如果真有这样一条黑水,那它势必与夹在祁连、巴颜喀拉二山脉之间的黄河相交错,但历史上也并未存在过这样的河流。从此看来,黑水纵贯南北说不可信,而雍、梁二州西部黑水共界说也不能成立[1]。同时,我们还必须指出,由于郦、颜二氏对《禹贡》黑水的解释犯了望文生义的错误,所以他们笔下的黑水也同现存的我国西部水系的方位与流向大相径庭。仅就河西走廊地区水系来看,张掖地区的黑水,本发源于祁连山腹地,由东南向西北流经山丹、张掖,再向西北流入古居延泽,根本没有向南流经敦煌,也未过三危山。又如,今敦煌和三危山地区的河流流向,也与郦、颜二氏所说黑水大不相同。现在这一地区河流,均发源于今青海省西北部,也未从东南向西北流入今敦煌、瓜州市地,同样无向南流去的河流。这也说明,郦、颜二氏《禹贡》黑水纵贯南北说不可信,所以也谈不上作雍州西界了。

清俞正燮《癸巳类稿》说,唐李泰《括地志》:黑水"出伊吾县北百二十里,东南流,绝三危山二千余里,至鄯州,又东南四百余里至河州

---

①顾颉刚:《禹贡中的昆仑》,《顾颉刚全集》第 6 册,中华书局 2010 年版,第 389-390 页。

入黄河"①。清末李慎儒《禹贡易知编》说,"唐魏王泰《括地志》:'黑水
出伊州伊吾县北,东南流至鄯州,又东南至河州入黄河。'今此水上源
为沙所壅塞,无可考下流即大通河,历西宁府东边,南至河州入黄河,
与《括地志》相合"②。经查考《汉唐地理书钞·魏王泰括地志》,发现其
载文虽与上述俞、李二氏所说不同③,但也表明,它同样是把今新疆东
北部的伊吾(即哈密)黑水和河湟地区的大通河认定为《禹贡》雍州西
界黑水的。然而这一说法也是不可信的。这不只因为此说晚出,而且
还同这一时代的其他有关记载截然不同。如李吉甫所撰《元和郡县图
志》指出,伊吾属"《禹贡》九州之外,古戎地"④。在《禹贡》成书的春秋
末期,中原华夏族疆域与西北戎、狄等古代少数民族的活动区域之
间的分界尚在汧陇之地。伊吾黑水为雍州西界说明显有附会汉唐王
朝开拓西北疆域历史的痕迹。至于伊吾黑水潜流二千余里重源鄯州
说更不能成立。大通河流域,古代为西戎地,"春秋及秦、汉为羌胡所
居"⑤,在西汉昭帝始元元年(公元前 86 年)置金城郡,自此大通河中
下游地区始入汉朝疆域。历史上,虽有古人把置金城郡之前的大通河
流域认定为"《禹贡》雍州之域"⑥,但实际上也是对汉昭宣时期历史的
附会。

————————

　　①俞正燮:《癸巳类稿·黑水解》,《续修四库全书》第 1159 册,上海古籍出版
社 2002 年版,第 277 页。
　　②李慎儒:《禹贡易知编》卷 9《雍州》,《续修四库全书》第 55 册《经部》,上海
古籍出版社 2002 年版,第 523 页。
　　③王谟:《汉唐地理书钞·魏王泰括地志上》:"黑水源出伊吾县北百二十里又
南流二十里而绝。"
　　④《元和郡县图志》卷 40《陇右道下·伊州》,中华书局 1983 年版,第 1028 页。
　　⑤⑥《元和郡县图志》卷 39《陇右道上·鄯州》,中华书局 1983 年版,第 991
页。

考稽史书，甚至还有人认为，远在葱岭地区的叶尔羌河是《禹贡》雍州西界黑水①，这种说法更不可信，因为这种说法同《禹贡》成书时代的我国疆域变迁毫不相干。无可否认，这种说法也是古代文人学者为了按照古代经义任意附会历史的一个例证，其目的只不过在于褒扬汉武帝及其以后一些帝王的文治武功罢了。

至于《穆天子传》所载有关黑水，也不可能成为《禹贡》雍州西界黑水。这除了《穆天子传》本身缺乏真实性外，同时周穆王西征这一事件也是借古代人所依托出来的。如黄文弼先生在论及《穆天子传》所记见西王母事时说："《穆天子传》所记见西王母事，乃战国时人追述秦穆公时，或以后时事，而依托于周穆王也。"②黄文弼先生又转述法国沙畹的话说："往朝西王母者非周穆王，实为秦穆公也。"③足见，《穆天子传》所载陇山以西所谓黑水也不可能成为《禹贡》雍州西界黑水。

总之，以古代文献资料和地下发掘实物资料为据，通过对我国古代疆域变迁的研究，使我们对《禹贡》雍州西界黑水及其地理方位问题有了全新的认识和了解。现在我们可以肯定地说：今甘肃灵台县境之达溪河是《禹贡》雍州西界黑水，而春秋时期的关中地区为《禹贡》雍州之域。基于这一观点，我们同样可以断定：今陇山以西甘肃、青海、新疆境内以至葱岭以西诸黑水，均非《禹贡》雍州西界黑水；而今灵台县达溪河一带以北、陇山以西甘肃、青海、新疆等地，亦不属《禹贡》雍州之域；古代众多史籍所载今陇山以西甘肃、青海、新疆等地为"禹贡雍州之域"实属谬误。

（原刊于《西北师院学报》增刊《历史教学与研究》1985 年版）

---

①《周穆王西征纪程》注云："黑水，丁谦谓即今叶尔羌河。土人称为喀喇乌苏。喀喇言黑，乌苏言水即黑水也"（国立北平师范大学《西北史地》，第 18 页注）。

②③黄文弼：《古西王母国考》《西北史地论丛》，上海人民出版社 1981 年版，第 113、112 页。

《史记》"因河为塞"说与秦始皇
万里长城西端首起地

  《史记》的《蒙恬列传》和《匈奴列传》,都说秦始皇万里长城西端首起于"临洮",对此,古今史家从无异议。不过,"临洮"这一地名,从出现到司马迁载入《史记》,期间经历了战国秦、秦朝和西汉三个阶段。同时,伴随历史的发展,"临洮"的建置曾几经改易,其辖区也分阶段缩小。正由于此,所以使得司马迁载入《史记》的这个"临洮"之地望渐趋模糊了。这样一来,《史记》中的"临洮"究竟指何地? 或者说究竟指今天的临洮,还是指今天的岷县? 对此很难作出简单的回答。

  20 世纪 80 年代初,秦始皇万里长城①首"起于今临洮而非岷县"的新观点,曾在史学界引起过一定反响。然而,当我们仔细辨析古代文献记载和有关同志的论据之后确信,上述观点立论有误,实不足信。本文拟通过对"临洮"这一地名搬家历史的考察、万里长城西段特点与有关具体问题的辨析来陈述笔者关于秦始皇万里长城西段首起地问题之管见。

---

  ①部分学者,把战国秦昭王时所筑长城和秦始皇时所筑万里长城统称为"秦长城",这种称法明显不妥,也无助于秦万里长城西段首起地问题的探讨。本文以为,蒙恬所筑长城的科学名称应是"秦始皇万里长城",省称"秦万里长城"。

一、秦始皇万里长城西段首起地"临洮"之地望

在《史记》中，司马迁记事一般采用遵古笔法，即历史事件发生在哪个时代就采用哪个时代地名（尤其采用县名）进行记述，但也有较多时采用当代（即西汉）县名记述相关历史事件，"临洮"就是这样的一个县名。在战国秦和西汉，因建置改易，致使"临洮"县名发生过两次大的搬家，结果"临洮"县名的涵盖区域分阶段缩小了。

秦昭王二十八年（公元前279年）始设陇西郡，"临洮"是其所辖县之一。这时"临洮"县的辖地大致北起今临洮县以北，南至今临潭和岷县等地，即包括今洮河中下游地区。为防御匈奴对这一地区的侵扰，秦遂自今临洮县城以北三十里铺洮河东岸起"筑长城，以拒胡"。以上情况表明，"临洮"这一县名，当时涵盖了洮河中下游的大部分地区。

在秦王嬴政八年（公元前239年）后，"临洮"县的建置曾发生过一次重要变化。这一变化与王弟长安君成蟜有关。据《书记·秦始皇本纪》记载：秦王政八年，"王弟长安君成蟜将军击赵，反，死屯留，军吏皆斩死，迁其民于临洮"。《史记》正义也说："屯留之民被成蟜略众共反，故迁之于临洮郡①也。"王宗元、齐有科二先生据此认为，当时"屯留地区是赤狄集中之地，屯留狄人由于被成蟜略众共反，故于秦始皇八年被迁到临洮"。赤狄人被迁到"临洮"之后，秦似根据"县有蛮夷曰道"原则，"于原临洮县境的北部置狄道县，治所在今临洮城；南部仍

---

①《史记》正义"迁之于临洮郡"之"郡"，是隋朝和唐初设于今岷县等地区的郡级政区名。不过，张守节在此搞错了秦迁赤狄所至"临洮"的地理方位。因为秦王政八年后，在今临洮县等地置了狄道县，这充分说明，秦迁赤狄所至的"临洮"不是具体指今岷县，而是指今临洮。

为临洮县,治所设在今岷县城"①。王、齐二先生颇有说服力的见解表明,一分为二后的"临洮"县之辖区,仅仅剩下秦昭王时"临洮"县的南半部之地了,而北半部则从此变成了"狄道"县名的涵盖区域。

西汉建立后,陇西郡所辖县建置发生过一次更大的变化。据《汉书·地理志》记载,西汉将秦陇西郡的东半部分置为天水郡,西半部仍为陇西郡。陇西郡原有的狄道、临洮二县,也进行了分置,其中将狄道县分置为大夏、狄道、安故、首阳等县,而将临洮县分置为临洮、襄武、氐道、予道、羌道、西等县。显而易见,汉陇西郡所辖县建置的这一巨大变化,虽然使以"临洮"为名之县保留下来了,但其涵盖区域却进一步缩小,以致缩小到大体相当于今甘肃岷县的辖境了。

综上所述,司马迁撰写《史记》时,采用西汉现行县名"临洮"记述了秦始皇万里长城西段首起地。这一情况表明,秦始皇万里长城西段首起地之"临洮",为西汉"临洮"县是毫无疑问的。同时西汉"临洮"县辖区虽比秦朝"临洮"县辖区大为缩小,但二者治所同在今甘肃岷县的基本史实却没有改变。据此,我们断定今甘肃岷县境②为秦始皇万里长城西段首起地"临洮"是不会有什么问题的。

二、把握"因河为塞"说是论定秦始皇万里长城西段首起今岷县境的关键

多年来,不少研究秦始皇万里长城西段首起地问题的学者,都曾有过万里长城是在地面上人工夯筑而成、连绵不绝高大墙垣的观念。正是受制于这种观念,从而使有关学者在探讨秦始皇万里长城西段

①王宗元、齐有科:《秦长城起首地——"临洮"考》,《西北师大学报》1992年第3期第66页。

②[唐]李泰《括地志》首倡秦始皇万里长城西段首起"岷州"说。

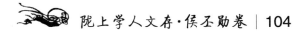

首起地问题时，总是把探寻万里长城西段首起地之遗迹作为最重要的工作。这样做，虽不能说有何错误，但却在论定秦始皇万里长城西段首起地问题上明显失之偏颇。关于这一点，吴礽骧先生曾经指出："长久以来，学术界囿于长城即墙垣的观念，必于洮河沿岸寻觅秦筑墙垣，进而否定《史记》的记载。根据笔者多年田野调查的体验，如不改变长城即墙垣的观念，我们的长城调查与研究，就很难进一步深入。"①

据上述情况说来，要能正确论定秦始皇万里长城西段首起地问题，首先得搞清楚秦始皇万里长城西段的主要特点。《汉书·韩安国传》载道："蒙恬为秦侵胡，辟地数千里，以河为境，累石为城，树榆为塞。"劳干在《释汉代之亭障与烽燧》一文中也说："秦汉的长城，据记载上说，却不全是城垣，有若干的地方，却是木栅。"②以上资料说明，秦始皇万里长城西段和汉长城，是由"城垣""石城""榆塞""木栅"等构成，而不是一些学者观念中连绵不绝的墙垣。既然这样，那就意味着《史记》等史籍有关秦始皇万里长城西段"因河为塞"等记载，是万里长城西段首起地无墙垣的重要文证。

《史记·匈奴列传》还载道："秦灭六国，而始皇帝使蒙恬将十万之众北击胡，悉收河南地。因河为塞，筑四十四县城，临河，徙适戍以充之……起临洮，至辽东万余里。"这是史籍关于秦始皇万里长城西段"因河为塞"的重要记载，也是万里长城西段首起地位于今岷县境的极具说服力的依据。不过，要依据这一记载探讨、论定"因河为塞"的全部问题，还需要弄明白"河"字的涵义。

①吴礽骧：《战国秦长城与秦始皇长城》，《西北史地》1990 年第 2 期第 81 页。

②劳干：《释汉代之亭障与烽燧》，《历史语言研究所集刊》第 19 本。

在先秦的众多文献记载中,"河"是黄河的专名,犹如"江"是长江的专名一样。可是,到了西汉,"河"便从黄河的专名进而变成了众多河流的通名。这就是说,到了西汉,凡当时北方众多河流皆可称之为"河"了。如河西走廊等地所出土简文中有"中夜行迷渡河口"(EPT68:49)、"蚤食时,到第五隧北里,所见马迹入河"(EPT48:55A)、"河中毋天田"(EJT21·177)、"兰越甲渠当曲隧,塞从河水中天田出"(EPT68:63)、"田北行出,俱起隧南,天田夹河"①等。以上简文中之"河",都是指两汉时河西走廊和居延地区的内陆河。这些位于边疆地区的既不是黄河干流,也不属黄河支流的河流均称为"河",足见当时的"河"已从专名变成了通名。既然如此,那就是说在司马迁撰写《史记》、记载秦始皇万里长城西段首起"临洮"之时,把河面宽、水量大、流速急、具有天然屏障作用的洮水也称之为"河"当在情理之中。综上所述,"因河为塞"之"河",既包括东北起河套、西南至汉金城郡(包括今永靖县等地)的黄河河段,又包括了北起金城郡、南至"临洮"(今岷县境)之西的洮河河段。总而言之,司马迁笔下的"因河为塞",主要就是以东北起河套、西南至"临洮"的黄河、洮河河段等为塞。

蒙恬为防御匈奴而"因河为塞",这并非孤证虚说。事实上司马迁和班固等史家还有若干类似记载。《史记·秦始皇本纪》"北据河为塞"说,是对"因河为塞"的重要印证。《史记·高祖本纪》说:高祖二年(公元前201年),汉"缮治河上塞"。这是说,在高祖二年之前,"河上"本有秦蒙恬所筑"塞",西汉时仅进行了"缮治"。《史记·匈奴列传》说:武帝元朔二年(公元前127年),"卫青复出云中以西至陇西……复缮故秦时蒙恬所为塞,因河为固"。从"复缮"塞达到"因河为固"的史实中

---

① 谢桂华、李均明、朱国炤:《居延汉简释文合校》上,第378页。

可得知，蒙恬所筑塞与"河"密切相关。《汉书·韩安国传》还有蒙恬"以河为境""匈奴不敢饮马于河"的记载，进一步证实了蒙恬"因河为塞"的史实，而《通典·州郡四·岷州》长城起自崆峒山，"傍洮而东"的记载，把《史记》"因河为塞"之说表述得更为贴切。

当然，"因河为塞"并非单纯地以黄河与洮河为"塞"，实际上其情况比较复杂。从《史记·匈奴列传》"因河为塞，筑四十四县城，临河，徙适戍以充之""因边山险，堑溪谷，可缮者治之"，《史记·秦始皇本纪》"城河上为塞"，《蒙恬列传》蒙恬"筑长城，因地形，因制险塞"等记载分析与判断，秦始皇时蒙恬所筑万里长城西段，本是以"河"为天然屏障，并作为长城西段的主体，又在"河"的东侧岸上不易登岸处实行"边山险"措施，即在山势险峻处以天然之"山"为"边"；而在容易登岸处，有的地方采取"堑溪谷，可缮者治之"的措施，即于"河"岸上有"溪谷"之地沿着岸坡填筑一段与岸坡连为一体的墙；在有缓坡处，将岸坡斩削为陡峭崖面。同时，在"河"岸平坦，地面较宽阔处或许也筑有一段墙垣，并在附近修筑了带有军事防御性质的"县城"，还徙谪戍守。总之，在秦始皇时，蒙恬主要是利用当地各种自然地理条件，构筑了"因河为塞"式的长城西段。

在新中国成立后，部分学者通过实地考察和对历史文献的研究，对秦始皇万里长城提出了一些重要见解，其中一部分见解带有肯定"因河为塞"之意。张维华先生指出：秦始皇万里长城西段地区，"本有黄河流贯其中，足以为塞，秦始皇又立县置城，徙谪戍守，自可为一边矣。若就实际情形论之，此一地带似未筑有长城，纵于扼险之地，立有障塞，亦未必互相连贯"①。陈守忠、王宗元二先生说："蒙恬当时没有在原有的长城（即秦昭王长城）之外，再从岷县往兰州至靖远筑一道

① 张维华：《中国长城建置考》（上），中华书局1986年版。

新的长城来"①。甘肃省文物工作队在实地考察后也指出:"秦始皇时,从岷县沿洮河至兰州,往东沿黄河沿岸修了一连串的城障,并无筑墙。"②吴礽骧先生也持类似观点,他说:秦始皇万里长城的结构"'因河为塞',凭借天然屏障,以作塞防"③。这些重要见解,既说明了秦始皇万里长城西段"因河为塞"的客观真实性,又说明一些学者在今岷县境探寻秦始皇万里长城西段首起地遗迹的偏颇。

三、秦始皇万里长城首"起于今临洮"观点之依据不足凭信

提出秦始皇万里长城首"起于今临洮"观点的同志,曾列举若干文献和考古依据,以加强其说服力。鉴于此种原因,所以部分读者以为这一观点可以成为定论了。那么,有关依据是否真的具有说服力?下面就此进行辨析。

1. 关于今临洮县城北"杀王坡"地方是秦始皇万里长城西段首起地问题

有的同志在今临洮县城北三十五里杀王坡地方发现了长城之遗迹,并认定此地为秦始皇万里长城之"起首"地。其实,就有关记载看,这一见解实在难以使人信服。

据《史记·匈奴列传》记载:秦昭王时,"秦有陇西、北地、上郡,筑长城以据胡"。从文献记载和陈守忠先生等史地考察得知,秦昭王所筑长城之走向与上述记载完全相合。可见,今临洮县城北三十五里杀王坡地方长城之遗迹,确属秦昭王长城之遗迹。但我认为,此处肯定

①陈守忠、王宗元:《甘肃境内秦长城遗迹调查及考证》,《亚洲文明论丛》第139—140页,四川人民出版社1986年版。
②《甘肃日报》1986年3月19日第1版。
③吴礽骧:《战国秦长城与秦始皇长城》,《西北史地》1990年第2期,第81页。

不是秦昭王长城之首起地,因为洮河是当时天然的军事屏障,而秦昭王长城则是由人工夯筑而成的军事屏障,二者势必相连接,为有效防御敌人起见,绝无可能在二者之间留下空白地段。现在的杀王坡地方长城遗迹远离洮河东岸,二者相距较远,当时在河谷平缓地方出现这种情况显然是不可想象的。实际上秦昭王长城真正的首起地应在今杀王坡以西洮河东岸上,但因年代久远或许被洮河洪水冲毁,或被垦为耕地,早已荡然无存,故今无遗迹可寻。对于这一点,陈守忠先生在实地考察后也指出:"可以断定,秦(昭王)长城的起点在今临洮北三十里墩的原洮河边上,绝不是什么杀王坡。"①

至于被司马迁载入《史记》,为西汉以来史家所公认的秦始皇万里长城西段,《史记·匈奴列传》做了如下记载:"秦灭六国,而始皇帝使蒙恬将十万之众北击胡,悉收河南地。因河为塞,筑四十四县城,临河……起临洮,至辽东万余里。"真正的秦始皇万里长城之西段,原本途经"河南地",其位置"临河",所经地区内还筑有"四十四县城"。显然,若把今临洮县城北三十五里杀王坡地方长城遗迹,认定为秦始皇万里长城西段首起地之物证,那不仅与司马迁笔下秦始皇万里长城西段的走向根本不相合,而且又搞错了秦始皇万里长城西段真正的首起地。

2. 关于"临洮"是"泛义词"问题

"临洮"这一地名,被有的同志视为"泛义词",这样便使其成了秦始皇万里长城首起于今临洮观点的重要依据。这些同志将"临洮"视为"泛义词",其具体理由有三:一是《史记》万里长城"起临洮"之"临洮"是"泛义词";二是徐广、韦昭和司马贞诸家对"临洮"作了"泛义的

---

① 陈守忠:《陇上秦长城调查之二——静宁至华池一段》,《西北师院学报》1984年10月,增刊第73页。

解释";三是《哥舒歌》及部分唐诗中之"临洮"是指今临洮。

《史记》万里长城西段首起地之"临洮",是西汉的县名。西汉曾实行郡县政区制,所以,作为西汉县级政区之一的"临洮"县的辖区,势必是被汉王朝中央所认定的,因而必然是明确的。如果"临洮"县辖区不明确、"临洮"这一地名所涵盖地域不确定、"临洮"又是一个"泛义词",试想西汉"临洮"县的行政长官岂能对本辖区进行征税、征发劳役和维护社会治安等方面行政管理?

徐广、韦昭和司马贞等史家所注释的"临洮",是西汉的县级政区。他们的释义,无一例外都说的是"临洮"县与陇西郡的隶属关系。徐广"临洮……""属陇西郡"一说,是徐氏对《史记·蒙恬列传》万里长城首起地"临洮"的注释,其意是说西汉"临洮"县(今岷县等地)辖地隶属于陇西郡;韦昭"临洮,陇西县"一说,是韦氏对《史记·匈奴列传》万里长城西段首起地"临洮"地名的注释,其意是说西汉"临洮"是陇西郡的属县;司马贞"临洮在陇西"一说,是对《史记·秦始皇本纪》王弟长安君成蟜略众反,"迁其民(即赤狄)于临洮"的注释,其意是说,战国时秦迁赤狄所至的"临洮"县辖地,在西汉的陇西郡境内。通过以上简考得知徐广、韦昭和司马贞所注释的"临洮"与汉陇西郡的关系,从中一点也看不出作"泛义"解释的痕迹。足见那种认为徐广、韦昭和司马贞等史家"并没有明确指出'临洮'究竟是陇西郡的哪个地方"的断语,显然是有悖于史实的。

至于《哥舒歌》[①]中之"临洮"是否是"泛义词",其辖地是否包括今临洮县的辖地, 这两个问题只要考查一下哥舒翰的军旅生涯就清楚了。根据《旧唐书》和《新唐书》《哥舒翰传》所载,哥舒翰的军旅生涯,

---

①《哥舒歌》文为:"北斗七星高,哥舒夜带刀。至今窥牧马,不敢过临洮。"

基本上是在河西走廊、青海和今甘肃临潭县等地度过的。哥舒翰40
岁时,在河西节度使王倕部下任职,后在河西节度使王忠嗣属下任卫
将,继而任大斗军(胡三省认为,大斗军在甘、凉二州界上)副使,期间
曾率军讨吐蕃于新城(胡三省认为,新城在"鄯州星宿川西北三百五
十里",即在河源地区)。天宝六年(747年),改任陇西节度使副使都
知关西兵马使河源军使,期间曾率军至积石军(《元和郡县图志》以为
积石军"北枕黄河",在唐廓州西南百五十里处)击吐蕃。同年冬,兼任
西平郡(位于今青海乐都)太守,又为陇右节度支度营田副大使知节
度使事。七年(748年)"筑神威军于青海上"(今青海湖东北、海晏县
西北);又"筑城于青海中龙驹岛";八年(749年)率军攻占吐蕃石堡
城(在今青海贵德县东);十三年(754年)在洮州置神策军(在今临潭
县城之西、洮河南岸);十四年(755年)被召赴潼关抵御安史叛军。肃
宗至德二年(757年)被叛军俘虏并杀害。据上述记载看,哥舒翰在西
北地区的所有军旅生涯均与今临洮县无甚直接关系,而倒是与今河
西走廊、青海省及临潭县等地关系颇为密切。因此,即使《哥舒歌》中
之"临洮"不专指今岷县,但无论怎样也不可能"泛义"到今临洮县地
方去。有关同志还把唐代诗人高适、岑参和王昌龄诗中的"临洮",都
说成是今临洮,这些做法,无一例外都是把文学作品当做史学研究的
资料来使用,它们的说服力是可想而知的。尤其是有的学者业已把以
上诗文中之"临洮"注释为今岷县①,虽时经多年,至今仍无人提出异
议。看来,将以上诗文中之"临洮"视为"泛义词",实在难以使人折服。

3.关于秦始皇万里长城西段首起地无长城遗迹可寻问题

秦始皇万里长城西段,首起于今甘肃岷县境内已是无可置疑的

---

①王秉均等:《历代咏陇诗选》第41页王昌龄《塞下曲》注③云:"'临洮,秦置
临洮县,唐置洮阳郡,以临洮水得名,郡治在今甘肃岷县。"

了。可是,今岷县境内为何无证据确凿、人所公认的秦始皇万里长城遗迹可寻[①]? 对这一问题,若从根本上来回答,那就是今岷县境内曾经存在过的万里长城,也是"因河为塞"式长城。如果进行些较为具体的分析,即可得知秦在今岷县境内尚未修筑万里长城之墙垣,既有其共同原因,也有其特殊情况。共同原因就是"因河为塞",而特殊情况主要在于当地的自然环境和羌人力量的弱小。

在秦始皇使蒙恬修筑万里长城西段之际,洮西广大地区均为羌人游牧之地。这一地区位于青藏高原东部边缘,分布着崇山峻岭和丘陵沟谷,加之此地阴湿多雨,因而草场广阔、牧草丰美,羌人本无到洮东游牧的必要。再若从《史记》《汉书》和《后汉书》记载看,当时在此地游牧的羌人人数很少,且很分散,尚未形成强大力量,史籍中亦未留下侵扰秦朝边地的记载,这说明当时洮西羌人根本对洮东之秦未构成实际威胁。从而,秦朝也无修筑长城的必要。同时,这一地区内的不少段落洮河在深险峡谷中流淌,它确为一条天然屏障,除严冬季节洮河部分河面结冰可行人外,其他时间均难以逾越。再若联系秦从河套到榆中"临河"筑四十四县城,而未在洮河之东筑城情况分析,匈奴是秦防御的重点,而羌人则不是防御重点。据此可断定,秦当时仅用天

---

①景生魁:《岷县秦长城遗址考察》(见《丝绸之路》1996 年第 2 期,第 16 页)称:"岷县茶埠乡隔河有秦长城迹象者二: 一是杏树崖对面低西村背后山梁上有大滩,滩中存残垣断壁,高两三尺,长 50 米,形似城墙根基;二是茶埠对面的西京里傻拉沟池湾梁右侧山坡上有高 10 米、长 50 米的墙形直壁,壁上不生草,呈土红色。"若从岷县为多雨地区情况考虑,时经两千年之久的秦万里长城遗址,仍保持如此规模,确属难以置信,故不足作为秦在今岷县境内筑过万里长城墙垣的实物证据,也无法据此否定秦始皇万里长城西段"因河为塞"的特点。

然屏障洮河和洮河以东的狄道(今临洮)、临洮(今岷县)二县城,就足以防御羌人了。这就是说,秦始皇万里长城西段首起地——今甘肃岷县境内,当时本来就没有修筑过连绵不绝的长城,实际上也是"以河为塞",从而无万里长城首起地遗迹可寻就成为必然的了。

(原刊于《中国边疆史地研究》1996 年第 4 期)

我国形象化历史地图诸问题索隐

我国的历史地图,就绘制方法而言,大体经历了形象化、计里画方和经纬度三大绘制阶段。形象化绘制地图方法虽然为最早创制,但我国人民却将这一传统方法一直沿袭五千年左右,期间绘制这类地图只有繁、简之别,而无根本性改变。

形象化历史地图诸问题在我国地图学史研究中已有所涉及,但其内涵与相关具体问题仍然处于隐匿状态,这就需要学界进行探讨和阐释。

一、形象化历史地图的名称与特征

形象化历史地图在其创始阶段或许有一定名称,但未能流传下来,至于其特征更是无人专门探讨与说明。

1. 形象化历史地图名称的由来

形象化历史地图的创始与其得名之间,在时间上有着相当大的距离。最初的历史地图虽然是形象化的,但必不以“形象化”为名称。后世所知先秦形象化历史地图,基本上都是春秋战国时期载之史籍者,但同样无“形象化”之称。

夏代九鼎上的九州地图具有形象化的特点,不过《左传》仅有“铸鼎象物”之说,我们似可将其称之为“象物”地图。从九鼎上摹绘下来的“象物”地图史称《山海图》。夏朝太史令“终古”将《山海图》带到商朝,史称“图法”;殷内史“向挚”带《山海图》亡至西周,亦称“图

法"①。《周礼·地官·大司徒》云:大司徒职掌"建邦之土地之图""天下土地之图";《周礼·夏官·职方氏》云:职方氏掌"天下之图"。至战国时期,苏秦游说赵王时还有"臣窃以天下之地图案之"②之说。在西晋初,裴秀创制"计里画方"绘图之法后,形象化地图的绘制一仍其旧。到了北宋,王应麟《玉海》对自先秦以来历史地图进行了全面而又系统地记述,但无"形象化"之说。明末,利玛窦将西方盛行的经纬度绘制地图方法传入中国,但此后地方志中所附载形象化地图仍盛而不衰,但其名称仍与"形象化"无涉。

其实,历史地图的"形象化"名称的得名距今不足百年,而且期间还有 20 年的过渡阶段。20 世纪 30 年代,对我国历史地图进行开创性研究和引领这一学术领域研究者——著名学者王庸先生在《中国地理学史》(1938 年版)中指出:"窃谓中国古来地图,自裴秀以迄明末,即有计里开方之法与传统之通俗绘法相重叠。及清初测绘地图,经纬图法传入,而地图绘法乃成三重之局。"③王庸先生此处"传统之通俗绘法"之说,是对形象化历史地图的初次命名。20 年后,王庸先生在《中国地图史纲》中又指出:"可能在人类发明象形文字以前就有地图了。因为原始的地图都是形象化的山川、道路、树木,用图画实物来表示。"④毫无疑问,此处"原始的地图都是形象化的"之语,可以认为是王庸先生对形象化历史地图的命名之说。据此,可将中国历史地图绘制方法演进史划分为形象化历史地图、计里画方历史地图和经

①《吕氏春秋》卷 16《先识览》,《文渊阁四库全书》第 848 册,台湾商务印书馆影印,第 398 页。

②《史记》卷 69《苏秦列传》,中华书局 1959 年版,2248 页。

③王庸:《中国地理学史》,商务印书馆 1998 年影印,第 125 页。

④王庸:《中国地图史纲》,生活·读书·新知三联书店 1958 年版,第 1 页。

纬度历史地图三个阶段。

2. 形象化历史地图的特征

形象化历史地图的特征,主要就地图图面内容而言。在历史上,形象化历史地图不仅绘制方法,而且其图面内容都与计里画方和经纬度历史地图明显有别。要能对形象化历史地图的特征有一个客观认识,那只有对文献中形象化历史地图资料及现存形象化历史地图图面内容进行分析综合了。据我们所掌握资料,形象化历史地图的特征主要表现在以下三个方面:

首先,对地图所涉地区主要地理实体进行直观而形象化描绘。从大量历史文献记载和保存至今的形象化历史地图看,这类历史地图的基本特征是:地面上有山、地图上画其山;地面上有水,地图上画其水;地面上有林木,地图上画其林木等等。不难看出,形象化历史地图极类似我国魏晋以来的山水画。先秦时从夏朝九鼎上摹绘下来的《山海图》,它在形象化历史地图中是很具代表性的。如《山海经·南山经》对《山海图》描绘道:"南山经之首曰鹊山。其首曰招瑶之山,临于西海之上。多桂多金玉。有草焉,其状如韭而青华,其名曰祝馀,食之不饥。有木焉,其状如谷而黑理,其华四照。其名曰迷谷,佩之不迷。有兽焉,其状如禺而白耳,伏行人走,其名曰狌狌,食之善走。"[①]

其次,在地图上多不标注方向、道里和高低。据亲自见过汉代地图的西晋地图学家裴秀说:"汉氏《舆地》及《括地》诸杂图,各不设分率,又不考准望。"[②]裴秀所说不设"分率"即地图未设定比例尺、不考"准望"即未标明地理方向。其实,在裴秀之前的形象化历史地图上还有不标注"道里"(即道路的里程)、"高下"(即地势高低)、"方邪"(即

---

①②郭璞注《山海经》,岳麓书社 1992 年版,第 1 页。

地理方位的邪正)和"迂直"(即道路的曲直)等现象①。据裴秀以上所说可以断言,在当时所存形象化历史地图上没有诸多地图符号,地图还没有出现明显的抽象化特点。

第三,形象化历史地图缓慢地发生着变化。纵观形象化历史地图的发展史,其基本上是不变中有小变,而小变未能改变其固有特征。《山海经》对《山海图》描述道:"南山经之首曰鹊山。……又东三百里曰堂庭之山……又东三百八十里曰猨翼之山。其中多怪兽,水多怪鱼。多白玉,多蝮虫,多怪蛇,多怪木。"②以上或许是《山海经》作者根据标有"道里"的《山海图》所作记述,它所反映的自然是形象化历史地图发生变化的一些情况。到了清初以后,在地方志所附形象化历史地图上还出现了用曲线、线段、角状线、弧状线描绘山脉、树木,用双曲线描绘河流等现象。

以上众多图文资料运用描绘和描述的方法,把地图的图面内容直观、形象地展现在了读者面前,使读者产生身临其境之感。这就表明,直观、形象就是形象化历史地图的基本特征。

二、形象化历史地图的产生与九鼎"象物"地图

在我国原始社会的母系氏族公社时期,原始先民以在彩陶上绘画的技术为必备条件,适应当时生产活动的实际需要,逐渐创制了最初的形象化历史地图。可是,最初绘制的形象化历史地图既未流传下来实物,也未留下进行记载的文字。然而,在夏禹时所铸九鼎存在时期即春秋战国时期成书的《左传》则对以九鼎纹饰形式存在的"象物"

---

①《晋书》卷35《裴秀传》,中华书局1974年版,第1040页。
②郭璞注《山海经》,岳麓书社1992年版,第2页。

地图曾留下了较为完整的描述。至于《山海图》，它只不过是九鼎"象物"地图的衍生物而已。

1. 形象化历史地图的产生

我国形象化历史地图在原始社会的产生并非一蹴而就，实际上是在漫长时期里，伴随着必备条件的逐渐形成才从简陋慢慢地发展到了较为完善。在无直接资料可据的情况下，间接的考古资料在一定程度上也是能够说明当时形象化历史地图的产生问题。

（1）形象化历史地图产生的条件

在原始社会里，要创制图面上画有山脉、川泽、林木、村落、道路、野兽等的客观形象的地图，并不是每一个社会成员都可以做到的。若按常理分析，要在原始社会创制形象化历史地图，必须具备以下不可或缺的条件：

首先，氏族的部分成员具有对山脉、川泽、林木、村落、道路、野兽等地表物体及动物进行写实描绘的技能。据考古发掘资料，在大地湾二期文化即仰韶文化早期（距今 6500—5900 年，经树轮校正，下同），原始先民已经熟练掌握了绘画技能，尤其在陶器表面上绘画出了相当规整的线条与变形动物的装饰画。到了大地湾四期文化即仰韶文化晚期（距今 5500—4900 年），当地先民在一个彩陶壶腹部所画两只狗的像颇为逼真，极近似于写生画。看来，在大地湾四期文化时期，原始先民中的部分成员业已具有了画写实画的技能。

其次，生产活动、相邻氏族之间交往关系的发展，使各氏族对本地及附近地区地理情况的了解产生实际需要。在氏族社会初期，母系的血缘关系正值牢固阶段，在这种社会条件下，生产规模、水平都有限，同外氏族的婚姻关系尚未出现，氏族的活动范围不可能很大，对本地与周围地区地理的了解并不会迫切，更无将当地与附近地区地理情况绘为地图的实际需要。到了母系氏族社会的中、晚期，生产规模有了扩大,出现了到较远草原耕播、放牧,到林区去打猎,到湖泽去捕鱼。尤其是氏族的族内婚逐渐转向族外婚,相互通婚的两个氏族的居地有的距离较远,中间或许还分布有群山,或许分布有林莽,通行十分不便。这种情况促使氏族社会的人们对形象化地图的绘画产生了某种实际需求。

第三,天然绘画材料的发现为形象化历史地图的创制提供了便利。绘画原始的形象化历史地图,需要一些必需的绘画材料。这些绘画材料主要分为两类:一是笔、颜料一类绘画工具与材料,二是天然石板、兽皮等用以留存地图的天然材料。在进入制造彩陶的阶段,笔、颜料一类绘画工具与材料,原始先民已经发明和发现了,因而在陶器表面绘画的问题业已完全解决。可是,有的地图所涉及地区较为广大,地表的山川、林木等极为复杂,在面积不太大的陶器表面绘制形象化地图的可能性虽然存在,但不是很大、很普遍。后来,当原始先民发现块大、面平的石板和兽皮可用来绘画时,绘制形象化历史地图的客观条件就基本具备了。由于石板上所绘制地图容易掉色,皮质地图易于腐烂,所以都很难保存数千年,但这样的形象化地图在历史上曾经存在还是有极大可能的。

(2)形象化历史地图产生的时代

王庸先生在论及地图起源问题时曾指出:"地图的起源很早,可能在人类发明象形文字以前就有地图了。因为原始的地图都是形象化的山川、道路、树木,用图画实物来表示,以为旅行和渔猎的指针。"[1]王庸先生在这里把"人类"地图起源的时代论定在"人类发明象形文字以前"。若予分析,就会发现这一说法中所论定地图起源时间范围明显有点过于宽泛,似觉仍有进一步探讨的余地。

---

[1]王庸:《中国地图史纲》,生活·读书·新知三联书店1958年版,第1页。

从前一个问题分析已知,在仰韶文化的晚期,氏族公社的一些成员已基本具有了对山川等进行写实描绘的技能、氏族的生产活动及相邻氏族间交往发展对地理的了解已产生了实际需要、氏族社会的人们已发现了天然的绘制地图材料,这就表明,中国的形象化历史地图产生于母系氏族公社末期至父系氏族公社早期。但由于形象化历史地图创制时期,中国的文字尚未发明,所以创制时期的形象化历史地图必然是有图无文字记注的地图。《世本》"地形象物"之说,在一定程度上印证了距今5000年左右形象化历史地图的创制情况。

2. 九鼎"象物"地图

相传,夏禹在治水成功之后,接受舜的禅让做了部落联盟的首领,继而划分全国为"九州",并收九牧之金,铸鼎以"象物"。据历代史家考释,此"象物"是指铸在九鼎外表的纹饰像九州的山川等的形象化地图。在九鼎尚存于世的春秋时期,《左传》还载道:"昔夏之方有德也,远方图物,贡金九牧,铸鼎象物,百物而为之备,使民知神奸,故民入川泽、山林,不逢不若,魑魅魍魉莫能逢之。"这或许是对九鼎"象物"式形象化历史地图最早的真切记载了。到了明代,杨慎在《山海经补注序》中,对九鼎上的九州"象物"地图内容作了更为明晰的说明。杨慎说:九"鼎之象则取远方之图,山之奇,水之奇,草之奇,木之奇,兽之奇"皆画焉。综上所述,夏禹九鼎上的"象物"地图的主要内容为山脉、川泽、林木、草原、怪兽等,显然是一幅原始的形象化历史地图。

三、形象化历史地图的久盛不衰

在我国历史上,绘制和使用形象化历史地图的时间很长,仅见于文献记载者就从夏朝初年一直延续到了民国时期。不仅如此,自西汉以来绘制和所使用的形象化历史地图的种类也增加不少,其中主要

有政区图、城邑图、军事图、边域图、寺院图、庄园图、山脉图与水系图等。这些形象化历史地图影响深广,久盛不衰。

1. 政区图

早在先秦时期, 西周大司徒职掌天下土地之图,"周知九州之地域广轮之数,辨其山、林、川、泽、丘、陵、坟、衍、原、隰之名物"①;《隋大业拾遗记》载道:隋《区宇图志》"卷头有图,别造新样,纸卷长二尺;叙山川则卷首有山水图,叙郡国则卷首有郭邑图,叙城隍则卷首有公馆图;其图上山水、城邑、题书字极细"。②这段文献所记载地图有山川区域图、郡国区域图、城邑图、城隍图等区域性地图。在这些区域性地图上,画有山水、城邑、公馆、郭邑等,形象化特点颇为鲜明。

在唐代及之后,形成了地方向中央造送地图的制度。在这一制度下,地方向中央所造送地图中都有政区地图。到了宋代,地方所造送地图,其形象化特点似乎变得更为鲜明了。宋太宗太平兴国"三年,令天下贡地图与版籍,皆上尚书省。国初以闰为限。所以周知地理、山川之险易,户口之众寡。……又令诸州所上闰年图自今再闰一造"。③

2. 城邑图

《三辅黄图》卷一记载长安城修筑情况说:汉惠帝五年"九月城成,高三丈五尺,下阔一丈五尺,上阔九尺,雉高三坂,周回六十五里。城南为南斗形,北为北斗形,至今人呼汉京城为斗城是也"。④浙江《南

---

①《周礼注疏》卷10《大司徒》,《十三经注疏》,中华书局1980年版,第702页。
②《太平御览》卷602《著书下》,中华书局1960年版,第2711页。
③[宋]王应麟《玉海》卷14《地理图·太平兴国闰年图》,广陵书社2016年版,第303页。
④陈直:《三辅黄图校证》卷1《汉长安故城》,陕西人民出版社1980年版,第18–19页。

镇图》,是位于会稽山下名为"南镇"的小城邑之图。此图分为左、右两部分。就全图看,此镇在群山包围之中。右半图上部,从右至左为曲线、线段所绘群山,山头平缓,明显呈立体状,左上山巅有松树;右下角为平缓山丘,左边山下有林木;右半图的中部,上边为一小城(或小院),城墙内侧似为一片立体小房舍,南墙中间为立体门厅,北墙前为大厅;小城城外右下侧似为参天大树若干棵;小城前与左下为相连的两座小城(或二小院),建筑样式与上部小城内相同,只是左侧小城内有立体房舍,房舍之左为大树。左半部地图,其上部为立体、平缓的会稽山,山用曲线绘成,山前、山左有树;中部右侧先是城墙的一角,左边便是一正方形(右下缺一角)小城。小城最下边是一道墙,墙中部为牌坊式门,进门为一小院,然后是左、右两座楼阁式门厅;再向后又是一小院,院中有前、中、后三座各二层楼阁;后墙处又有一门厅式建筑(或为后门厅);小城外左侧是山丘,山丘间分布有树木。整个地图形象化与写实特点都较突出①。

3. 军事图

军事图是我国古代众多地图中的一种,它曾是行军和作战行动的一种重要依据与向导。据载,自先秦时期起,军事地图就已具备了形象化特点。在整个汉魏时期,军事图也一直受到重视 。据《汉书·李广传》记载,李广之孙李陵于天汉二年(公元前 99 年),奉武帝之命率步卒五千人出居延,北击匈奴。李陵率其步卒北行三十日,至浚稽山安营,遂"举图所过山、川、地形",使麾下骑陈步乐还以闻②。东汉时期的军事地图,亦多具形象化特点。建武八年(32 年),为出兵击隗嚣,马援在光武帝面前制作地图模型,即"聚米为山谷,指画形势,开示众

---

①《文渊阁四库全书》第 519 册,台湾商务印书馆影印,第 129 页。
②《汉书》卷 54《李广传附李陵传》,中华书局 1962 年版,第 2451 页。

军所从道径往来,分析曲折,昭然可晓。帝曰:'虏在吾目中矣。'"①在三国时期,军事地图仍然继承了形象化的传统。据东晋王嘉《拾遗记》记载:三国吴国主孙权"常叹,魏蜀未夷,军旅之隙,思得善画者,使图山、川、地势、军阵之像,(丞相赵)达乃进其妹,权使写九州、江、湖、山岳之势。夫人曰:'丹青之色,甚易歇灭,不可久宝,妾能刺绣,作列国于方帛之上,写以五岳、河、海、城邑、行阵之形',既成乃进于吴主,时人谓之'针绝'"②。

4. 边域图

《后汉书·臧洪传》注引谢承《后汉书》道:臧洪之父臧旻"为汉良吏,迁匈奴中郎将。还京师,太尉袁逢问其西域诸国土地、风俗、人物、种数,旻具答言:'西域本三十六国,后分为五十五,稍散至百余国。大小、道里、近远、人数多少,风俗、燥湿、山川、草木、鸟兽、异物、名种不与中国同者。'口称其状,手画地形。(袁)逢奇其才,叹息言:'虽班固作《西域传》,何以加此乎!'"③北宋从太祖时就开始绘制名为《幽燕地图》的边域地图。后在太宗至道元年(995年),当大破契丹后,"图山川地形以按视焉。三月,内臣杨守斌以地图来上,帝阅视久之"。④真宗大中祥符三年(1010年)四月,曹玮、张宗贵"上《泾源环庆两路州军山川城寨图》。己未,上出以示王钦若等,曰:'处置得宜,储备详悉,华夷山川、城郭、险固、出入战守之要,尽在是矣。'"⑤

①《后汉书》卷54《马援传》,中华书局1965年版,第834页。

②东晋王嘉《拾遗记》卷8,《文渊阁四库全书》第1042册,台湾商务印书馆影印,第349页。

③《后汉书》卷88《虞傅盖臧传》,《二十五史》,上海古籍出版社影印,第2册,第208页。

④《玉海》卷14《地理·地理图·元祐职方图》,广陵书社2016年版,第308页。

⑤《玉海》卷14《地理·地理图·祥符山川城寨图》,广陵书社2016年版,第307页。

5. 寺院图

在地方志中的寺院地图，多为古代佛教徒从事佛事活动场所的地图。古代寺院一般地处深山老林、风景清幽之地。在清初以来的地方志中，寺院地图多带有写实特点，对传统形象化历史地图绘制方法的继承颇具代表性。

康熙《登封县志·图绘志·少林寺图》，若看图面，其上部用曲线和弧状线段绘有两座山峰，山腰绘有浮云；中部的右、中图面上画有三座立体楼阁，位于中间楼阁之前另绘有一座楼阁，楼阁间绘有浮云；左部绘有一门楼，其上部有"面壁菴"三字，门楼左上部画有二棵松树；位于中间楼阁的右下、左下有两丛树，树干用曲线画成，树叶用黑点画成，树木中间画一门楼，楼前部写有"少林寺"三字；门楼前为大路，路右端画一大一小两个和尚；路下边是立体状山丘①。《钦定盘山志·图上》附载有形象化地图79幅，其中《罩云寺》图分为左、右两部分。右半部图上部山顶绘有一寺院，院中有一立体房舍和一座七级立体佛塔，塔背后为略呈立体状山头。在山头之左、之右都画有松柏与杂木林；图中部为立体山崖、树丛、房舍（无门窗）、浮云；下部右侧为树林，左侧为寺院，房舍均呈立体状；山中画有流水状云雾，亦呈立体状；下部为低缓立体状山丘，山丘上有杂木树分布其间。从这些寺院地图全景看，似可称作山水画②。

6. 山川图

西晋以后，历代中原王朝中央、地方政府与部分具备绘画才能的

---

①《四库全书存目丛书》第214册《史部·地理类》，齐鲁书社1996年版，第298页。

②《钦定盘山志》卷1《图上》，《文渊阁四库全书》第586册，台湾商务印书馆影印，第69页。

人士,他们先后绘制了众多山川地图。在这些山川地图上,多绘有山脉、川泽、草木、城邑等,作为治理地方、进行军事活动的参考。

据《通典》记载:"后魏、北齐,虞曹掌地图,山川远近、园囿、田猎、杂木等,并属虞部尚书。后周有虞部下大夫一,掌山泽、草木、鸟兽而阜藩之。"①《隋书》载道:"虞曹,掌地图、山川远近、园囿、田猎、殽膳、杂味等事。"②

在宋、元、明时期,具有形象化特点的山川地图亦多绘制。据《玉海》记载:宋真宗景德年间(1004—1007),曾绘制了《景德山川形势图》,并称景德"四年七月戊子,诏翰林院遣画工分询诸路,图上山川形势,地理远近,纳枢密院"。③沈括《梦溪笔谈》称:"予奉使安边,始为木图,写其山川道路。其初遍履山川,旋以面糊木屑写其形势于木案上。未几寒冻,木屑不可为,又镕蜡为之,皆欲其轻易赍故也。至官所则以木刻上之。上召辅臣同观,乃诏边州皆为木图,藏于内府。"④虽然,现在我们无法看到自北魏以来的众多形象化的山川地图,但以上文字记载却为我们证实了这一时期形象化山川地图的存在与广泛使用情况。

7. 水系图

地方志中的水系地图,主要分为河流地图和湖泊地图两类。这两类地图都以水系为主体,但同时也将临近河岸和湖岸上的山脉、树

---

① [唐]杜佑《通典》卷23《职官五·工部尚书》,中华书局1984年版,第138页。

②《隋书》卷27《百官志》,中华书局1973年版,第751页。

③《玉海》卷14《地理·地理图·景德山川形势图》,广陵书社2016年版,第305页。

④ [宋]沈括《梦溪笔谈》卷25《杂志二》,《文渊阁四库全书》第862册,台湾商务印书馆影印,第849页。

木、房舍等绘入其中。《四川通志·图考》中有幅《成都金水河图》，图上景物颇具形象化特点。这幅图左半部的上、左、下三面为半环状金水河河道，河之左多画有树丛，树丛中有立体房舍，河上有呈立体状的四座拱形桥。金水河右侧亦画有树丛、立体房舍，再右为立体状城一座，城北墙有一门，西墙有四门。西门外是瓮城，共有三重城墙，其外城一门，中城一门，另有一水门。在主城内是"满城"，多有立体房舍，在城中部有条"玉河"穿过，河上建有四座拱形桥，其中一座桥较大，上有台阶；再右为内城，城内建有"贡院""钱局"等房舍。这幅图中城墙、房舍和桥梁等均具有较强立体感，若仔细察看似觉身临其境①。

（原刊于《宁夏社会科学》2010 年第 2 期）

---

①《文渊阁四库全书》第 559 册，台湾商务印书馆影印，第 36 页。

奇特的甘肃古长城

　　华夏先祖,早在原始社会末期就已发明了筑城技术。在其后四千多年历史中,我们的祖先又以无与伦比的创造精神,把筑城技术发展到了奇、特、绝的程度,并曾运用这些技术修筑了无数坚固而壮丽的"居城"和雄伟而奇特的"塞城"。"居城"成了帝王治国平天下的中心和民众的居住之所,而"塞城"则被作为历代王朝御敌安边的人工屏障。

　　古代甘肃,地处西北边疆,战略地位极为重要,历来是关中的天然屏障,与关中有着唇齿相依的关系。所以古人有言:"欲保关中,先固陇右"①,"欲保秦陇,必固河西"②。然而,作为关中西北天然屏障的古代甘肃,对关中的护卫作用实际上是有限的,它并不能确保关中地区不受边疆少数民族的扰掠。为弥补古代甘肃这一天然屏障对关中护卫作用的不足,从战国秦昭王时开始,就在这里修筑用于军事防御的长城。此后,秦、汉、明各王朝又相继在此地修筑长城。由于受当地地理条件等因素影响,古代甘肃境内的长城形成一种奇特景观。

---

　　①《读史方舆纪要》卷 59《陕西八·巩昌府》,中华书局 2005 年版,第 2811 页。
　　②《读史方舆纪要》卷 63《陕西十二·甘肃镇》,中华书局 2005 年版,第 2972 页。

一、秦始皇"因河为塞"的西长城

　　长久以来,每当人们论及秦始皇万里长城问题时,总是先入为主地带有这样一种观念,即秦万里长城是在地面上人工夯筑而成的、绵延万里的高大城墙。其实,这种观念与史实明显不符,万里长城西段及其首起地尤为如此。据《史记·韩安国列传》记载,蒙恬为秦侵胡时,曾"累石为城,树榆为塞",可见,蒙恬所筑万里长城西段并非全是绵延不绝的土筑城墙。劳干曾著文论及此问题,他说:"秦汉的长城,据记载上说,却不全是城垣,有若干地方是木栅。"①

　　《史记·匈奴列传》对秦万里长城西段的特点有着较为详尽的记载:"秦灭六国,而始皇帝使蒙恬将十万之众北击胡,悉收河南地。因河为塞,筑四十四县城临河,徙适戍以充之……起临洮,到辽东万余里。"从司马迁这一记载看,蒙恬当年所筑秦万里长城之西段,是以"因河为塞""临河"筑四十四县城和徙民戍守为特征的一段长城。由此看来, 当年蒙恬所筑万里长城之西段是将具有天然防卫作用的黄河作为主要军事屏障, 将匈奴容易渡河处所筑四十四县城作为军事据点,然后徙兵民戍守,而三者的主体则是"因河为塞"。

　　虽然《史记》的记载,没有明确提到北起秦榆中、南至秦临洮(今甘肃岷县)的这段西长城之特点,但可以从"因河为塞"之"河"涵义的扩充方面探知大概。在先秦时期,"河"为黄河的专名,可是到了西汉时期,"河"这个词的涵义开始出现扩充现象。这一时期,河西走廊和居延地区曾经使用的简牍文字中,有着为数不少的"河"字,如"从河

---

　　①《释汉代之亭障与烽燧》,《历史语言研究所集刊》第19本。

水中天田出"①、"兰越甲渠当曲燧塞从河"②、"欲还归邑中,夜行迷河河"③、"中夜行迷渡河口"④、"隧南天田夹河,还入隧南天田"⑤、"第五隧北里所见马迹入河"⑥、"河中毋天田"⑦。众所周知,黄河干流和支流均未流经河西走廊和居延地区,从而以上简文中之"河",既不是指黄河干流,也不是指黄河支流,而是指位于河西走廊和居延地区与黄河毫无关系的若干内陆河。足见,作为先秦时期黄河专名的"河",至西汉时已经变成了西北众多河流的通名。受"河"的涵义扩充的启示,我们认定西汉时人们把洮水叫作"洮河"肯定不会有何不妥。这就是说,首倡万里长城西段"因河为塞"说的司马迁,把秦榆中至秦临洮之间的一段长城也是包括在"因河为塞"的范围之内的。毫无疑问,这一地段内"因河为塞"式长城,是以具有天然屏障作用的洮河、洮河之东的"临洮"城(今岷县城)和狄道城(今临洮城)以及戍边吏卒共同构成。

综上所述,由于秦始皇时蒙恬尚未在从河套至"临洮"之间修筑城墙绵延不绝的西长城,所以当地绝不可能存在城墙式长城之遗迹。因此,顾颉刚先生等人在秦始皇万里长城首起之地"临洮"(今岷县),找不到万里长城的遗迹则是很自然的。

二、汉长城的附设工程"塞天田"

"塞天田"也称"天田",是古代长城的附设工程。在敦煌和居延地

---

①E·P·T68:63(此处字母为汉简代号,下同)。

②E·P·T68:73。

③E·P·T68:37。

④E·P·T68:47。

⑤《合校》231·88。

⑥E·P·T48:55A。

⑦EJT21·177。

区所出土的简牍资料中,对附设于汉长城的"塞天田"多有反映。

对"天田",三国苏林作了如下解释:在塞要下,"以沙布其表,旦视其迹,以知匈奴来入,一名天田"[①]。其意是说,在险关要塞的通行处地面,利用人工铺设一层细沙土,以利边防吏卒每日白天察看上面有无匈奴人前一天夜间入侵塞下时所踩足迹,藉以判断敌情,此谓之"天田"。这一解释虽然较好地把握住了"塞天田"的本质性内涵,但若从当地所出土简牍资料看,其解释仍然不够完善。

"塞天田"大多修造于长城外侧不远处,也有修造于险关要塞之地的。长城外侧之"塞天田"多呈长条形,走向与长城基本平行。有些地段"塞天田"很长,仅边防吏卒"日迹"(戍边吏卒,每日察看"天田"上敌军人马留下的足迹)时,有的就曾"日迹"二十三里[②]、有的"日迹"四十五里 80 步(敦煌汉简 1707)。"塞天田"宽度,似无定制,一般宽约 3 米左右。

修造"塞天田"的活动,一般在长城修筑完成之后进行。修造时,先用锄头一类工具,在长城外侧不远处地面,平整出一条走向大体与长城平行、宽约 3 米的平坦条带,然后在条带上铺上一层细沙(无细沙处可以铺上细土),并用"木杖"和"杖"一类工具抹平,至此,某一地段的"塞天田"就算修造完成了。这种修造"塞天田"的活动,因主要使用"锄",故简文称为"锄治"天田[③]。

修造"塞天田",其目的主要是用来察看入侵敌军人马留在"塞天田"上足迹的多少,藉此判断敌情,以便采取相应的御敌措施。可是,

---

①《汉书·晁错传》"中周虎落"之注,中华书局 1962 年版,第 2287 页注 4。
②E·P·T51:411。
③《流沙》戍役 30、敦煌汉简 1552 等。

一旦敌军人马在"塞天田"的某些段落踩上足迹,从此这段"塞天田"便丧失侦迹作用。若要使这段"塞天田"继续发挥侦迹作用,那就要按边防相关规定,每天派出吏卒进行"日迹",并用"木杖"等工具,将敌军人马所踩足迹处疏松、抹平,恢复"塞天田"的原貌。这种活动,简文称之为"画天田"①。

戍防吏卒巡视"塞天田"和"画天田"情况,均按参加人员身份,一律以"月"为时间单位分别记录成册。这种记录"日迹"而形成的簿册,简文称作"日迹簿"②。戍边吏卒每月的"日迹簿"记录稿完成后,要按规定清抄一份,然后将两种"日迹簿"分别进行密封,最后将记录稿保存于本烽燧,而将清抄本报送上级机关备查。据此不仅可以看出位于河西走廊汉长城沿线的戍边制度的严密,而且可以看出当地长城及其附设工程"塞天田"所独具的特点。

三、河西走廊的"壕沟城""河中城"与"夹道城"

在《史记》《汉书》和《明史》中,对河西走廊长城的记载均颇疏略,据其难以具体了解当地长城的实际情况。通过近年来的实地考察和对有关文献与考古资料的研究,大家才对汉、明两代在河西走廊因地制宜地兴修"壕沟城""河中城"与"夹道城"的情况有了基本了解。

元鼎六年(公元前111),西汉在今甘肃山丹县境内修筑的长城,据实测全长98.5公里。这段长城"由壕沟、壕棱、自然河、烽燧、列障构成",部分段落"以壕沟代替墙垣","现存壕沟深0.8~3米,口宽5~8米不等;壕沟里沿有壕棱,呈土脊状";"现存壕沟全线共59.95公

---

①《居延汉简释文合校》上203·29A、《流沙》戍役30。
②E·P·T53:38、E·P·T58:105、E·P·T58:92。

里"。在龙首山各山口也掘有用来防御敌人的壕沟①。

西汉在此地人工所掘"壕沟城,呈西北—东南走向,位于明长城北侧不远处"。它是用以防御来自北面的匈奴,所以在掘壕沟时,将壕沟北壁掘成垂直状,从沟中所掘之土,堆放在壕沟南沿形成一条土脊。在壕沟南沿土脊上修筑的烽燧突兀而起,雄伟壮观。

河西走廊地区的汉、明长城,每当跨越干河道(季节性河流河道和旧河道)和有水河道时,既不能又无法在河道中夯筑土城墙,同时也不能挖掘壕沟。这样,因河道阻隔而造成的城墙的中断,就给少数民族入掠长城之内留下了通道。长城的这一重要缺陷,势必导致其御敌作用的降低以至丧失。然而,汉、明王朝当时就曾很好地解决了这一难题。

据《居延汉简释文合校》释文称:吏卒"口所持木杖画灭迹,复越水门"②。这是说,居延某地戍边吏卒的营房位于长城之内,当他们去长城之外画灭"天田"上敌军足迹时,由于长城上无通向长城之外的道路,于是就从河道中的"水门"出去,当完成"画天田"任务之后,又从河道中"水门"返回营房。很明显,居延汉简"复越水门"简文,正好是居延地区河道中修建有木栅式长城的重要文证。

当然,河西走廊地区河道中修建长城一事,并非只有孤证。从上述记载已确知,汉代河西走廊地区凡有长城之地就会有"天田",而有"天田"之地也就有长城。正因如此,所以居延汉简中"水中天田出,案常等持禁物兰越塞"③和"兰越甲渠当曲燧塞,从河水中天田出,案常持禁物"④简文表明,当地有水河道中较高的部分地方和干河道中曾

①《山丹县志·文物古迹》。

②336·32。

③E·P·T68:74。

④E·P·T68:63。

修治有"天田"。河道中既然存在"天田",那就意味着河道中也修建有长城。这种长城就是汉代河西走廊的"河中城"。

然而,关于汉代河西走廊地区的"河中城"的样式、结构、建筑材料及所存在地区等,尚缺乏可供研究的具体材料。不过,从简文中"复越水门"和河西地区曾修建过"虎落"、"强落"(即用木料修建的用来御敌的木栅栏)的史实可以得知,河西地区"河中城"是用木料所建成的"栅栏式"长城。这种建在无水或有水河道中的栅栏式长城,既把河两岸用土夯筑的长城连接成了整体,堵住了河道中的长城缺口,又因留有"水门",从而便利了戍边吏卒往返长城内外的戍边活动。同时,这样的栅栏式"河中城",既不能被流量不大的河水所冲毁,又可起到很好的御敌作用。可见,"河中城"是古代人在河西走廊地区创造的一种特殊的长城种类。

河西走廊地区的明长城修筑时间较晚,至今仍有若干段落城墙保存较为完好。这自然为考察明长城原有特点提供了条件。1994年6月21日,我们在今山丹县县城东5公里多的壕北滩(位于312国道、山丹焦化厂东南)考察明长城时,曾发现一段特殊的"夹道"长城遗存。所谓"夹道",是说这段长城是由并列的、相互存在一定距离的两堵城墙共同构成"夹道"状。这段"夹道"长城,与明长城主城的一段共同构成。明长城主城,自312国道之南不远处向东南延伸(偏角约30度),并南跨山丹河河道,在河南二级阶地上与副城构成并列状。主城位于西南面,而副城位于东北面。据实测,主城最高处3.5米,副城最高处1.1米;主城基厚2米,副城基厚0.7米;主、副二城墙间距2米。明"夹道"长城残长约10米,其余段落副城已毁,现呈土脊状,主、副二城之间状似沟渠。从主、副二城墙间距离看,其宽度已达到可供通行的程度,似乎表明,这可能是一段"夹道"长城。另在居延地区考古发掘中,曾发现有一种所谓"双重塞墙","从痕迹看,是两道平行的、相距 3~5 米的低垅,其中内侧的一道疑是塞墙。中间为天田,外侧的可能是天田边缘的低垣。①从显而易见的"夹道"长城遗存,可知这是西汉修筑在重要边防地段的特殊长城。不过,"中间为天田"的说法可能不准确,实际上应是道路。

四、明长城西部终端的弧状长城

明长城西端,传统说法认为在嘉峪关关城西南讨赖河(今北大河)北岸上。这种说法表明,明长城的西端是一个点。对这种说法,学术界向来无异议。不过,根据我们 1994 年 6 月 7 日的实地考察和有关方志资料记载,嘉峪关关城大体位于走廊中部稍偏南的地方,而明长城终端的一段,从关城外墙下西南角向西南方延伸至北大河北岸上,"长 6559 米";另一段从关城外北墙下"闸门墩"先向东北再折向西北延伸,且直达黑山之腰,"长 8200 米"。据当地文物部门实测,从北大河北岸直至黑山之腰的两段长城,共长 14759 米②。很明显,明朝当年曾把长城西部终端筑成了以嘉峪关关城为中心,南连讨赖河北岸、北达黑山之腰,弧口向西的弧状城墙。明朝如此修筑长城西端的目的,无疑在于封闭整个走廊西部,以利防御西域少数民族政权对河西的扰掠。据此,我们完全有理由认为,明长城西部终端不是讨赖河北岸上的一个点,而实际上是以嘉峪关关城为中心,南连讨赖河、北连黑山,长为 14759 米的一段弧状城墙。

(原刊于《中国典籍与文化》1997 年第 3 期)

---

① 初师宾:《汉边塞守御器备考略》,《汉简研究文集》第 195 页。
②《嘉峪关市文物志》第 3 页。

"浊泾"说考辨

"浊泾",是历史上有关陇东泾河夹带泥沙多、泾河流域水土流失严重问题的著名说法。对此说法,文献多有记载,学术界亦不乏研究①。不过,要能对"浊泾"现象给予科学说明,那就必须对几个重要方面分别进行新的探讨。

一、"浊泾"说的出典与"浊泾"现象在已有学术研究结论中的表述

1. "浊泾"说的出典

"浊泾"说(或"浊泾"一词)并非自先秦、秦汉时期就已出现,实际上它的出现时间是较为晚近的。

泾河始称"泾",最早见《尚书·禹贡·雍州》"泾属渭汭"之语。《周礼·职方氏·雍州》亦仅有"其川泾汭"之说。《诗·邶风·谷风》"泾以渭

---

① 我国史学界在对陇东黄土高原水土流失问题的研究中,著名历史地理学家史念海先生和他的学术团队做出了开拓性贡献。史先生的《黄土高原历史地理研究》论文集,史念海、曹尔琴、朱士光《黄土高原森林与草原的变迁》,陈永宗、景可、蔡国强《黄土高原现代侵蚀与治理》和王元林《泾洛流域自然环境变迁研究》等著作,是这一课题研究中代表性学术成果。这些成果业已从地质、地理和人文等方面对陇东黄土高原水土流失问题的研究取得了相当大进展,但若对有关成果进行梳理,即可发现对自古以来"浊泾"说出典、泾河中泥沙主要来源地问题尚未论及,而对造成陇东黄土高原水土流失原因之论断存在偏颇之处。故撰此文,略述己见,如有不妥,诚望指正。

浊,湜湜其沚"诗句,是将"浊""泾"二字置于同一词语的首个例证。后至西汉武帝太始二年(公元前 95 年),关中地区修"白渠",欲引泾河水灌溉农田,渠成关中民众歌之曰:"泾水一石,其泥数斗。"[①]成书于东汉的《汉书·沟洫志》又称泾河水为"填阏之水"[②]。据上述文献记载来看,时至两汉,泾河水所含泥沙已经较多,明显变成了浊流,但史籍中仍然未曾出现"浊泾"之语。经笔者反复核查,始知南朝梁元帝萧绎在大宝三年(又称太清六年,552 年)二月檄文中"浊泾清渭,靡不向风"[③]之语为"浊泾"最早之说。据此我们认为,梁元帝萧绎在大宝三年所颁檄文必定是历史上"浊泾"之说的真正出典,而此前文献中"泾""浊"诸说只不过是"浊泾"说的渊源而已。

2."浊泾"现象在已有学术研究结论中的表述

"浊泾"是泾河之水夹带泥沙、呈现混浊状况的一种自然现象,不过,自前若干年来专家的部分学术研究结论,未将"浊泾"主要原因论断为降大雨和长时间降雨,更未述及"浊泾"现象发生的季节。上述学术结论的失误,以致对未能详尽了解和亲睹过泾河清、浊变化现象的读者造成了泾河一年四季都存在"浊泾"现象的误解。其实"浊泾"现象的本来面目并非如此。史念海先生近年曾经正确指出:"土壤侵蚀与气候、降水皆有关系,而以降水量的多少影响最大。"[④]毫无疑问,这一结论从根本上道明了自然界 "降水量"是产生"浊泾"现象"最大"

①《汉书》卷 29《沟洫志》,中华书局 1962 年版,第 1685 页。
②颜师古注曰:"填阏,谓壅泥也。"转引自《汉书·沟洫志》,中华书局 1962 年版,第 1678 页注。
③《梁书》卷 5《元帝纪》,中华书局 1973 年版,第 122 页。
④史念海:《论泾渭清浊的演变》,《黄土高原历史地理研究》,黄河水利出版社 2001 年版,第 313 页。

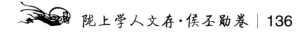
推动力的道理。

从正史和地方志的记载看，自然界降大雨、暴雨导致"浊泾"现象发生是有季节性的。如明正德"三年九月，延绥、庆阳大水"[①]；清康熙元年七月，"宁州大水"[②]；雍正四年"秋七月十三日，寅时，庆阳府大雨"[③]；乾隆"八年四月，庆阳霪雨浃旬"[④]；宣统三年闰六月初八日，镇原县"大雨，洪水横流"[⑤]。有的地方志还明确记载着下大雨的季节，如镇原县"春夏冬三季雨水比较稀少，每当秋季，辄阴雨连绵，有类江南之梅雨"[⑥]；正宁县境的罗水（曾称四郎河与真宁河），"平时涓流一线，夏秋之交，雨多水涨，浩瀚汹涌"[⑦]。1964 年春季，在董志原上出现了"历史罕见的融雪径流，流域平均径流深度 6 毫米以上，径流量 13.04 万立方米"[⑧]。

以上记载清楚表明，导致"浊泾"现象发生的月份有四、五、六、七、八、九月，而以六、七、八三月为多，尤其从以上所载季节看，主要是"夏秋"和"秋季"。虽然有的年份春季降大雪后，积雪消融时会导致

①《明史》卷 28《五行志一》，中华书局 1974 年版，第 451 页。

②《清史稿》卷 40《灾异志一》，中华书局 1977 年版，第 1537 页。

③《甘肃通志稿》卷 126《变异》，《中国西北稀见方志》（六），1994 年版，第 616 页。

④《清史稿》卷 42《灾异志三》，中华书局 1997 年版，第 1581 页。

⑤《重修镇原县志》卷 18《变异志》；台湾成文出版社有限公司影印，民国二十四年铅印本，第 1891 页。

⑥《重修镇原县志》卷 2《舆地志下·气候》；台湾成文出版社有限公司影印，民国二十四年铅印本，第 265–266 页。

⑦《正宁县志》卷 3《地理志·山川》，乾隆二十八年修，《中国西北文献丛书》第 45 册，第 292 页。

⑧中国科学院黄土高原综合科学考察队：《黄土高原地区综合治理开发分区研究》（宁甘青部分），科学出版社 1988 年版，第 120 页。

"浊泾"现象发生,但这种情况极为罕见。

有鉴以上资料,我们在有关"浊泾"问题研究的学术结论中,为避免读者产生误解,绝不可仅用"浊泾"一词笼统作断,而应将夏秋季节降大雨、暴雨形成洪水及冬春季节大量积雪消融时形成洪水,冲刷原面、山坡、沟谷、河岸黄土,导致大量黄土流失相联系。

二、引起"浊泾"现象诸因素辨析

历史上泾河出现"浊泾"现象,学术界公认既有人为因素,也有自然因素。其实,在历史地理学学术研究深入发展的今天,这种看法在原则上虽然不错,但若深究,其明显有值得商讨、辨析之处。现在关键的问题是要论定引起"浊泾"现象的首要因素到底是什么?笔者以为,要能在这方面讲清楚令人信服的理由,务必要在前人研究基础上拓展思路,也就是从地质、地理、气候和人为诸因素结合的思路中去探寻科学答案。

1. 自然因素

引起"浊泾"现象的地质、地理、气候等因素统称为自然因素。在自然诸因素中,主要是指地质条件、黄土特点、地震和降雨等几个方面。

据众多专家研究,在地质史的更新世,即第四纪早期,约距今250万年前后,蒙古高原和今新疆东部戈壁地区的黄土,在风力搬运下开始在黄土高原地区的基岩上降落、堆积,其过程一直延续至距今8000年前后。史念海先生等曾指出:"在整个第四纪期间黄土沉积面积逐渐扩大,在黄土高原范围内形成了大面积的连续超覆,将第四季前形成的基岩,除少数高耸的岩石山地之外,大部掩埋于其下,并随下伏基岩的古地形轮廓,形成了黄土原、黄土梁、黄土峁,以及河谷断陷盆地等地貌类型。"①这就表明,在黄土堆积的过程中,由于受到当地早在地质时代形成的支离破碎、沟壑纵横基岩的制约,泾河流域形成的黄土原自然也就成为支离破碎、沟壑纵横,原、梁、峁、沟、谷等地貌并存的黄土区。

在我国泾河流域黄土高原上所分布面积广大的黄土,并非完全是黄色壤土,而实质上大多是包含有粉砂的黄土。这种黄土所包含粉砂,"均以细粉砂为主,粗粉砂和粘土次之"②。据史念海先生等分类,在含有粉砂的地表层黄土中,"粗粉砂含量大于30%,粘土含量为15%"者,称"砂黄土";"粗粉砂含量为15%~30%,粘土含量为15%~25%"者,称"黄土";"粗粉砂含量小于15%,粘土含量大于25%"者,称"粘黄土"③。这一科学标准表明,我国泾河流域黄土高原上地表层黄土若从所含粗粉砂量和粘土量来分类的话,实际上可分为"砂黄土""黄土"和"粘黄土"三大类。由于在泾河流域黄土高原各地地表层黄土中,所含粗粉砂量、细粉砂量及粘土量存在差异,所以黄土高原各地历史时期容易造成水土流失的基本自然条件是明显不同的。

泾河流域黄土高原地区的地表层黄土,除了其本身含有粉砂之外还含有碳酸钙等物质。正因为泾河流域黄土本身是这种客观情况,所以就决定了这里黄土的以下基本自然特性:

首先,结构疏松,多孔隙。泾河流域地面所分布黄土,普遍含有粉砂(0.05~0.002mm),含量可达50%以上④。由于富含粉砂,所以,泾河

---

①史念海、曹尔琴、朱士光《黄土高原森林与草原的变迁》,陕西人民出版社1985年版,第10页。

②③史念海、曹尔琴、朱士光《黄土高原森林与草原的变迁》,陕西人民出版社1985年版,第9页。

④马建华等编著:《现代自然地理学》,北京师范大学出版社2002年版,第251页。

流域黄土难以形成紧密结构,而且其中多有孔隙,"孔隙度高达40%~55%"[1]。基于这一特性,泾河流域黄土蓄水能力差,也不利于植被的旺盛生长,并且一旦地震、降大雨和暴雨便易导致山崖崩塌和水土流失。

其次,无沉积层理,垂直节理有一定发育。泾河流域黄土高原地表层黄土实际上是地质时代大风搬来的沙尘土,其中有的砂粒很小,落地后未形成沉积层理。同时,由于其结构不紧密,亦未结成牢固地整体,但垂直节理却有一定发育。因此每遇大雨、暴雨,有较多地表水渗入,从而造成黄土崖面崩塌,现今泾河流域各地陡峭黄土崖、黄土墙、黄土柱等,都是这一自然特性与地震、雨水、风力结合所造成的种种奇异景观。

再次,含有碳酸钙,受水浸润易于塌陷。在泾河流域等黄土高原地表层黄土中,存在着较高含量的碳酸钙。据专家检测,在当地黄土中,约含碳酸钙12%~20%[2]。含碳酸钙黄土主要分布于陕西北部、宁夏南部和"甘肃东部"三省的交界地区,尤其在"六盘山东边的董志塬和洛川塬分布得就比较集中,面积也比较大"[3]。这种含有碳酸钙的黄土,具有弱碱性、可蚀性、易受水浸润,并因地震、暴雨等(具体实例将在第三个大问题中列举)导致黄土原地面塌陷与山崖崩塌,以致黄土坠落沟谷,被水冲入泾河,导致"浊泾"现象形成。

2. 人为因素

人为因素对陇东黄土高原地区发生水土流失及导致"浊泾"现象

①马建华等编著:《现代自然地理学》,北京师范大学出版社2002年版,第251页。

②张俊民、蔡凤歧、何同康:《我国的土壤》,商务印书馆1984年版,第92页表5。

③张俊民、蔡凤歧、何同康:《我国的土壤》,商务印书馆1984年版,第90页。

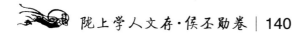

究竟有着怎样的影响？若要客观回答这一问题，首先要搞清楚造成"浊泾"现象的几种不同情况：一是长时间降雨或降暴雨，大量雨水从黄土垂直状缝隙渗入黄土崖或黄土山体，引起山崖或山体垮塌，垮塌下来的山崖或山体被洪水全部或部分冲入泾河，导致"浊泾"现象出现；二是地震引起黄土崖崩塌，所崩塌山崖坠落到沟谷，此后若有长时间降雨或降暴雨，并形成洪水，将垮塌到沟谷的山崖黄土全部或部分冲入泾河，出现"浊泾"现象；三是泾河干流和众多支流河道都由黄土堆积而成，当滚滚洪水在或长或短时间流过时，便将河道中黄土冲刷带入泾河，同样形成"浊泾"现象；四是当地人们为了农耕，砍伐林木，开垦出倾斜状坡地或开垦草原成坡地，此后若长时间降雨或降暴雨，以致将倾斜坡地上疏松的黄土冲出地块、冲向沟谷，继而由沟谷洪水带入泾河，形成"浊泾"现象。当然，陇东黄土高原地区的水土出现流失的种类还可以再列出一些来，但无法找出由于人们的农耕活动直接造成水土流失的例子，可见，在"浊泾"问题学术研究中，简单地回避当地降大雨、暴雨等自然因素，只强调"浊泾"是由历史上人们的农耕活动引起的做法显然不够客观。

在历史文献中，有关陇东黄土高原地区人民的农耕活动所造成"浊泾"现象问题的明确记载虽然很少，但仅有记载也很能说明一些问题，如《华亭县志·灾异志·霪涝说》载道："华亭由(清)同治安辑迄今六十年来，山原开垦，尽成熟地，一遇霪涝，毫无遮拦，滚水卷泥，漫山而下，坡地沃土，全被洗刷，川地当道，尽遭淹没，虽属天灾为患，抑亦人功，未至有以使之然也。"[①]这一记载表明：陇东黄土高原地区人

①《华亭县志》卷3《灾异志·霪涝说》，《中国方志丛书》第554册，第292页；台湾成文出版社有限公司影印，民国二十二年印本。

们,在历史上所进行的农耕活动,在导致"浊泾"现象中虽然有作用,但却是间接的,尤其是在农业开垦后如果没有"霪涝"发生,当地水土是不大可能导致严重"浊泾"现象发生的。

三、"浊泾"中泥沙的主要来源地

1. "砂黄土""黄土""粘黄土"的地理分布与可蚀性差异

众所周知,泾河流域包括宁夏回族自治区泾源、固原二县与甘肃省平凉、庆阳二市及陕西省长武、旬邑、彬县等县地。以上三省各有关县地都属黄土高原,历史上都曾存在过水土流失现象,泾河中泥沙均与这些地区有关。但问题是分布于这些地区的黄土明显存在着种类差别,也就是说,以上各地黄土流失存在难与易不同的实际情况。若从地图上查看泾河流域以上各地在陇东黄土高原的地理位置,就会发现庆阳市的环县,地处陇东黄土高原北部,而庆阳市其他各县则地处陇东黄土高原中部;宁夏回族自治区南部的泾源、固原二县,也地处陇东黄土高原中部;而甘肃省平凉市属陇东各县地处黄土高原中南部;位于泾河下游的陕西省长武、旬邑、彬县等地,地处陇东黄土高原南部。那么,"浊泾"中泥沙主要来源于以上哪一地区呢?若要正确回答这一问题,那就必须先要搞清楚泾河流域"砂黄土""黄土"和"粘黄土"的地理分布情况及三类黄土的可蚀性差异。

据专家检测,泾河流域的"砂黄土"主要分布于庆阳市环县境内;"黄土"主要分布于庆阳市其他各县区与宁夏泾源、固原和平凉市陇东各县;而流失较为轻微的"粘黄土"则分布于泾河下游的陕西省长武、旬邑、彬县及其以南等地。同时,以上三类黄土的可蚀性存在明显区域性差异。陇东黄土高原"北部砂黄土地带黄土的相对可蚀性为 24.81~27.55 毫米/100 毫米,中部绥德和延安(等黄土)地区为 9.62~10.80 毫米/100 毫米,南部(陕西境)细黄土地带为 8.87 毫米/100 毫米。也就是说,砂黄土地带的相对可蚀性最大,细黄土地带最小,中部地区居二者之间"。①尤其是"黄土高原南部地区的河流悬移泥沙量多在 4000 吨/平方公里以下,北部多在 10000 吨/平方公里以上"②。另有专家指出,"泾水(马莲河)上游侵蚀模数最强烈,年侵蚀模数可达 1 万吨/平方公里左右。环县北部丘陵沟壑区年侵蚀模数 7769 吨/平方公里,庆阳北部丘陵沟壑区 7412 吨/平方公里,陇东黄土高原沟壑区 5746 吨/平方公里"。③据此看来,泾河流域黄土高原上庆阳市环县的黄土具有最大可蚀性,而庆阳市其他各县可蚀性次之,至于宁夏、平凉、陕西等相关地区黄土可蚀性自然比庆阳市各县小多了。

2. 庆阳市各县水土流失状况

庆阳市各县,因大雨、暴雨引起"浊泾"现象的资料不少,其中既有引发山洪,冲刷沟谷、河岸、洼地的资料,也有冲毁房屋、堤坝、城垣等人工建筑的资料,还有马莲河及其支流含泥沙量的资料。如乾隆十八年(1753 年)"六月二十二日,河水骤涨,冲塌洪德城墙十丈有余,淹毙男妇大小六名口,河沿地亩被水冲压,房屋间有倒塌。……六月二十二日自午至亥大雨如注,山水陡发,东西两川河流汹涌,一时宣泄不及,冲塌东南隅城角及民房、火药局,淹毙救活兵民三名。其沿川之新营等庄田禾、房屋亦有被伤之处"。④合水县境内河流侵蚀颇为严

---

①陈永宗、景可、蔡国强:《黄土高原现代侵蚀与治理》,科学出版社 1988 年版,第 123–124 页。

②陈永宗、景可、蔡国强:《黄土高原现代侵蚀与治理》,科学出版社 1988 年版,第 124 页。

③中国科学院黄土高原综合科学考察队:《黄土高原地区综合治理开发分区研究》;转引自王元林《泾洛流域自然环境变迁研究》,中华书局 2005 年版,第 440 页。

④《清代黄河流域洪涝档案史料》,中华书局 1993 年版,第 192–193 页

重,在河水冲刷下河岸"溃裂为崖,漩塌成阱之处如交织焉"①。庆阳市黄土高原地区泾河诸多支流的沟头,在雨水冲刷下前伸速度很快:"环县城东塬的一个沟头,1933 年一次暴雨(冲刷)前进了 80 米;洪德张家塬窑沟脑四十四年中前进了 500 米;柑水水沟沿四十三年前进了 1500 米;毛井砖城子十九年前进了 1200 米。"②在历史上的暴雨后,夹带大量泥沙的泾河洪流往往冲毁沿岸地方的众多人工建筑物,如元文宗天历二年(1329 年)三月,屯田总管郭嘉议曾说:"去岁六月三日骤雨,泾水泛涨,元修洪鄘及小龙口尽圮。"③明嘉靖三十七年(1558 年)七月,庆阳大雨,"城垣、庐舍倾圮殆尽,死者甚众"④。光绪二十二年(1896 年),庆阳府所属宁州于四、五、六月,先后被雹、被水,"损伤禾苗轻重不一,其中有淹毙人口、牲畜,冲塌房屋、水磨、桥梁、道路之处"⑤。据新编《庆阳县志》载:1917 年 6 月,庆阳新堡下暴雨,导致山洪暴涨,洪水挟带泥沙、石头,洪水过后,平地留乱石,地不能耕。1947 年 8 月,正宁县山洪暴发,水势空前,"沿岸秋禾全被冲没,且将地冲成河,石沙堆满,不能耕种"⑥。

---

① [清](乾隆)《合水县志》上卷《形胜》,《中国西北文献丛书》第 44 册,第 30 页。

② 西峰水土保持科学试验站:《环江流域北部地广人稀地区水土保持调查报告》(1960);转引自陈永宗、景可、蔡国强著《黄土高原现代侵蚀与治理》,科学出版社 1988 年版,第 162 页。

③《元史》卷 65《河渠二》,中华书局 1976 年版,第 1631 页。

④ [清](顺治)《甘肃新通志》卷 2《天文志》附祥异,《中国西北文献丛书》第 23 册,第 161 页。

⑤《清代黄河流域洪涝档案史料》;转引自王元林《泾洛流域自然环境变迁研究》,中华书局 2005 年版,第 337 页。

⑥《国民党甘肃省政府档案》;转引自王元林《泾洛流域自然环境变迁研究》,中华书局 2005 年版,第 156 页。

在庆阳市水土流失的大量历史资料中，最令人触目惊心的莫过于当地水文站在降大雨时所测知的泥沙流量了。1933年8月6日和9日两天，"这两次降雨使马莲河东川落雨坪水文站悬移泥沙量为1.08亿吨，占年悬移泥沙量的35.1%"。①新中国建立后，"泾河平均每年输入渭河的泥沙量达2.38亿吨……其中，马莲河上游的西川达0.82亿吨"②。华池县柔远河，"在上世纪60年代输沙量401.7万吨，70年代增加到456.3万吨"。1964年春，"陇东董志塬出现了历史罕见的融雪径流，流域平均径流深度6毫米以上，径流量13.04万立方米，中上游流域侵蚀总量2233.8吨。叶家坡等5条支沟沟床平均冲刷深度为0.026~0.054米。塬面道路的冲刷强烈，每公里冲刷20吨"。③1977年，"马莲河庆阳水文站7月6日和8月5日，共有悬移泥沙量为1.04026亿吨，占年悬移泥沙量的49.5%"。④甘肃省"庆阳地区巴家咀水库的库容3.7亿立方米，13年淤了（泥沙）1.6亿立方米，占总库容的43.2%"⑤。如果再考虑西汉时将马莲河称"泥水"⑥，并在"泥水"流域设置"泥阳"⑦县，而其他相关地区文献却无这类记载。以

　　①陈永宗、景可、蔡国强：《黄土高原现代侵蚀与治理》，科学出版社1988年版，第93–95页。

　　②唐克丽主编：《黄土高原地区土壤侵蚀区域特征及其治理途径》；转引自王元林《泾洛流域自然环境变迁研究》，中华书局2005年版，第414–415页。

　　③中国科学院黄土高原综合科学考察队：《黄土高原地区综合治理开发分区研究》（宁甘青部分），科学出版社1988年版，第120页。

　　④陈永宗、景可、蔡国强：《黄土高原现代侵蚀与治理》，科学出版社1988年版，第95页。

　　⑤陈永宗、景可、蔡国强：《黄土高原现代侵蚀与治理》，科学出版社1988年版，第6页。

　　⑥⑦《汉书》卷28《地理志下·北地郡》，中华书局1962年版，第1616页。

上这些资料较为全面地记载和描述了庆阳市各县历史上水土流失概况,从此不难看出,今庆阳市各县历史上所流失水土对泾河形成"浊泾"现象影响之大了。

3. 宁夏、平凉、陕西相关县地水土流失状况

地方志是记载当地水土流失状况最为详尽的文献,现在就来看宁夏、平凉、陕西相关县境泾河支流与干流有关水土流失情况的记载。泾河西支源头,主要在宁夏回族自治区泾源、固原二县境内,由于此地属六盘山山区,植被分布、生长状况良好,历来水土流失不太严重,有关记载也很少,仅从《固原州志》查阅到"道光二十八年,阴雨四十日,清水河涨溢"资料。显然,此地无可能成为"浊泾"中泥沙的主要来源之地。

甘肃省平凉市所属平凉、泾川、崇信、华亭、灵台等县地,是泾河部分支流发源和干流的流经地区,这里部分县地的植被分布、生长状况较好,另一部分县地则较差,自然对"浊泾"有着不同影响。据《平凉县志》记载:"胡卢水,在县西,源出镇原县颓沙山下,流入泾。"①平凉县太平水,在县东,"明嘉靖六年,水暴涨,漂没东部,溺居民"。②《泾州志》记载:"泾水在州境,自平凉西南来,发源岍头山,东流入邠州长武县界。郡志:泾河自邠以上,滩浅而流急,故浊。自邠以下,滩深而流缓,故清。"③《平凉府志》记载:诸水"过泾州之北以入泾,山多黄壤,水皆浊流"④。《清史稿》亦载:"道光元年七月,泾州霪雨,冲没桥梁、田庐、人畜。"⑤《华亭县志》记载:民国三年"秋八月朔,大霖三日,势如倾

---

①《平凉县志》卷1《山川》,《中国西北文献丛书》第43册,第501页。
②《平凉县志》卷1《山川》,《中国西北文献丛书》第43册,第500页。
③《泾州志》上卷《地舆·山川》,《中国西北文献丛书》第42册,第274页。
④《平凉府志》卷2《河渠》,《中国西北文献丛书》第41册,第331页。
⑤《清史稿》卷42《灾异志三》,中华书局1977年版,第1584页。

盆,山崩川溢,道路壅塞,高下禾苗多被淹埋,近河居民有漂没者"。①
民国十年辛酉,夏六月"二十六日大雨,山原洪潦,顷刻数尺;沟涧河
川,泥波二丈;田间麦磊,风卷泥埋;平地田庐,水冲涛荡;人畜漂没、
禽兽淹毙"。②灵台县有关水土流失资料查到较少,其中有明"天启六
年夏四月大雹雨,麦禾尽伤"。③又载:清顺治"五年戊子夏五月,淫雨
经旬不止,大伤麦豆。……九年壬辰夏五月初四日,大雨如注、河水泛
涨;迅雷大震、民有震死者。是年六月初六日卯时,雷电火光大作、雨
猛昼晦、河水泛涨、大损麦禾、谷豆"。④至于陕西省长武、彬县、三水
(今名旬邑)等县地水土流失状况,现列述地方志资料如下:长武县
"城垣周匝三里……城系土筑,不能坚固,故每岁必藉缮益濠,当泾、
漆、黑诸水所经,泥沙易淤,故亦每岁挑浚"。⑤"长武城年久失修,垣垛
坍塌过甚。宣统二年春夏间,经知县沈锡荣修理工竣,入秋,阴雨两月
之久,周围墙垣倾颓不少"⑥。长武县"有黑水渡,通平凉、固原、甘肃诸
路,夏秋泛涨,水甚汹涌,然风浪亦不竟日"⑦。长武城"自道光初年,连

————————

①《华亭县志》卷 3《灾异志·杂异说》,《中国方志丛书》第 554 册,第 302 页;
台湾成文出版社有限公司影印,民国二十二年印本。

②《华亭县志》卷 3《灾异志·杂异说》,《中国方志丛书》第 554 册,第 305–306
页;台湾成文出版社有限公司影印,民国二十二年印本。

③《重修灵台县志》第 2 册《灾异》,台湾成文出版社有限公司印行,民国二十
四年版,第 454 页。

④《灵台县志》卷 4《灾异》,《中国西北文献丛书》第 42 册,第 226–227 页。

⑤《长武县志》卷 1《疆域志·城池》,《中国方志丛书》第 258 册,第 35 页;台湾
成文出版社有限公司影印。

⑥《长武县志》卷 3《故城今城表》,《中国方志丛书》第 258 册,第 66 页;台湾
成文出版社有限公司影印,1969 年版。

⑦《长武县志》卷 4《县境桥亭镇堡寺庙表》,《中国方志丛书》第 258 册,第 68
页;台湾成文出版社有限公司影印,1969 年版。

遭阴雨,城壕水陡涨,冲陷城门及公济桥"。[①]《邠州新志稿》载道:泾河"水量,春冬水深约二尺,夏秋山洪暴发,水深约五六尺不等"。[②]旬邑县"西溪河……多引灌为利,夏秋雨水澎湃"。[③]"敕修川,在(三水县)邑东北……其源出分水岭,经乎延川,溯洿南奔,合皇涧达于泾水"。[④]以上陕西省各县,虽然历史上的夏秋季节曾降大雨、暴雨,但地方志对洪水中泥沙量缺乏记载,这一情况必与当地泾河支流泥沙流失量较小有密切关系。

据上述资料判断,"浊泾"中泥沙的主要来源地可以肯定不会是今宁夏回族自治区南部、甘肃省平凉市属陇东各县和陕西省有关县地,而必是今庆阳市属各县地区了。

（原刊于《陇东学院学报》2013年第2期）

---

①《长武县志》卷2《山川表》,《中国方志丛书》第258册,第58页;台湾成文出版社有限公司影印,1969年版。

②《邠州新志稿》卷3《地理·河流》,《中国方志丛书》第256册,第22页;台湾成文出版社有限公司影印,民国十八年抄本。

③《三水县志》卷2《地理·山川》,《中国西北稀见方志》第8册,第92页。

④《三水县志》卷2《地理·山川》,《中国西北稀见方志》第8册,第91页。

西汉敦煌"渥洼水"今名今地考辨

西汉敦煌"渥洼水"①，似乎是个微不足道的小问题，其实并非如此。现在引起我们的特别关注，完全是因为在汉武帝元狩三年（公元前120年），南阳新野暴利长于此水边首先发现和捕获了一匹野生汗血宝马，这比张骞于公元前128年在西域发现大宛国汗血宝马仅晚了约8年时间。正是由于这一颇带传奇色彩事件的发生，遂使"渥洼水"之名盛传于古今中国、通过丝绸之路又远播于世界。后世专家，凡是研究汗血宝马在中国本土的发现问题，"渥洼水"一名无论如何是要触及的。那么，西汉敦煌"渥洼水"如今叫何名？今地又何在？鉴于如今在中国对汗血宝马问题的关注程度远胜于当年，因此很有必要将这一问题考辨清楚。

一、敦煌南湖为西汉"渥洼水"说质疑

西汉的"渥洼水"，约从后晋天福十年（945年）《敦煌遗书·寿昌县地境》："寿昌海，源出（寿昌）县南十里，方圆一里，深浅不测，即渥洼水也，（暴利）长得天马之所"②的记载开始被认定为今敦煌南湖。不

①"渥洼水"名，始见《汉书》卷22《礼乐志》"元狩三年"条，中华书局1962年版，第1060页。
②唐耕耦、陆宏基编：《敦煌社会经济文献真迹释录》（第1辑），书目文献出版社1986年版，第52页。

过,在《敦煌遗书·寿昌县地境》问世前后,文献对南湖为西汉"渥洼水"说则多持不同见解。

对西汉"渥洼水",为今敦煌南湖说的质疑表现在多方面。首先来看西汉"龙勒县"的沿革与"渥洼水"的方位问题。据《汉书·地理志·敦煌郡》"龙勒"县下记载:"有阳关、玉门关,皆都尉治。氐置水出南羌中,东北入泽,溉民田。"①这一记载表明,西汉开拓河西走廊后,在今敦煌市西部南起阳关地区、北达玉门关地区,设置有"龙勒县",县境内有条名为"氐置水"的河流,并记载有"泽"存在。从数百年后的唐《元和郡县图志》记载看,自魏晋以降,"龙勒县"曾发生了一系列沿革变迁,如说"寿昌县""本汉龙勒县,因山为名,属敦煌郡。周武帝(561—578年在位)省入鸣沙县。隋大业十一年(615年)于城内置龙勒府,武德二年(619年)改置寿昌(县),因县南寿昌泽为名也。"②《元和郡县图志》这条较为具体的记载,主要说明了伴随王朝更替,西汉"龙勒县"发生了以下沿革:先是唐沙州(即今敦煌)以西百里之遥的汉"龙勒县"原辖地,至北周武帝宇文邕时,将其并入鸣沙县(今敦煌县);继而隋大业十一年(615年)在原龙勒县城内置龙勒府;然后于唐高祖武德二年(619年)将龙勒府改置为"寿昌县","因县南寿昌泽为名"。通过对以上记载的分析可知,今南湖汉代时称"泽",自唐代始载为"寿昌泽",其余时间叫什么名不得而知。若予大胆推测,或许就叫龙勒泽或寿昌泽。如果这一推测能够成立,那就表明西汉暴利长发现和捕获野生汗血宝马的地方应是"龙勒泽"边,若如此,那所捕获的野生汗血宝马也应叫"龙勒马"或"寿昌马"。可是《敦煌遗书》却记载是

---

①《汉书》卷28下《地理志·敦煌郡》,中华书局1962年版,第1614页。

②《元和郡县图志》卷40《沙州·寿昌县》,中华书局1983年版,第1026页。

在"渥洼水"边捕获野生汗血宝马,而且叫作"渥洼马"。若换一角度分析,西汉时的南湖在当时或许就没有具体名称,只是到了唐代方始叫作"寿昌泽"。据以上分析,在西汉时"渥洼水"势必另有其地,同样也另有其名。

再来看今敦煌南湖地方的自然环境状况:南湖"位于(今)敦煌市西南 70 公里处、南湖乡政府东南 4 公里处,因邻近古寿昌城,又名'寿昌海'、'寿昌泽',是上游众多泉水汇集积蓄而成的一片湖泊之地,现名黄水坝水库。周围有无际的绿地草滩,自古以来为理想的天然牧场和屯田佳地"。①党河流域为祁连山西段之地,当地有着山地、草原、冰川、河流和湖泊,自然环境状况较为良好。党河"全长 390 公里,南出祁连,北流大漠,(古代)汇疏勒河入罗布泊。……党河发源地,位于肃北蒙古族自治县盐池湾自然保护区。在盐池湾可看到:清清的水,波光粼粼,附近还有一眼喷泉,四溅晶莹的水珠,水面上不时有受惊的黑颈鹤仓皇飞过"。②"党河水源为祁连山冰川,年平均径流量为 2.98 亿立方米"。③党河中、上游还有一些支流,水量也不小,野马群能喝得着水的地方确有多处,并非仅有南湖这一唯一水源。敦煌南湖地方,原是一片沼泽地,在几十年前修建了水库以后,当地之水才汇聚一起。所以,西汉时南湖周围地方堪称是野马生活的理想之地。

试想,据以上诸多客观自然环境条件,在党河流域活动的野马群被人惊吓,并在湖边造一个手拿着绳索的泥巴人之后,它们还能持续不断地来到南湖边的固定地方喝水?我们知道,野马群需要喝水这是

---

①③转引自敦煌市鸣沙山月牙泉管理处网站。

②达勇编著:《魅力敦煌　锦秀党河》,甘肃人民美术出版社 2011 年版。

肯定无疑的，但敦煌南湖并不是当地唯一水源，而且南湖周长约一里，野马群来喝水一定会找对自己的安全没有威胁的湖边地段，对那泥巴人和后来的真人野马群一定会警惕的，若真的来南湖边喝水，那它们一定会在距离拿着绳索的泥巴人或真人较远的地方喝水。这样说来，暴利长在如今的南湖边捕获野生汗血宝马是极为困难的，他要能捉到野生汗血宝马必然另有地方或另有湖泊。据此有人把南湖认定为西汉敦煌"渥洼水"显然是误断。

如果我们再从暴利长的身份方面来分析，他从南湖边发现和捕获野生汗血宝马的可能性也不是很大的。据《汉书·武帝纪》"元鼎四年六月"条注道："李斐(东汉后期人)曰：'南阳新野有暴利长，当武帝时遭刑，屯田敦煌界'。"《通典·沙州·敦煌》条载道："敦煌，汉旧县……南阳新野人暴利长遭刑屯田。"若进一步来看，当《汉书·武帝纪》注说"敦煌界"之时，南湖地方辖属"龙勒县"；《通典》说"敦煌"汉旧县之时，南湖地方辖属"寿昌县"。可是，在这两条记载中，暴利长屯田之地，既未说是"龙勒县"，又未说"寿昌县"，这显然表明暴利长屯田之地就是"敦煌"县。这样就产生了一个问题，即暴利长这个"刑"徒，服刑期间随便能够去100多里之外不隶属"敦煌"县的地方捕捉野生汗血宝马？现在如果客观看待上述记载，作为"敦煌"县地方"刑"徒的暴利长，他多次去辖属"龙勒县"的南湖地方发现与捕捉野生汗血宝马实际上是不大可能的。

二、今月牙泉是西汉敦煌"渥洼水"的佐证

敦煌月牙泉，是中国名泉，同时由于它位于丝绸之路上因此很早也就成了世界名泉。它之所以有名，除了它的形状、地处鸣沙山腹、泉水永不干涸外，还在西汉时被称作"渥洼水"，并在水边发现和捕获了中国本土第一匹野生汗血宝马。当前，在学术界部分专家认定敦煌南

湖为"渥洼水"和旅游界在南湖边修建"渥洼池"标志情况下,提出月牙泉为"渥洼水"有可靠佐证吗?请看下面有关资料:

"渥洼水"又称"渥洼池"和"渥洼泉"。现在,正当我们考辨"渥洼水"究竟是月牙泉还是南湖的时候,对"渥洼"一词涵义的探讨自然就提到日程上来了。在"渥洼"一词中,"渥"与"洼"二字,都与水有关。请看《说文解字注》的解释:

"渥,霑也。……按渥之言厚也,濡之深厚也。邶风传曰:渥,厚渍也。"①这里的"霑""濡""渍"三字,都含有浸湿、浸润之义,而"渍"还包含浸润时间长久之义。从此可知,"渥"是水积蓄多、水层厚,长久浸湿、浸润的,泥土层也厚之义。

"洼,深池也。史汉皆云得神马渥洼水中"。②这是说,"洼"是深水池之义,又说《史记》《汉书》都记载"得神马渥洼水中"。同时,《辞海》缩印本还根据现代汉语进一步解释道:"洼","小水坑";"低凹;深陷。"③分析至此,我们再把两部辞书的解释同位于草原上的南湖与深陷鸣沙山腹中的月牙泉的自然环境情况联系起来比对,自然而然地就会得出"渥洼"更像月牙泉而不像南湖的结论了。

再者,从"甘肃酒泉旅游信息"网站资料中得知,月牙泉所在的鸣沙山区,东西"绵延40多公里,南北广布20多公里,最高处海拔1715米"。在这片面积为800平方公里的沙山区,月牙泉是可供当时敦煌城以东、瓜州县以西草原、荒漠地区野马群饮水的唯一水源,当地野马群不来这里势必没有水喝,也就是说当地再无别的可供野马群饮水的水源。另外,唐代问世于贞元十七年(801年)的文献《通典》,在

①《说文解字注》"渥"字条,上海古籍出版社1981年版,第558页。
②《说文解字注》"洼"字条,上海古籍出版社1981年版,第553页。
③《辞海》缩印本,上海辞书出版社1980年版,第925页。

《敦煌遗书·寿昌县地境》问世之前144年就载道:"敦煌,汉旧县,三危山在东南,山有三峰,有鸣沙山、渥洼水。汉武帝元鼎('鼎',疑为'狩'字之误)中,南阳新野人暴利长遭刑屯田,于此水边见群野马来饮,中有奇,名羌(可能有误)作土人持勒鞯立,后马鞯习,久之(暴)利长因代土人,牧得马以献帝,欲神异之,云从水中出,于是(汉武帝)作天马之歌也。"①这一记载说明,早在《寿昌县地境》问世之前,《通典》既已明载渥洼水在鸣沙山中。那《寿昌县地境》后来为何出现歧说?现无据可考。

另外,凡记载于"渥洼水"边发现和捕获汗血宝马的问题,都与"敦煌"相联系,如《汉书·武帝纪》注道:"李斐曰,南阳新野有暴利长,当武帝时遭刑,屯田'敦煌界'";《通典·州郡四·敦煌》亦载道:"敦煌,汉旧县。汉武帝元鼎中,南阳新野人暴利长遭刑屯田,于渥洼水边见群野马来饮。"虽然《敦煌遗书·寿昌县地境》"寿昌海,源出县南十里,……(暴利)长得天马之所"的记载与"寿昌县"相关联,但"寿昌县"设置于唐武德二年(619年),同时前已证明"寿昌泽"本不是"渥洼水",这就是说"渥洼水"必在汉敦煌县境内,而不在汉"龙勒县"境内,除此别无其他解释。清代苏履吉所修纂《敦煌县志》载道:"月牙泉,即渥洼泉。旧志:'汉元鼎四年秋,天马生渥洼水中,武帝得之,作天马之歌。'《通志》:'在卫南十里。其水澄澈,环以流沙,虽遇烈风而泉不为沙掩,盖名蹟也。'"②

---

①《通典》卷174《州郡四·沙州·敦煌》,中华书局1984年版,第923页。在此还必须指出,《汉书》卷6《武帝纪》注李斐的话中仅有"当武帝时"之说,并无"武帝元鼎中"的记载。

②[清]苏履吉修纂《敦煌县志》第2册,道光辛卯版(校注本),卷2《地理志·山川》,第15—16页。

现查阅《重修敦煌县志》所载"月牙泉"名称，发现修纂者加写了如下按语："渥洼泉形式逼肖月牙，音亦类似，故转呼为月牙也。"①《重修敦煌县志》这一按语是说，"渥洼泉"的形状极像"月牙"的形状，而"渥洼"二字与"月牙"二字的读音也极"类似"，故将"渥洼"二字"转呼为月牙"了。民国《于右任诗存·骑登鸣沙山》诗自注中也说："月牙泉在鸣沙山围中，作新月形，传为汉时产天马之渥洼池。"在此于右任也肯定"渥洼池"是"月牙泉"，而不是南湖。据以上佐证看来，敦煌月牙泉无疑是西汉"渥洼水"。

三、诗歌对"渥洼水"与"天马"问题的描述

"渥洼水"，在汗血宝马问题研究中具有一定重要性，它所具有自然特点亦颇奇异，以此之故，历史文献多所记载，诗歌亦多吟咏与描述。尤其自西汉时张骞出使西域回来，将他在大宛国发现汗血宝马情况向汉武帝作了奏报，此后这一消息传遍了朝野上下。后来在敦煌渥洼水边发现与捕获了野生汗血宝马，汉武帝还作了《天马之歌》。在这些历史信息感悟之下，后世相当多的诗人也曾作了大量涉及"渥洼水"的诗文，这对我们考辨发现与捕获野生汗血宝马的"渥洼水"今名今地同样是有所帮助的。

早在五代以后，不少史家和诗人根本就不认可《寿昌县地境》之说。自清代以来，众多在敦煌任职和游历过的文化人，曾用诗歌将月牙泉认定为"渥洼水"，并联系天马作了较多描述。清代韩锡麟在《月牙泉怀古》诗中云："半泓秋水是月牙，人言此即古渥洼。曾出天马贡

---

①吕钟修纂：《重修敦煌县志》，甘肃人民出版社 2002 年版，第 31 页。

天子,汗血流赭喷桃花。"①清代苏履吉《同马参戎进忠游鸣沙山月牙泉歌》云:"敦煌城南山鸣沙,中有天泉古渥洼。后人好古浑不识,但从形似名月牙。或为语言偶相类,听随世俗讹传讹。我稽志乘分两处,古碑何地重摩挲?……渥洼渥洼是与否? 我还作我鸣沙山下月牙歌。"②这首诗肯定鸣沙山中"天泉"为"古渥洼",同时还指出"后人"糊里糊涂根据志乘又把渥洼水定在"月牙泉"和"南湖"这两处地方,但我还是要作我的"鸣沙山下月牙歌"。看来苏履吉将月牙泉认定为"渥洼水"是坚定不移的。清景廉在《月牙泉歌》诗中云:"灵泉一泓号月牙,碧琉璃净无纤瑕。……归稽志乘心惘然,此水乃古渥洼泉。房星下降毓灵秀,忽见天马出深渊。"③清代朱坤《月牙泉歌》亦云:"房星当年水底过,失群天马出青波。至今不见古渥洼,我道龙媒此即家。除却灵池何处觅,茫茫千里尽平沙。"④朱坤这首诗大意是说:汉武帝天马出此"青波",现在虽然见不到古代"渥洼水",但我还是要说天马是以月牙泉为家的,除了"灵池"月牙泉,再也没有什么地方能找到"渥洼水"了,所见只能全是千里黄沙。

民国时期,在甘肃敦煌任职、游历月牙泉的部分名人也曾用诗描写了月牙泉、"渥洼水"以及月牙泉与发现野生汗血宝马的情况。水梓《渥洼池》诗云:"异境久闻渥洼泉,轻车快马互争先。月牙千古一湾

---

①转引自张辉选注《历代河西诗选》,甘肃省准印本,并同 2012 年 7 月 21 日互联网"怀古堂主人的博客"中石碑碑文木刻版拓片进行了核对。
②《敦煌县志》卷 6《艺文》,台湾成文出版社有限公司影印 1960 年版,第 34-35 页。
③转引自张辉选注《历代河西诗选》,甘肃省准印本 1988 年,第 517 页。
④[清]苏履吉修纂《敦煌县志》第四册,道光辛卯版(校注本),卷 6《艺文》,第 66-67 页。

水,妙造鸣沙出自然。"①周炳南《月牙泉歌》诗中写道:"闻说天马出此泉,自贡汉皇去不旋。泉耶池耶皆渥洼,何须口辩如何悬。"②罗家伦《月牙泉纪游》诗云:"新月澄池水,龙媒产渥洼。"③这也是一个月牙泉是"渥洼水"的佐证。

考辨至此,对西汉时由南阳新野暴利长发现和捕获野生汗血宝马的"渥洼水",我们确信是地处敦煌鸣沙山中的今月牙泉,而不是今敦煌阳关之南的南湖(即黄水坝水库)。

(原刊于《石河子大学学报》2016年第2期)

---

①水天长先生所提供民国兰州《和平日报周刊》第11-15期,1948年11月份,复印件。

②③转引自互联网敦煌市鸣沙山月牙泉管理处网站。

中西交通的起源与中西
交通道路的中国古名钩沉

每当学者论及丝绸之路时，中西交通的起源与中西交通道路的中国古名等问题总是会出现在有关学者的思虑中，而途经河西走廊和中亚地区的丝绸之路的起点与终点等问题同样会接踵而至。在这里，我们仅就中西交通的起源与中西交通道路的中国古名问题略作考辨。

一、中西交通的起源

在我国史学界，关于中西交通的起源，主要有三种说法：一种说法认为，张骞出使西域标志了中西交通的起源；另一种说法认为，周穆王西征标志了中西交通的起源；近年来在考古发掘工作进展基础上，有人又提出早在公元前 5、6 世纪，中西交通就已起源了。

笔者以为，中西交通的起源是一个很复杂的问题，它涉及起源条件、起源时代、起源标志和与起源相关历史人物，以及起源时代的交通路线等，同时还有一个对"起源"这一提法的理解问题。

从事物的发展源流方面来说，中西交通的起源应该是一个渐进而又漫长的过程，绝无一蹴而就的可能，至于表现为一定阶段性，那也是必然现象。中西交通起源若从根本上来说，实际上是一种初始的、单向或双向的人员及携带货物人员的非定期的往来现象。若追根溯源，远古中国西北游牧民族和欧亚草原游牧民族，曾在中西交通起

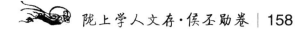

源中建有开创之功。现就中西交通起源问题略陈管见：

张骞两次出使西域，均有据可考。公元前138年，张骞第一次出使西域时，从长安行至陇西（今甘肃中部），继而在前往河西走廊时被匈奴俘获，押解匈奴单于庭（约在今河套一带地方），后脱逃向西达乌孙、大宛和大月氏，再到大夏（今阿富汗境），在"不得大月氏要领"后东逾葱岭，从南疆、青海北部至陇西，最终返回长安。这次出使，尚无携带丝绸的记载，西去的路线记载亦不完整，即陇西至乌孙一段走向缺载。公元前119年，张骞第二次出使西域。这次出使，除带有副使外，还带有丝绸等物；其路线大致是长安—陇西—河西走廊—乌孙等，而副使奉命分别前往西域各国。张骞从乌孙（伊犁河谷）循原路返回，而各副使有的从天山北路返回，有的则从天山南路返回。据此可知，张骞第二次出使西域，对中西交通道路正式开辟的意义极为重大。

周穆王是公元前948—公元前927年间在位的西周国王。据《穆天子传》记载，穆王乘八骏，从洛邑出发，沿太行山之西北行，后从河套西行，曾行至帕米尔之西，并会见了西王母，然后返回洛邑。周穆王在历史上真有其人，但其所谓"西征"，正史只字未提，因此其真实性是大成问题的。法国汉学家沙宛曾指出："往朝西王母者非周穆王，实为秦穆公也"[1]。又说，《穆天子传》所记见西王母事，"乃战国时人追述秦穆公时，或以后时事，而依托于周穆王也"[2]。再说，"西王母宫"经史家考证，位于今甘肃泾川县境内者最为合情合理。这就表明，把"周穆

---

①转引自黄文弼《古西王母国考》，《西北史地论丛》，上海人民出版社1981年版，第112页。
②转引自黄文弼《古西王母国考》，《西北史地论丛》，上海人民出版社1981年版，第113页。

王西征"视为中西交通起源标志是缺乏说服力的。

若从考古发掘方面来说,诸多出土遗迹遗物,颇觉与中西交通起源有一定关系。如1973年,在内蒙古杭锦旗(位于河套西北部)匈奴墓中,出土了不少形制与中原文化相似的青铜器、铁器等,其中部分铜器和铁器上粘附有丝织品残片。据碳14测定,结果为665±105BC,当为春秋之末。1960年,在内蒙古土默特旗(位于今包头市之东)水洞沟门匈奴墓中出土了一批铜器,在铜绣上均附有丝织品的痕迹。1929年、1947年、1949年,苏联考古学界曾在阿尔泰山北麓的巴泽雷克村(今属俄罗斯)发掘了十二座巨墓,从墓中发现了"有用大量的捻股细丝织成的普通平文织物。这类织物有小块的,也有整幅的(铺盖在皮衣服的上面)"。在当地第三号墓中出土了用红、绿两种纬线斜纹显花的织锦;从五号墓中出土的丝绸上,用彩色织丝绣着开满花朵的树枝,神鸟凤凰飞舞其间。这些墓葬约为公元前6世纪,即战国初年的。据美国的《全国地理》报道:西德考古学家在西德南部斯图加特的霍克杜夫村,发掘了公元前1至5世纪的古墓,墓中古人遗骨上粘有中国丝绸衣服残片。《新疆简史》还指出:"据印度古文献记载,公元前四世纪时,我国产的丝及丝织品就输到了印度;又据古希腊的记载,在公元前三世纪,我国的丝织品就远销到了希腊,古希腊人称中国为丝国。那时,从我国到希腊必须经过塔里木盆地,这是毫无疑义的;就是到印度,恐怕也多半要通过这条路。"[1]据以上考古资料,有学者便提出了在历史上存在一条由古代草原民族开辟的、标志着中西交通起源的"草原丝路"的见解。这一见解无疑是具有说服力的。

---

[1]新疆社会科学院民族研究所编著:《新疆简史》(第1册),新疆人民出版社1980年版,第14页。

综上所述,中西交通约起源于公元前 6 世纪,所出土丝织物与铜器等是中西交通起源的实物标志,而欧洲的德国、希腊和南亚的印度是当时我国中原交通的主要国家。至于张骞两次出使西域,尤其第二次出使西域之举,则是中西交通发展到使者、商人频繁往来和以丝绸贸易为主要特征的新阶段的重要标志。

二、中西交通道路的中国古名钩沉

古代中国与西域国家之间陆上交通道路曾称之为"丝绸之路"(亦称"绿洲丝路")。"丝绸之路"名称在世界上的知名度极高,其他任何一条道路的名称都无法同它相比。

"丝绸之路"名称始出于 1877 年所出版德国地质地貌学家李希霍芬的《中国》一书第一卷,后经欧洲诸多汉学家阐发而传播日广。至19 世纪末、20 世纪初,当英、法、德、日、俄等国人在我国西北地区进行所谓"探险""考古"之际,这一名称方用汉语意译而传入中国,足见"丝绸之路"名称原来是个距今仅为 100 余年的"舶来品"。

东起中原、西达西域的古代中西陆上交通道路,早在张骞进行新道路开辟之际,西汉人就为其命定了名称。但不知何故,直至今日由古代中国人所命定的名称,却被淹没于历史的烟尘之中。

为使"丝绸之路"问题的研究深入发展,现对其中国古名及相关问题进行考稽和疏解,无疑是有积极意义的。

1. "外国道"名称的提出

早在西汉时,司马迁在《史记·大宛列传》中,于张骞两次出使西域事迹之后明确记载道:"博望侯开外国道"。此处之"博望侯",为张骞的封号,而"外国道"便是中国人最早为"丝绸之路"所命定的名称。

"外国道"这一古名究竟是谁首先提出来的?有关这个问题,目前尚无据以确断的历史依据。不过,将"外国道"名称首先写入历史文献者,当非司马迁和张骞二人莫属。

司马迁撰有史学巨著《史记》,而"外国道"一名今又仅见于《史记·大宛列传》。同时,班固在《汉书·司马迁传》中,当述及《史记》特点时还曾写道:《史记》"据《左氏》《国语》,采《世本》《战国策》,述《楚汉春秋》,接其后事,讫于(大)[天]汉。其言秦汉详矣。……其文直,其事核,不虚美,不隐恶,故谓之实录"。从以上这些能够相互印证的重要记载判断,"外国道"一名,由司马迁首先提出并第一个写入历史文献的可能性是存在的。

至于张骞,他同"外国道"一名的最早提出也有着颇为密切的关系。张骞两次出使西域,从而是有确凿文证可考的"外国道"的开辟者。他曾亲自到达过包括乌孙、康居、大宛、大月氏和大夏在内的西域诸"国",返汉后又向汉武帝作了报告。据《隋书·经籍志》记载,张骞出使西域回来后还曾撰写了"《出关记》一卷"。此《出关记》虽已失传,但它的内容与张骞向汉武帝的报告相一致是不会有任何问题的。另据一些史家研究,司马迁的《史记·大宛列传》前半部分,是根据张骞向汉武帝的报告所写成。从而,《史记·大宛列传》中"外国道"一名,极有可能来自张骞的报告或《出关记》。据考,张骞卒于公元前114年,而司马迁撰写《史记》则在公元前104至公元前91年间。这些年代表明,司马迁有着采用张骞说法的条件和可能。

由张骞"凿空"而来的中西陆上主要交通道路被称作"外国道",这与当时特定的历史条件不无关系。首先,在张骞出使西域(公元前138年—公元前114年)和司马迁撰写《史记》时期,西汉"西域都护府"尚未设置,天山南北路等地区亦未并入西汉疆域,正如《史记·大宛列传》所说,当地仍然是诸"外国"居地。其次,这条交通道路是西汉使者因军事和政治目的奉命出使西域各"外国"的产物,当初本与商业贸易尤其与丝绸贸易没有关系。据《史记·大宛列传》和《汉书·张骞

传》记载,张骞第一次出使西域是为联络大月氏东归,与汉共同夹击匈奴;第二次出使西域,主要是招乌孙东归故地、"断匈奴右臂"和开拓疆域。从这个意义上来说,所谓"外国道"实际上是西汉通使各"外国"的交通道路之意。

2."西域道"及其诸路段名称

两汉以后,随着"西域"这一地区名的广泛传播与普及,"外国道"一名也开始发生变化。魏晋时,苏林在释"凿空"一词时曾指出:"凿,开也;空,通也。骞始开通西域道也。"①苏林之说在一定程度上表明,西汉时所提出"外国道"名称,至魏晋时似由"西域道"一名逐渐取代了。

在古代咏陇与咏西域的诸多诗篇中,曾经述及中西陆上交通道路的若干路段名称。这些路段名称几乎都得之于当时当地的山名、水名和关塞名。若将这些名称,按路段从东至西予以排列,其依次是"萧关道"②"焉支路"③"阳关道"④"交河道"⑤"轮台路"⑥"天山道"⑦等等。这些出自诗篇的路段名称,尚未见诸史载,据此可知当时使用都不普

①《汉书》卷 61《张骞传》注,中华书局 1962 年版,第 2693 页注。

②[唐]岑参:《胡笳歌送颜真卿使赴河陇》,转引自《历代河西诗选》,酒泉地区教育处 1988 年印,第 79 页。

③[清]程可则:《送纪载之备兵肃州》,转引自《历代咏陇诗选》,甘肃人民出版社 1981 年版,第 198 页。

④[唐]王维:《送刘司直赴安西》,转引自《历代咏陇诗选》,甘肃人民出版社 1981 年版,第 46 页。

⑤[明]周孟简:《送陈员外使西域诗》,转引自《历代西域诗钞》,新疆人民出版社 1982 年版,第 87 页。

⑥[唐]岑参:《发临洮将赴北庭留别》,转引自《历代西域诗钞》,新疆人民出版社 1982 年版,第 24 页。

⑦[唐]虞世南:《出塞》,转引自《历代西域诗钞》,新疆人民出版社 1982 年版,第 4 页。

遍,但它们毕竟是古代中国人所命名的中西陆上交通道路名称,且都出现在"丝绸之路"名称之前。

3."天方"与"天方道"

"天方"一名,始见于《明史·西域传》,为阿拉伯地区之古国名。早在元代,刘郁《西使记》载有"天房"①一名。《辞海》"天方"条认为:"天方,中国古籍原指麦加,后泛指阿拉伯,其起源可能出于'天房'的异译。"②

"天方"又称"天堂",其地多旷漠,"风景融和,四时皆春也。田沃稻饶,居民安业。男女穿白长衫。男子削发,以布缠头。妇女编发盘头,风俗好善"。其国古建礼拜寺,"寺分为四方,每方九十间,共三百六十间。皆白玉为柱,黄甘玉为地……其寺层次高上,如塔之状"。当地产金珀、宝石、狮子、天马等,使用金、银、色绢、瓷器、铁鼎等物③。

"天方道"是明朝通往伊斯兰圣地麦加的交通道路,它的起、迄地点与走向,可从若干零星记载中勾稽出大概情况。《明史·西域传》载道:天方国"贡使多从陆道入嘉峪关";嘉靖二十二年(1543年),天方国使者"偕撒马儿罕、土鲁蕃、哈密、鲁迷诸国贡马及方物"④;撒马儿罕,再向西南经巴格达,最终到达沙特阿拉伯的圣城麦加。

通过"天方道",天方国与明朝之间曾长期进行"贡赐贸易"。据史籍所载,弘治三年(1490年)天方王速檀阿黑麻"遣使偕撒马儿罕、土鲁蕃贡马、驼、玉石";十三年(1500年),天方王写亦把剌克(1497—

---

①"天房"原为今沙特阿拉伯境麦加"禁诗"内一座墙壁上镶有玄石(即黑色神石)的方形石殿。相传,此殿为"先知"伊卜拉欣和伊斯玛仪勒所修建,殿内"经文甚多,皆癣颜八儿"(即"先知先觉者")所作。

②《明史》卷332《西域传四·天方》,中华书局1974年版,第8621页。

③《明史》卷332《西域传四·天方》,中华书局1974年版,第8624页。

④《明史》卷332《西域传四·天方》,中华书局1974年版,第8623-8624页。

1524 年在位)遣使"贡马、驼、梭幅(羽毛织品)、珊瑚、宝石、鱼牙刀诸物",而明朝皇帝则"诏赐蟒龙金织衣及麝香、金银器"①等物。从上述看来,在明朝时,中国与天方国之间通过"天方道"的友好交往和商业贸易是颇为频繁的,这无疑是丝绸之路发展史上的重要一页。

（原载于《历代经略西北边疆研究》,甘肃文化出版社 1997 年版）

---

① 《明史》卷 332《西域传四·天方》,中华书局 1974 年版,第 8622 页。

"汗血宝马"与丝绸之路

一、"汗血宝马"的神奇传说

"汗血宝马"也称汗血马,是古代西域的一种神奇之马,有关它的信息,是张骞第一次出使西域时带回中原的。张骞回国后向汉武帝报告说:大宛"多善马,马汗血,其先天马子也"①。张骞所谓"汗血马"之说,道出了大宛马的奇异外观,而"其先天马子也"之传说,经过出使西域归来使臣们的一再渲染,居然引起渴望与羡慕神仙之事的汉武帝的强烈占有欲,希冀能乘之飞升。于是,将早先用和亲公主换来的乌孙"天马"降格称"西极马",而把大宛汗血马又命名为"天马"②。必欲得之而甘心。元鼎四年(公元前113年)秋,敦煌得渥洼马,武帝曾作《天马歌》以抒怀,歌中说:"太一贡兮,天马下,霑赤汗兮沫流赭。志俶傥兮精权奇,策浮云兮晻上驰。骋容与兮迣万里,今安匹兮龙为友。"③这首《天马歌》的大意说:天帝恩赐天马人世间,天马身上流着血色汗,意气卓异神态非凡,驰骋纵横在云天。自在逍遥飞腾千万里,如今唯有龙可与它为伴。此时,大宛汗血宝马还未东来,汉武帝不过是借得渥洼马之际,而抒发对神奇的大宛汗血宝马的遐想而已。此后

---

①《史记》卷123《大宛列传》,中华书局1959年版,第3160页。
②《汉书》卷61《张骞传》,中华书局1962年版,第2694页。
③《汉书》卷22《礼乐志》,中华书局1962年版,第1060页。

不久，武帝果真不惜以"天下骚动"为代价，万里伐宛，终于牵回了神往已久的名贵种马。

随着汗血宝马的不断东来，有关汗血宝马的诸多神奇传说，也从西域通过丝路传播到了中原。魏晋间孟康曾说："大宛国有高山，其上有马，不可得，因取五色母马置其下，与集，生驹皆汗血，因号天马子云。"①《隋书·西域传》说："吐火罗国城北有颇黎山，南崖穴中有神马，国人每岁牧牝马于穴所，必产名驹，皆汗血焉。"而《太平广记》所说则更为详尽："吐火罗国波讪山阳，石壁上有一孔，恒有马尿流出。至七月平旦，石崖间有石阁道，便不见。至此日，厌哒人取草马（即母马），置池边与集，生驹皆汗血。"《洽闻记》也说："吐火萝国北，有屋数颇梨山。即宋云所云讪山者也。南崖穴中，神马粪流出，商胡曹波比亲见焉。"以上诸说，虽多歧异，但汗血宝马是由"神马"与当地民马繁殖而来则是共同的，为此张骞便说大宛汗血宝马"其先天马子也"。不过，对以上说法，若用科学观念来辨析，便觉得即使大宛和吐火罗的"神马"再"神"，也绝不可能同民马生出驹来的。既然能生驹，那所谓的"神马"极有可能是一种野生的优良公马，或许这是一种合乎情理的解释。

二、"汗血宝马"的生理特征

在古代中原人的心目中，汗血宝马的神奇和不可思议之处，还表现在当时人们不能认识的马的生理特征上。

"汗血"是大宛汗血宝马最为突出的生理特征。据汉武帝《天马歌》描述，大宛马所"汗"之"血"，是"霑赤"和"沫流赭"状。对此应劭解

---

①《资治通鉴》卷19汉武帝"元狩元年五月"条：孟康注，中华书局1956年版，第627页。

释说:"大宛马汗血霑濡也,沫流如赭。"①后来,有的学者又将"霑赤汗"解释为马的身体上流血,而将"沫流赭"单独解释为马口中所流涎水呈红色。可是,亲眼见过大宛汗血宝马的东汉明帝却说:"尝闻武帝歌,天马霑赤汗,今亲见其然也。"②这是说,汉明帝所亲睹的汗血宝马,只是"霑赤汗",而不曾有"沫流赭"即流红色涎水现象。据此我们可以断定,大宛马"霑赤汗,沫流赭"的"汗血"现象,只是马的身体上所流血呈浸湿和沫状,且显红色而已。

那么,大宛汗血宝马是否是全身都出血和流血呢?当然不是。据汉明帝亲见,汗血宝马的"血从前膊上小孔中出"。应劭说:大宛马之"汗从前肩膊出,如血"③。这至少可以说,在两汉时,中原人所见汗血宝马之"汗",是从马的"前肩膊出",而其他部位并未曾出血和流血。到了 20 世纪 50 年代初,法国人吕斯·布尔努瓦《丝绸之路》一书则说,在 19—20 世纪,许多到过伊犁河流域和中国突厥斯坦(今我国新疆)的旅行家,曾目睹伊犁马(古代汗血马的后代)的"臀部和背部",有"往外渗血的小泡"。这说明,经过 2000 多年,伊犁马与其祖先身体之出血与流血部位已有所不同了。

大宛汗血宝马"汗血"的奥秘,被近代人从病理角度彻底揭开了。吕斯·布尔努瓦曾指出:"至于'汗血'一词,其意是指这些马匹的特点,在很长的时间内,这一直是西方人一种百思不解之谜。近代才有人对此作出了令人心悦诚服的解释:说穿了,这只不过是简单地指一种马病,即一种钻入皮内的寄生虫。这种寄生虫尤其喜欢寄生于马的臀部和背部,在两小时之内就会出现往外渗血的小泡,'汗血马'一词

---

①《史记》卷 24《乐书》,中华书局 1959 年版,第 1179 页注 3.
②《太平御览》卷 894《兽部(六)马(二)》,中华书局 1960 年版,第 3970 页。
③《汉书》卷 6《武帝纪》,中华书局 1962 年版,第 202 页注。

即由此而来。"①据此看来,大宛汗血宝马的"汗血"现象,这似乎是说马有一种流着浸湿与沫状血的皮肤病。

大宛汗血宝马,还具有以下生理特点,如"朱鬣(红鬃毛)、五色、凤膺(胸呈鸡胸状)、麟身(毛色呈斑点状,且有光亮)",若按其特点细分,足可分成 500 多个奇异种类②。《隋书·西域传》根据马的体毛和耳毛颜色,将汗血宝马的特点作了进一步描述,说"骝马(赤身黑鬃马)、乌马多赤耳;黄马、赤马多黑耳;唯耳色别,自余毛色与常马不异"。《异物志》却把汗血宝马描述成怪异且具灵性之马,如说"大宛马有肉角数寸,或有解人语及知音舞与鼓节相应者"。这是说,大宛汗血宝马长有肉角,角长数寸;其中有的马不仅能听懂人的话,而且颇有灵性,能按音乐节拍和鼓点跳舞。汗血宝马个大、体壮、蹄坚,能蹋石留迹,且能日行千里,故称"天马千里驹"。

三、"汗血宝马"在丝路上传播友谊

西汉以降,汗血宝马因中亚各国的"贡献"而不断东来,在丝绸之路上留下了连绵不绝的足迹。这一时期的汗血宝马,不再是中原王朝的战利品,而是成了中亚各国和中原王朝之间撒播友谊种子的"丝路使者"。

古代中亚各国,在同中原王朝友好交往时,总是贡献汗血宝马东来。晋太康六年(285 年),大宛王兰庚卒,"其子摩之立,遣使贡汗血马"③。前凉太元四年(327 年),"西域献汗血马、火浣布、犁牛、孔雀、

---

①《晋书》卷 113《苻坚载记上》,中华书局 1974 年版,第 2900 页。吕斯·布尔努瓦《丝绸之路》,山东画报出版社 2001 年版,第 12 页。

②《册府元龟》卷 230《僭伪部·怀附》,中华书局 1960 年版,第 2741 页。

③《晋书》卷 97《四夷传·西戎·大宛国》,中华书局 1974 年版,第 2544 页。

巨象及诸珍异二百余品"①。北魏太延三年(437 年)破雒那、者舌国"遣使献奉汗血马",五年(439 年),遮逸国"献汗血马"②。和平六年(465 年),破雒那"献汗血马"③。隋大业四年(608 年),西突厥处罗可汗"贡汗血马"④。武德中(618—626 年),康国"献四千匹"大宛种马⑤。这一时期,通过丝路东来的汗血宝马,无疑都是中亚各国的友好使者和中亚各国与中国之间友谊的象征。

中原王朝的统治者,向来对中亚各国所贡献的汗血宝马十分珍爱,视之为中亚各国臣服、向化及友好的表示。西汉时,统治阶级将来自大宛的汗血宝马皆"充于黄门"⑥,即用于宫廷礼仪和贵族骑乘。这些汗血宝马所佩鞍鞯等,均用珍奇、贵重之物装饰。如《西京杂记》说:"后得贰师天马,帝以玫瑰石为鞍,镂以金银鍮石,以绿地五色锦为蔽泥。后稍以熊罴皮为之。熊罴毛有绿光,皆长二尺者,直(值)百金。"东汉明帝,视大宛汗血宝马为珍奇之物,故将一匹赐给了其母阴太后和东平王刘苍。李恂领西域副校尉期间,西域各国多次献"宛马、金银、香罽之属",为表示无贪图各国财物之意,故"一无所受"⑦。三国曹魏时,康居、大宛献名马,曹魏统治者便将马"归于相国府,以显怀万国致远之勋"⑧。前秦王苻坚,为了表示对西域诸国友好,不贪求西域

①汤球撰:《十六国春秋辑补》卷 69《前凉录三》,王云五主编《丛书集成》(初编)民国二十五年版,第 497 页。

②③《册府元龟》卷 969《外臣部·朝贡二》,中华书局 1960 年版,第 11388 页。

④《资治通鉴》卷 181,隋炀帝"大业四年二月"条,中华书局 1956 年版,第 5637 页。

⑤[宋]王溥撰:《唐会要》卷 72,中华书局 1955 年版,第 1306 页。

⑥《汉书》卷 96 下《西域传》,中华书局 1962 年版,第 3928 页。

⑦《后汉书》卷 51《李陈庞陈桥传》,中华书局 1965 年版,第 1683 页。

⑧《三国志》卷 4《魏书·三少帝纪》,中华书局 1959 年版,第 154 页。

名马，于是将所献汗血宝马全部退还西域诸国①。唐天宝中(742—756)，大宛进献 6 匹汗血宝马，其名一曰红叱拨，二曰紫叱拨，三曰青叱拨，四曰黄叱拨，五曰丁香叱拨，六日桃花叱拨(叱拨为波斯语 asp 或 asb 的音译，义谓马)。玄宗得马，颇显珍爱，故将马名分别改为红玉犀、紫玉犀、平山辇、凌云辇、飞香辇、百花辇，并令将 6 马形象画在"瑶光殿"内②，以作永久纪念。从上看来，中原王朝的统治者，通过对丝路使者汗血宝马的珍爱，充分表达了对中原王朝和中亚各国之间友谊的珍视。

汗血宝马东来日多，中原王朝的统治者为了很好饲养和繁育，还注意了饲料问题。据《史记·大宛列传》记载：大宛马"嗜苜蓿"，为此令"汉使者取其实来，于是天子始种苜蓿"，从此长安"离宫别观旁"尽种苜蓿。这一措施的实施，对汗血宝马在中原地区的繁育，起了很大促进作用。所以，时至唐代中期，终于出现了"京师皆骑汗血马"③的盛况。

(原刊于《丝绸之路》1995 年第 3 期)

---

①《晋书》卷 113《苻坚载记上》，中华书局 1974 年版，第 2900 页。

②《玉海》卷 149《马政下·唐骨利干十骥》，广陵书社 2016 年版，第 2763 页。

③[唐]杜甫：《洗兵马》，[清]彭定求等编《全唐诗》卷 217，中华书局 1960 年版，第 2279 页。

"汗血宝马"诸问题考述

大宛"汗血宝马",两千多年来一直被称作"天马""天马子"和"天马千里驹",不仅如此,而且这种马还能"汗血",以此之故,使其笼罩上了一层神奇色彩。

"汗血宝马"自司马迁记入《史记·大宛列传》以来,曾受到我国历代史家的关注。到了近现代,外国史家也开始饶有兴趣地探讨这一问题。即使是这样,笼罩在"汗血宝马"问题之上的神奇色彩,并未因此而消失。下面就有关问题进行一些考述,以便科学地、历史地认识"汗血宝马"诸问题。

一、汗血宝马"汗血"之谜

对大宛马的"汗血"问题,从古至今,人们存在着一连串的疑问,诸如大宛马是遍体"汗血",还是局部"汗血"? 所汗之"血"有何特点?"汗血"现象从实质看究竟是指什么? 等等。

以上疑问,莫不从历史上中原人目睹大宛马"汗血"现象的记载中找到答案。太初四年(公元前 101 年),汉武帝因得汗血马而作《太一之歌》,歌曰:大宛马"霑赤汗,沫流赭"①。应劭注云:"大宛马汗血霑濡也,沫流如赭。"②"霑濡",即浸湿;"沫流如赭",即血如沫状,呈红

---

① 《汉书》卷 22《礼乐志》,中华书局 1962 年版,第 1060 页。
② 见《史记》卷 24《乐书》注,中华书局 1959 年版,第 1179 页注 3。

色。汉武帝在《太一之歌》中作如此描述,这显然表明他曾亲眼见过大宛马及其"汗血"现象。令人欣喜的是,东汉明帝竟自称曾亲眼见过大宛马的"汗血"现象。他说:"尝闻(汉)武帝歌,天马霑赤汗,今亲见其然也。"[1]十六国时期,大宛国向苻坚"献天马千里驹,皆汗血,朱鬣、五色、凤膺、麟身……坚曰:'吾思汉文之返千里马,咨嗟美咏,今所献马,其悉返之'。"[2]从这条材料看,似乎苻坚也曾见过大宛马的"汗血"现象。后至唐玄宗天宝中,"大宛进汗血马六匹,一曰红叱拨,二曰紫叱拨,三日青叱拨,四曰黄叱拨,五曰丁香叱拨,六曰桃花叱拨",玄宗曾将以上各马名分别改为"红玉犀、紫玉犀、平山辇、凌云辇、飞香辇、百花辇",并宣旨将六马的形象"图于瑶光殿"[3]。这里虽未提及"汗血"现象,但仍不失为中原人亲睹大宛汗血宝马及其"汗血"现象的一个佐证。从上可知,大宛汗血宝马及其"汗血"现象的存在是毋庸置疑的。

那么,大宛马是遍体"汗血",还是局部"汗血"?据载,东汉明帝曾

---

[1]学术界有将汉武帝《太一之歌》"沬流赭"句中之"沬"作"口水"、"口沫"解者。如果以上解释确当的话,那就表明"汗血马"患有严重的口腔病。可是,自称对大宛马"汗血"现象"今亲见其然也"的东汉明帝,却仅仅看见过"天马霜亦汗",而根本未看见天马口中有"沬流赭"现象。许慎《说文解字》云:"沬,沬水,出蜀西南徼外,东南入江,从水,末声。"晚于汉武帝并不太久的许慎,在撰《说文解字》时,未将"沬"当"口水"解,这说明在此时及此前,"沬"并不专指"口水"。段玉裁《说文解字注》也仅有'沬,谓水泡'之说。同时,直至近现代,在伊犁河流域等地所繁衍的"汗血马",也未见口中所吐"口水"呈血色(即"沬流如赭")的现象。显然,将"沬"作"口水"、"口沫"解。实难服人。因此,我认为汉武帝《太一之歌》"沬流赭"句中之"沬",当作汗血马所汗血早泡沫状之特征解较为当。《太平御览》卷894《兽部(六)马(二)》,中华书局1960年版,第3969页。

[2]《晋书》卷113《苻坚载记上》,中华书局1974年版,第2900页。

[3]《玉海》卷149《马政下·唐骨利干十骥》,广陵书社2016年版,第2763页。

亲眼看见大宛马的"血从前膊上小孔中出"①。应劭说：大宛马"汗从前肩膊出，如血"②。胡三省注《资治通鉴》汉纪十一时，也曾沿袭了东汉明帝和应劭等人的说法。法国吕斯·布尔努瓦在《丝绸之路》一书中也有类似的说法："在十九—二十世纪，许多旅行家们都在伊犁河流域和中国突厥斯坦"曾目睹"马的臀部和背部"有"往外渗血的小泡"③。虽然，吕斯·布尔努瓦所说马的出血部位与中国古代人所见有明显不同，但二者却说明了一个共同问题，即大宛汗血宝马并非遍体"汗血"，而仅只是局部"汗血"。只不过汉唐间大宛汗血宝马之"汗"是从"前肩膊出"，而近现代则从"臀部和背部"出而已。

至于大宛马"汗血"的奥秘，就现在所知而言，其主要存在于"汗血"现象本身。但在古代，由于条件所限，其奥秘并未能被人们揭开。到了近现代，人们从病理角度对大宛马的"汗血"现象进行了研究，从而在这一问题的研究上出现了很大进展。吕斯·布尔努瓦指出："至于'汗血'一词，其意是指这些马匹的特点，在很长的时间内，这一直是西方人一种百思不解之谜。近代才有人对此作出了令人心悦诚服的解释：说穿了，这只不过是简单地指一种马病，即一种钻入皮内的寄生虫，这种寄生虫尤其喜欢寄生于马的臀部和背部，在两小时之内就会出现往外渗血的小泡，'汗血马'一词即由此而来。"并说，在19—20世纪，"这种'汗血'病"蔓延到伊犁河流域和中国突厥斯坦地区的各种马匹④。吕斯·布尔努瓦关于马因患皮肤病，在皮肤上有"往外渗血的小泡"的说法与汉武帝大宛马"霑赤汗，沫流赭"、汉明帝"血膊上

---

①《太平御览》卷894《兽部（六）马（二）》，中华书局1960年版，第3970页。
②《汉书》卷6《武帝纪》注，中华书局1962年版，第202页。
③吕斯·布尔努瓦《丝绸之路》，山东画报出版社2001年版，第12页。
④吕斯·布尔努瓦《丝绸之路》，山东画报出版社2001年版，第12页。

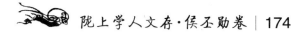

小孔中出"的说法极为相合。以此看来,大宛汗血宝马的"汗血"现象,实质上是马患的一种流着呈浸湿与沫状血的皮肤病。这样,大宛马"汗血"现象的历史之谜就彻底揭开了。

二、汗血宝马称"天马"的由来

大宛汗血宝马,本不以"天马"见称。据《汉书·李广利传》记载,当汉使车令等请宛王汗血宝马时, 大宛人把匿于贰师城的汗血宝马叫作"贰师马"。据《史记·大宛列传》记载,在李广利率重兵围困大宛国都城、以武力索取汗血宝马时,大宛贵人们曾商议说:汉军所以攻宛,是因国王毋寡"匿善马"、杀汉使之故;今若杀国王毋寡、向汉军"出善马",汉军必解除对都城的围困。为此,大宛贵人们便向李广利等提出:汉军若停止攻宛,宛将"尽出善马",若不停止攻宛,宛将"尽杀善马"。当时,急于获得汗血宝马的李广利等接受了大宛贵人所提条件,于是大宛贵人杀毋寡、向汉军"出善马",并让汉军自择之。这样,汉军获得"善马"数十匹。这条涉及大宛汗血宝马的重要材料,其中竟接连出现了六个"善马"字样,足见在汗血宝马入汉前,大宛人通常既不称这种马为"汗血宝马",也不称"天马",而是以"贰师马"和"善马"相称。

西汉人当初又是以何名称汗血宝马的呢? 张骞是西汉最早得知汗血宝马的人。他出使西域回来后曾说:大宛"多善马,马汗血,其先天马子也"[1]。又据《汉书·李广利传》记载:"汉使往(大宛)既多,其少从率进孰于天子,言大宛有善马在贰师城,匿不肯示汉使。天子既好宛马,闻之甘心,使壮士车令等持千金及金马以请宛王贰师城善马。"

---

[1]《史记》卷 123《大宛列传》,中华书局 1959 年版,第 3160 页注 2。

在李广利伐大宛肘，又"拜习马者二人为执驱马校尉，备破宛择取其善马"。以上文证虽不算多，但对说明西汉人当初同样既不称大宛马为"汗血宝马"，也不称"天马"，而是称"善马"或"贰师城善马"亦足矣。至于张骞"其先天马子也"的说法，那也不能看作是已把汗血宝马称作"天马"了。因为在张骞的心目中不仅汗血宝马不是"天马"，而且就连汗血宝马的祖"先"也仅仅是"天马子"。如果按张骞的说法推断，经过长期繁衍而来的汗血宝马同"天马子"的关系无疑是相当疏远的。然而把大宛汗血宝马称"天马"，并不是没有来由的。

从大宛国方面来说，这与当地民间传说有关。张骞关于大宛马"其先天马子也"和《汉书·西域传》大宛汗血宝马"言其先天马子也"的说法，我以为绝不会是张骞和《汉书》的作者杜撰的，很明显都是得自大宛的民间传说。魏晋间孟康所谓"大宛国有高山，其上有马，不可得，因取五色母马置其下，与集，生驹皆汗血，因号天马子云"①，显然这也是得自大宛的民间传说。这个民间传说，是把大宛国高山之上不可得之马视为神马（或天马），而这种神马与普通五色母马之子为"天马子"。从以上所述可以断定，作为"天马子"后代的汗血宝马，不是完全意义上的"天马"。应劭和张华也不称汗血宝马为"天马"，而是仅称其为"天马种"②。显而易见，从正史所载材料中人们是无法找到大宛人称汗血宝马为"天马"的证据的，但是，若将"其先天马子也"的民间传说，认定为西汉人把汗血宝马称"天马"的渊源显然是不会有什么问题的。

---

①《资治通鉴》卷 19，汉武帝元狩元年五月条：孟康注，中华书局 1956 年版，第 627 页。《太平御览》卷 894《兽部（六）·马（二）》注文大致同于《资治通鉴》上述注文。

②《汉书》卷 96 上《大宛列传》注，中华书局 1962 年版，第 3160 页。

就西汉方面来说，大宛汗血宝马被称作"天马"，是同汉武帝崇儒分不开的。据《汉书·张骞传》记载："初，天子发书《易》，曰：'神马当从西北来'。得乌孙马好，名曰'天马'。及得宛汗血马，益壮，更名乌孙马曰'西极马'，宛马曰'天马'云。"这是说，汉武帝依据儒家经典《易》中"神马当从西北来"的符咒，先前曾把得自西北方的乌孙马叫作"天马"，而后来当获得西北方比乌孙马更好的大宛汗血宝马时，又把大宛汗血宝马称誉为"天马"，乌孙马则又改称为"西极马"。至太初四年（公元前101），武帝又作《西极天马之歌》以纪之，歌中曰："天马来兮从西极，经万里兮归有德"[①]。从此，"天马"的神秘称号就加在大宛汗血宝马身上了，并一直流传了下来。到了西汉以后，冠有"天马"神秘称号的大宛汗血宝马，在一些人的心目中变得更加神秘了。从上述可以看出，大宛人"其先天马子也"的民间传说，分明是汗血宝马被称"天马"之源，而汉武帝《西极天马之歌》中"天马来兮从西极"的歌词，无疑是汗血马被称"天马"之流了。

三、汗血马产地的变化

在我们对汗血宝马的产地尚未进行探讨时，难免有汗血马遍产大宛全国各地的想法。其实这种想法与史实相去甚远。因为在我们对汉武帝太初元年（公元前104）至唐玄宗天宝中八百多年间的史事进行考察时，可明显看出汗血宝马的始产地及产地的扩大，存在着较为复杂的情况。

据《汉书·李广利传》记载，汉武帝时，曾到过大宛的汉使说："大宛有善马在贰师城，匿不肯示汉使"。这句话似乎可以理解为：大宛为

---

① 《史记》卷123《大宛列传》，中华书局1959年版，第3160页注2。

防止汗血宝马东入西汉，故将遍产全国各地的汗血宝马统统集中起来，特地"匿"于贰师城中，有意不让汉使看见。再若联系"大宛国别邑七十余城，多善马，汗血"①的记载，更使人感到以上理解全然能够成立。然而，令人费解的是：大宛人为何在汉使前往其国索取汗血宝马时，不是把全国各地的汗血宝马就近、分别"匿"于本国那七十余座城中，而却要统统集中起来，仅仅"匿"于贰师城这座孤城中？史书又载，在李广利第二次武力索取汗血宝马时，得到善马三十匹，中马以下三千多匹，以此可以想见，这次未被李广利等所选中的汗血宝马也会不在少数，试想，如此之多的马匹，仅仅"匿"于贰师城这座孤城中，诸如放牧、饮水等问题如何解决？又使人费解的是：大宛人为何还要把汗血宝马称之为"贰师马"？

以上令人所费解问题，无不涉及汗血宝马的产地。其实，当初汗血宝马既不遍产大宛全国各地，至西汉前期也未分布于大宛全国各地。根据汉武帝遣壮士车令等持千金及金马以请宛王"贰师城善马"和大宛人所谓"贰师马，宛宝马也"②的说法，我以为，大宛汗血宝马在西汉时仅产于大宛贰师城地区。这是因为，大宛是由七十多个类似于西汉时西域"居国"的城邦组成的国家，贰师城是其中城邦之一。这样的城邦，是以城为中心，并包括城周围农田和广大牧场的地区。据此分析，汗血宝马"在贰师城，匿不肯示汉使"的记载，显然是说汗血宝马在贰师城所在的地区，只是不肯让汉使到那里去看就是了。因此，如果认为大宛人为防止汗血宝马东入西汉，故将遍产全国各地的汗血宝马统统集中起来特地"匿"于贰师城这座孤城中，那显然是误解。这也说明，由于西汉时汗血宝马产于以贰师城为名的这一城邦境内，

---

① 《太平御览》卷894《兽部（六）马（二）》，中华书局1960年版，第3968页。
② 《汉书》卷96上《大宛列传》，中华书局1962年版，第3160页注2。

故称之为"贰师马"。大宛汗血宝马并不始产其全国各地,这一点还有其他文证。如前已所引孟康"大宛国有高山,其上有马,不可得,因取五色母马置其下,与集,生驹皆汗血"的说法,很清楚地说明,汗血宝马并不始产大宛全国各地,而是始产于大宛境内某一高山之下①。

到了西汉之后,汗血宝马的产地开始逐渐扩大。若考察其扩大方向,大体在三个方向上。《魏书·世祖纪上》云;者舌国"遣使朝献,奉汗血马"。《魏书·西域传》注云:"者舌国,故康居国,在破洛那(即汉大宛国)西北"。《隋书·炀帝纪上》注云;西突厥(位于汉大宛国北部和西北部)处罗可汗曾于大业四年(608)向隋贡汗血宝马。以上两条材料说明,北魏和隋朝时,汗血宝马的产地向两汉时大宛国西北方扩大了。《通典·吐火罗》条云:吐火罗当时产名驹,皆汗血,"其北界"则汉时大宛之地。这一记载表明,汗血宝马的产地又向两汉时大宛国西南方扩大了。《丛书集成》转引《凉州记》、《西河记》记载云:"吕光太安二年,龟兹国使至,贡宝货奇珍,汗血马"。这条材料表明,十六国时期汗血宝马的产地还向东扩大到今新疆境内库车等地。同时,由于自西汉时大宛汗血宝马不断进入中原,从而长安、洛阳等地必然也有汗血宝马的繁育。

---

①汗血马的产地。《隋书·西域传》、《新唐书·西域传》、《通典·边防九》、《太平彻览·兽部(五)·马(三)》、《册府元龟》等史籍,还有如下大致相同的记载:"吐火罗国蜮北有颇黎山,南崖穴中有神马,国人每岁牧牝马于穴所,必产名驹,皆汗血焉"。《太平广记·马》有着更为详细的记载:"吐火罗国波仙山阳,石壁一处有一孔。恒有马尿流出。至七月平旦,石崖间有石阁道,便不见。至此日,厌哒人取草马,置池边与集,生驹皆汗血。今名无数颇梨"。又载:图记云:"吐火萝国北,有屋数颇梨山。即宋云所云山山者也.南崖穴中,神马粪流出,商胡曹波比亲见焉"。(出洽闻记)吐火罗虽系晚于大宛的西域国家,但其国的汗血马也不是遍产全国各地,而是仅产于颇梨山下。

四、汉武帝以武力索取汗血宝马的主要原因

汉武帝以武力索取大宛汗血宝马的原因,大致有三说;一是当作玩物和用于礼仪;二是为补充对匈奴战争所需军马;三是为巩固四夷臣服和汉王朝强大的文治武功。虽然以上几说都有据可征,但并不表明每一说都能成立。

《汉书·西域传》云:"孝武之世……闻天马、蒲陶则通大宛、安息,自是之后……蒲梢、龙文、鱼目、汗血之马,充于黄门"。这里"汗血之马,充于黄门"一说,显然是汗血宝马被当作玩物和用于礼仪的一条重要文证。唐人杨师道的《咏马》诗,曾生动描述过西汉王公贵族把汗血宝马当作玩物的情景。诗云:"宝马权奇出未央,雕鞍照耀紫金装,春草初生驰上苑,秋风欲动戏长杨。鸣珂屡度章台侧,细蹀经向濯龙傍,徒令汉将连年去,宛城今已馘名王。"①这首唐诗,虽有以古喻今之意,但对西汉王公贵族骑着精心装束的汗血宝马,一年四季在长安附近及上林苑宫殿区肆意游戏情景的描述当不会过分。据上所载,似乎汉武帝为王公贵族寻找称心玩物和为备礼仪之用而向大宛索取汗血宝马的说法不无道理,但如果从汉武帝不惜引起"天下骚动",断然派数万大军,以武力索取汗血宝马的史实来分析,把当作玩物和用于礼仪视为索取汗血宝马的主要原因,显然是欠妥当的。

为补充对匈奴战争所需军马是汉武帝武力索取汗血宝马的主要原因。这是一种在史学界有着较大影响的观点,法国吕斯·布尔努瓦力主这一观点。布尔努瓦说:"汗血马是一种个头很大的战马,其用处特别大"。"在汉朝与其宿敌匈奴人的战争中,马匹起着主要作用。"无论如何,汉朝政府也特别急需马匹以补充军马。因为在公元前121—

---

① 杨师道《咏马》,《全唐诗》卷 34,中华书局 1960 年版,第 461 页。

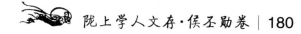

公元前 119 年对匈奴的战争使它损失了两万多匹战马。"①布尔努瓦这些话,似乎讲得很有道理,然而令人遗憾的是史书中尚无将汗血宝马用于补充军马的哪怕是一条文证。因此,这些话只不过是臆测之辞而已。再就当时历史而言,经公元前 119 年汉匈大战,匈奴势力已基本削弱,"是后匈奴远遁,而漠南无王庭"②,从此匈奴已不足对汉造成威胁。特别是汉武帝以武力索取汗血宝马的时间在此后十多年,这时对匈奴战争已明显减少,对军马的需求已不如以前迫切。试想,在急需补充军马时不索取汗血宝马,而在不太急需时却又以武力索取,这种道理能够讲得通吗?

我认为,汉武帝以武力索取汗血宝马的真正原因当在巩固四夷臣服和汉王朝强大的文治武功。据载,元朔三年(公元前 126)张骞从西域返汉后,武帝就已得知大宛"多善马,马汗血"的情况,但当时武帝并未下令索取汗血宝马。四年后的元狩元年(公元前 122),汉匈大战即将暴发,武帝虽也"欣然以骞言为然",遣张骞等再度出使大夏等国,但仅只是以为大宛、大夏及安息之属,可施之以利,诱令入朝,"诚得而以义属之,则地广万里,重九译,致殊俗,威德遍于四海"③。这里明显是说,武帝派张骞等再度出使西域,其目的在于建立"威德遍于四海"的文治武功,而不是为索取汗血宝马。元封三年(公元前108),武帝遣赵破奴掳楼兰王,破车师,意在"举兵威以困乌孙、大宛之属④,同样没有索取汗血宝马。至太初元年(公元前 104),当入西域

---

①[法]吕斯·布尔努瓦《丝绸之路》,山东画报出版社 2001 年版,第 11 页。

②《汉书》卷 94 上《匈奴传》,中华书局 1962 年版,第 3770 页。

③《资治通鉴》卷 19,汉武帝"元狩元年五月"条注。《太平御览》卷 894《兽部(六)·马(二)》注文大致同于《资治通鉴》上述注文。

④《资治通鉴》卷 21,汉武帝"元封三年十二月"条,中华书局 1956 年版,第687 页。

汉使说"宛有善马,在贰师城,匿不肯示汉使"后,武帝方遣壮士车令等持千金及金马以请宛王汗血宝马。不料由于宛王与其群臣不仅不肯将汗血宝马给予汉使,而且还杀汉使、取财物。大宛王对汉威德的公然蔑视,终于引起汉武帝大怒,为此,同年八月拜李广利为贰师将军,命令率军出征大宛,以武力索取汗血宝马①。由于李广利第一次以武力索取汗血宝马未获成功,致使汉公卿议者担心"宛小国而不能下,则大夏之属渐轻汉,而宛善马绝不来,乌孙、轮台易苦汉使,为外国笑",故又于太初三年(公元前102年)不惜引起"天下骚动",派兵再次伐宛,以索取汗血宝马②。从以上史实清楚看到,汉武帝以武力索取汗血宝马的主要原因,既不是为了把汗血宝马当作玩物和用于礼仪,也不是为对匈奴战争补充所需军马,而实质上是为了巩固四夷臣服和汉王朝强大的文治武功。

我们还知道,汉武帝是以武力索取汗血宝马的主要决策人,他的言论在说明以武力索取汗血宝马的主要原因方面,必然具有特殊的说服力。武帝《西极天马之歌》曰:"天马来兮从西极,经万里兮归有德。承灵威兮降外国,涉流沙兮四夷服。"③《天马歌》曰:"天马徕从西极。涉流沙,九夷服。"这两首歌中的"天马"均指汗血宝马。汗血宝马不远万里,从西极东来,是因汉朝之威德,其显示四夷、九夷对汉朝的臣服。这两首歌同样说明,为巩固四夷臣服和汉王朝强大的文治武功,是汉武帝以武力索取汗血宝马的主要原因所在。

(原刊于《西北民族研究》1988年第2期)

---

① 《资治通鉴》卷21,汉武帝"太初三年"条,中华书局1956年版,第705页。
② 《史记》卷24《乐书》,中华书局1959年版,第1178页。
③ 《汉书》卷22《礼乐志》,中华书局1962年版,第1060页。

"悬度"与古代中罽交通

罽宾①是古代身毒(天竺,亦即印度)的一部分,位于西域天山南路之南,并与天山南路地连境接。古代中罽两国人民为了便于交往,不畏艰难险阻,曾在葱岭(今帕米尔)的深谷悬崖间,开辟了一条陆路交通道路,这就是"悬度"。本文仅就"悬度"及与"悬度"有关的古代中罽交通问题略作考述。

一、"悬度"及其方位与归属

"悬度"问题,其情况比较复杂,系统资料奇缺,故直至如今国内仍无专题探讨的学术成果发表,相关方面情况均不得而知,故现在予以逐一考述。

1. "悬度"及其得名

"悬度",一名"县度"。"县音玄"②,师古曰:"县,古悬字耳"③。"度","以绳索县缒而过也"④。

据史籍所载判断,古代西域的"悬度",并非一处,而是两处:一在

---

①今印度与巴基斯坦克什米尔地区。

②《后汉书》卷47《班梁传》注,中华书局1965年版,第1583页。

③《汉书》卷96上《西域传·乌秅国》注,中华书局1962年版,第3882页。

④《后汉书》卷47《班梁传》注,中华书局1965年版第1583页。

莎车西南,经此可西入大月氏①;一处在乌秅之西,经此可西入罽宾②。但在古代历史上,由于乌秅之西"悬度"邻接罽宾,双方可直接往来,从而为历代使节、僧人所通行,为历代史家所关注,因此也就成了本文所探讨的中心。

中罽间"悬度",史家多作零星记载和阐释:有谓"县度者,石山也。溪谷不通,以绳索相引而度云"③;有谓悬度"古西域山名","为逾葱岭去罽宾要路"④;有的仅释为"以绳索县缒而过也";还有人认为,是"我国西域重要山道之一"⑤。以上第一种说法,既说"悬度"是"石山",又说是"以绳索相引而度";第二种说法,既说是"山名",又说是"要路";第三种说法,仅说是"以绳索县缒而过";第四种说法,只说是"山道"。看来,这些说法在"悬度"的语义及得名问题上,明显存在着歧见和含混不清之处。

其实,要能确当说明"悬度"的语义及得名,首先得依据有关记载,辨明其得名的原委,就是说首先得弄明白是先有人们交往中"悬度"的实践、"悬度"的方式,还是先有以"悬度"为名的山名和山道名?

"悬度"二字,若从文义判断,无疑是一个地道的汉语地名。据《汉书·西域传·罽宾国》条载:"自武帝,始通罽宾……孝元帝以绝域不录,放其(指罽宾)使者于县度"。成帝时,杜钦说大将军王凤曰:"今县度之厄,非罽宾所能越也。"这些记载表明,"悬度"地名传入中原的时

---

①《通典》卷193《边防九·阿钩羌》:"阿钩羌……在莎车西南,国西有悬度山";《三国志》引《魏略》:"越葱岭,经悬度入大月氏"。

②《后汉书》卷88《西域传》云:"自皮山西南,经乌秅,涉悬度,历罽宾";《太平广记·悬渡国》:"乌秅西有悬度国"。

③《汉书》卷96上《西域传·乌秅国》,中华书局1962年版,第3882页。

④《辞海》缩印本"悬度"条,中华书局1980年版,第1594页。

⑤《辞海》缩印本"县度"条,中华书局1980年版,第478页。

间,极有可能在西汉武帝至成帝(公元前 140—公元前 33 年)之间。再若据当时汉与罽宾相互遣使、罽宾"剽杀汉使"和向汉"奉献"等记载分析,双方经"悬度"这一艰险道路的交往是颇为频繁的。据此,同样极有可能,先有汉与罽宾使者(或其先民)在这一艰险道路上"以绳索县缒而过"的实践和方式,继而汉使有"悬度"观念的萌发和形成。当这种情况历时既久、相沿成俗,"悬度"这才成了"山道"名和"山名"。这说明,古代人们的"悬度"实践和方式出现在前,而作为"山道"和"山名"的"悬度"地名形成于后。

2."悬度"的方位与归属

中罽间"悬度"的方位与归属,是同一问题的两个方面,二者密切相关。

"悬度"的地理方位,史书所载文字略显含混,为使问题明晰起见,现作一些梳理。

《汉书·西域传·乌秅国》条载:乌秅国"王治乌秅城……东北至都护治所四千八百九十二里……其西侧有悬度……去都护治所五千二十里"。颜师古注"乌秅"云:"乌音,一加反;秅音,直加反。"据苏北海先生研究认为,"乌秅"即今"坎巨堤,一名棍杂,也有译洪查(Hunza)、宏札等名称,都系同音异译"。这正好说明"乌秅"是"棍杂、宏札、洪查的对音[1]。从上述"乌秅"和"悬度"至都护治所之里程,可知"悬度"在"乌秅"之西约一百二十八里(汉里)处。再若从班超"逾葱岭,迄悬度[2]和"自皮山西南经乌秅,涉悬度,历罽宾[3]的记载分析,可知"乌秅"在"皮山"(今新疆皮山县)之西南,葱岭在"乌秅"之西,而"悬度"在葱岭

---

①苏北海:《西域历史地理》,新疆大学出版社 1988 年版,第 31-32 页。

②《后汉书》卷 47《班梁传》,中华书局 1965 年版,第 1582 页。

③《后汉书》卷 88《西域传》,中华书局 1965 年版,第 2917 页。

之西,阚宾又在"悬度"之西。若把这些地名,自东至西(与西南)按位置顺序排列起来,这样就形成皮山(西南)—乌秅(西)—葱岭(西)—悬度(西)—阚宾的一条线。

以上所述说明,要能论定"悬度"的方位,必先确定"乌秅"的今地所在。据谭其骧先生所主编《中国历史地图集》第二册西汉《西域都护府》图之记住,"乌秅"位于今新疆皮山县西南,叶尔羌河上游自东向西再转北的拐弯处,即中国与巴基斯坦所控制克什米尔间之中国一侧。苏北海先生曾指出:根据方位(乌秅)应在今坎巨提地区。其北面正是塔什库尔干,东北为喇斯库穆,西北为大小帕米尔,西为瓦罕河……北与子合,蒲犁,西与南兜接。①综上所述,"乌秅"即今新疆皮山县西南的坎巨提;坎巨提以西百余里之中国一侧便是"悬度"。这说明,早在西汉时,"悬度"地区业已"归属中国"②了。

二、"悬度"的险峻形势

帕米尔高原,历来被誉为"世界屋脊",而地处葱岭之西的"悬度",实际上正好位于帕米尔高原西南边缘地区。这种特有的地理环境,造就了"悬度"举世无双的"险阻危陁,不可胜言"的险峻形势。正如《宋云行天竺记》说:若将"太行、孟门"与"悬度"相比,就显得无"险"可言;若将"崤关、陇坂"与"悬度"相比,就好似平"夷"无险③。

历史记载中的"悬度",既非一处狭小区域,又非一处奇险路段,而实际上是一条自东向西、夷险兼有、逶迤长达约两千里之遥的峡谷

---

① 苏北海:《西域历史地理》,新疆大学出版社 1988 年版,第 31 页。
② 苏北海:《西域历史地理》,新疆大学出版社 1988 年版,第 32 页。
③ 据《洛阳伽蓝记》记载:"太行、孟门,匹兹非险;崤关、垅阪方此则夷。"参见范祥雍校注《洛阳伽蓝记校注》,上海古籍出版社 1958 年版,第 278 页。

地带。如说自葱岭以西，"山路欹侧，长坂千里"①；悬度"溪谷不通，以绳索相引而度，其间四百里"②；悬度国"山溪不通，引绳而度，朽索相引二千里"③。《汉书·西域传》在记载峡谷宽度时说：悬度之地，"有三池、盘石坂，道陿者尺六七寸，长者径三十里"④。

"悬度"地方，山崖之高耸，沟谷之幽深，为世罕有。《佛国记》说："悬度"峡谷，"崖岸险绝，其山唯石，壁立千仞，临之眩目，投足无所"。宋云《行天竺记》也说：悬度"悬崖万仞，极天之阻，实在于斯"。《汉书·西域传》描述行人通行"悬度"的极大危险性时说："畜队，未（坠至）半砏谷尽靡碎，人堕，势不得相收视。险阻危陁，不可胜言。"⑤宋云《行天竺记》还说：悬度"下不见底，旁无挽捉，倏忽之间，投躯万仞，是以行者望风谢路耳"。

"悬度"作为我国古代西域葱岭地区通往罽宾的山间道路，在其开辟时期，本是利用天然沟谷和山崖坡坂通行，而在一些危险地段的通行，确曾有过借助绳索确保安全的现象，但仍避免不了人畜伤亡事故发生。约在西汉及其以后，为化险为夷、安全通行，有人开始在"悬度"崖壁、沟谷的危险地段开凿石阶、修建栈道，从而大大便利了通行。《后汉书·西域传》说："悬度"地方有人工修建的"梯山栈谷"。《佛国记》说：在"悬度"地方，"昔有人凿石通路，施傍梯者，凡度七百梯已"。《通典》"渴槃陀"条说："悬度"之地四百里中，"往往有栈道"。《辞海》缩印本"县度"条也认为，悬度地区"山有栈道"。在汉代以后，"悬

---

①范祥雍校注：《洛阳伽蓝记校注》，上海古籍出版社 1958 年版，第 278 页。

②《通典》卷 193《边防九·渴槃陀》，上海古籍出版社 1981 年版，第 1043 页。

③《太平广记》卷 482《悬渡国》，中华书局 1961 年版，第 3970 页。

④《汉书》卷 96 上《西域传·罽宾国》，中华书局 1962 年版，第 3886–3887 页。

⑤《汉书》卷 96 上《西域传·罽宾国》，中华书局 1962 年版，第 3887 页。

度"山道通行的危险性,虽有一定程度减小,但并未彻底根除,所以人们"以绳索相引而度"的现象,曾是长时期存在的。

三、与"悬度"有关的古代中罽交通

古代中罽两国人民不畏"悬度"的艰难险阻,在很长时期内曾进行和保持了政治、经济和佛教文化等方面较为密切的交往,为双方友好交往史谱写了重要一页。

1. 政治往来

古代中罽两国之间的政治往来,是双方友好关系的集中体现,但中罽双方之间的政治往来,既有友好交往的一面,也有发生严重波折的一面。

罽宾与西汉"自武帝时始通"①,此后,为保持和加强双方友好关系,罽宾还在武帝、成帝时向汉"遣使贡献"。魏晋时期,中罽交往因中原战乱而一度中断。北魏统一北方,为中罽关系的恢复创造了条件。宣武帝永平元年(508年)七月,罽宾国"遣使朝献"②,孝明帝熙平二年(517年)正月和七月,又两次"遣使朝献"③。隋炀帝大业(605—617年)中、唐太宗贞观十一年(637年),罽宾又先后遣使来中原贡献④。

中原王朝对保持与罽宾的友好关系也颇为重视。西汉时,"罽宾王阴末赴,本汉所立"⑤。这一时期,当罽宾使者返国时,汉朝曾"烦使者送至悬度",即使"人畜弃捐旷野"也奉命前往⑥。隋炀帝时,又曾遣

①《通典》卷192《边防八·罽宾》,上海古籍出版社1981年版,第1036页。
②《魏书》卷8《世宗纪》,中华书局1974年版,第206页。
③《魏书》卷9《肃宗纪》,中华书局1974年版,第226页。
④《通典》卷192《边防八·罽宾》,上海古籍出版社1981年版,第1036页。
⑤⑥《汉书》卷96上《西域传·罽宾国》,中华书局1962年版,第3886页。

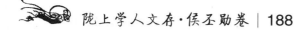

侍御史韦节和司隶从事杜行满"使于西蕃国,至罽宾"①。隋唐之后,中罽双方的政治往来,史书亦多记载。

2. 经济交流

中罽双方的经济交流一般都是在我国存在中原统一王朝时期进行,这种经济交流以中罽双方的经济发展为前提,以罽宾"朝献"和中原王朝统治者"赏赐"②的互惠互利方式来实现。

在西汉及其之后,中国的封建经济发展到了较高的水平,尤其农业产品、丝绸织造、铁器制造等均居世界前列,当时罽宾的农、林、果、织罽、刺文秀、金银器制造等,发展水平也很高③。同时,由于中罽双方生产品种类的明显不同,这就为双方间进行"以己所有,易己所无"的经济交流提供了条件与可能。

《汉书·西域传·罽宾国》载:在西汉时,罽宾的部分"奉献者皆行贾、贱人,欲通货市买,以献为名"来汉朝,他们"实利赏赐,贾市其使,数年而一至"④。北魏、隋朝时,罽宾使者亦来"朝献",但商品名称和种类史书无载。不过,隋朝韦节和杜行满出使罽宾时,曾"得玛瑙杯"⑤而还。唐贞观十一年(637年),罽宾遣使"献俱物、花头、丹紫相间,其香远闻"⑥,又曾"遣使献名马。太宗嘉其诚款,赐以缯、丝。十六年又遣使献褥特鼠"⑦。古代史籍,虽对中罽间经济交流史实记载多有缺略,但双方以名贵商品交换为主的特点仍是显而易见的。

———————

①⑤《通典》卷191《边防七·西戎总序》,上海古籍出版社1981年版,第1029页。

②③④⑥《通典》卷192《边防八·罽宾》,上海古籍出版社1981年版,第1036页。

⑦《旧唐书》卷198《西戎传·罽宾国》,中华书局1975年版,第5309页。

3. 佛教文化传入

公元前 6 世纪及其之后，产生于古代迦毗罗卫国（今尼泊尔境内，属古印度的一部分）的佛教，首先在南亚各地逐渐传播和盛行。位居南亚、邻接我国西域的古代罽宾"其俗尤信佛法"①，早在公元前就已发展成为一个佛教文化盛行国家。正是基于这一情况，所以罽宾自然就成了向我国传播佛教文化的重要古国之一。

据《佛国记》记载：东晋时，法显等西行印度，意在"寻求"佛教"戒律"。当他们进入葱岭地区后，同行的"僧韶一人随胡道人"先向罽宾进发。之后，法显也经"悬度"到达北天竺名为"陀历"的小国。该国"有众僧，皆小乘学。其国昔有罗汉"②，佛教很盛。北魏时，宋云曾到达了钵卢勒国（位于今巴基斯坦所控制克什米尔地区），后经"悬度"东达乌场国（据张星烺认为，是以今巴基斯坦北部斯瓦特河流域为中心的地区）。隋朝时，韦节和杜行满从罽宾"王舍城得佛经"③，带回国内。西域渴槃陀（今新疆塔什库尔干）因受罽宾等国的影响，从而"国中咸事佛"④。"悬度"路途的艰险，通行的极度不便，严重阻碍了佛教文化从这条道路自罽宾大量传入我国。虽然如此，但它在古代仍是我国"汉传佛教"传入的重要道路之一。

（原刊于《西北师大学报》历史学专辑 1996 年第 4 期）

---

① 《旧唐书》卷 198《西戎传·罽宾国》，中华书局 1975 年版，第 5309 页。
② 冯承钧认为，"陀历"位于今巴基斯坦北部乞特拉尔以南。
③ 《通典》卷 191《边防七·西戎总序》，上海古籍出版社 1981 年版，1029 页。
④ 《通典》卷 193《边防九·渴槃陀》，上海古籍出版社 1981 年版，第 1043 页。

丝路"鬼市""哑交易"及其成因

绵长的丝绸之路,在其开拓时期,既已成为一条连接古老中国和西域各国的多彩纽带,而充满古朴、奇特民族风情的"鬼市"和"哑交易"贸易活动,更为丝路增辉和添彩。

"鬼市"和"哑交易"是颇为类似,且有一定联系的两种丝路贸易方式。这些古老的贸易方式,不仅陆上丝路有,而且海上丝路也存在。然而,丝路贸易中之"鬼市"却无"鬼",而"哑交易"则真正是"哑"。这自然引起了我们对其探讨的兴趣。

一、"鬼市"

"鬼市"最先出现在拂菻(即大秦)通往中国东汉王朝途中某一沙漠地区。在光武刘秀时,罗马史家梅拉曾指出:"中国人善经商,唯交易时,不以面相视,遗货于沙碛中,以背相对。"[①]这种在"沙碛中"所进行的、买卖双方"遗货"于地后,"不以面相视",而"以背相对"的交易,在此前华夏史籍中尚无记载。后来《新唐书》曾载道:"西海有市,贸易不相见,置直(意价值)物旁,名鬼市。"[②]《通典》引杜环《经行记》也说:"西海中有市,客主同和。我往则彼去,彼来则我归。卖者陈之于前,买

---

① 参见张星烺:《中西交通史料汇编》第 1 册,中华书局 1977 年版,第 102 页注 6。

② 《新唐书》卷 221 下《西域传·拂菻》,中华书局 1975 年版,第 6261 页。

者酬之于后。皆以其直(意价值)置诸物旁,待领直然后收物,名曰鬼市。"①从以上记载看来,唐代人所知"鬼市"已与东汉时"鬼市"大不相同了,其中:一是交易地点在"西海中";二是交易双方"我往则彼去,彼来则我归",互不见身影;三是双方按"直(即价值)"进行交易。这说明,唐代时的"鬼市"当是东汉时"鬼市"的一种发展形态。

不过,历史上对于"鬼市"尚有一些不同说法。唐代诗人施肩吾有首《岛夷行》诗,其中有"腥臊海边多鬼市"②一句。这说明施肩吾所知"鬼市"在"海边",而不是在"沙碛中"和"西海中"。这大概是因地而异的缘故。另据《通典》记载:在狮子国,"诸国商贾来共市易,鬼神不见其形,但出珍宝,显其所堪价,商人依价取之"。③狮子国所存在"鬼市",除同中亚等地"鬼市"有雷同之外,而且还表明海上丝路沿线某些地方,同样盛行以"鬼市"为特征的商品交易。看来,古朴的"鬼市"交易风尚,不仅其形态有所演变,而且具有一定的普遍性。

二、"哑交易"

"哑交易",亦即"哑巴贸易"。这是与"鬼市"有着某些相似之处的古朴商品交易方式。据载,这种交易方式多发生在古代中国与罗马帝国之间④。

有一外国史家曾说:"在塔什霍尔罕(即塔什库尔干)境外,中国商人等候西方之经纪(人),河岸之上,满布生丝、丝线及丝服,用以交换罗马生产之宝石、琥珀、珊瑚之类。相传谓彼等交易十分公道,一俟

①《通典》卷193《边防九·大秦》,中华书局1984年版,第1041页。
②《全唐诗》卷494,中华书局1960年版,第5592页。
③《通典》卷193《边防(九)师子国》,中华书局1988年版,第5263页。
④张星烺却认为:"此哑交易风俗,中国及罗马古代皆无之也。"

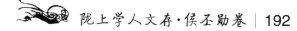
购者选择既完之后,方可引退,而交易中彼此不交一言。"①亨利·裕尔也曾说:"赛里斯(中国)人习惯俭朴,喜安静读书以度日,不喜多与人交游。外国人渡边境大河,往买丝及他货者,皆仅以目相视,议定价值,不交谈也。"②这种商品交易,买卖双方犹如哑巴,互不说话,只是采用以目光示意方法"议定价值",以使成交,所以称之为"哑交易"。

三、"鬼市"与"哑交易"的成因

古朴、奇特的"鬼市"与"哑交易"方式的形成,与当时历史条件的制约不无关系。

首先是语言的制约。曾同大秦国(即罗马)进行"鬼市"和"哑交易"的各国尤其是中国,居地远离,相距约"四万里"之遥,而西亚、中亚部分国家又阻隔其间,至于高山险隘和戈壁沙漠的横亘于途,更增加了相互往来的困难。这些极为不利的地理条件,严重限制了两国人民语言的交流。在古代,外国使者来中国,因语言不通,就曾有过"重译""三重译",以至"九重译"的现象。这是说,外国使者来中国,在同中国官员之间,需依次经过两种、三种,以至经九种语言的多次翻译才能实现交谈。在西汉时,于黄门内设有"译长""译使"之职。如说:"有译长,属黄门,与应募者俱入海市明珠、璧流离、奇石异物,赍黄金杂缯而往",又说"译长"奉命出使它国,称之为"译使"③。《三国志》还说:乌丸、鲜卑等向曹魏贡献时也曾"各遣译使致贡遗"④。这说明边疆

---

①[英]M.R.查尔斯沃思:《古代罗马与中国印度陆路通商考》,朱杰勤《中外关系史译丛》,海洋出版社1984年版,第9页。

②[英]亨利·裕尔《中国闻见录》第1卷,《中西交通史料汇编》第1册,中华书局1977年版,第48页。

③《汉书》卷28《地理志》下,中华书局1962年版,第1671页。

④《三国志》卷10《魏书·田畴传》,中华书局1959年版,第341页。

少数民族首领之下同样设有"译使"。从此可知,古代不同语言的国家、民族首领之间进行交往时,可由"译长""译使"进行翻译,以利公务的办理。可是,古代各国的平民、商人,他们互不通语言,同时也无"译使"协助翻译。因此在语言不通因素制约下,为使商品成交,以目示意,"议定价值",或采取"鬼市"方式按"值"易物,无疑成为很自然的事了。

其次是古朴民风的影响。在古代社会中,中国和其他国家都曾不同程度地存在过自然经济,以致使相互间的隔绝和封闭现象普遍存在,各国人民尤其是居于边疆地区的各国居民,无不保留和沿袭传统、古朴的民风。因此,一千多年前,一些古朴民风在有限的商品交易中反映出来是必然现象。直至如今,在甘肃康乐县农村中,农民们在买卖牲口时,常常先由评议人(又称"牙子")在买卖双方间袖筒中,通过捏手指的办法,征求卖价与买价,接着再用同样的方法,向双方告知对方所提价钱。在讨价还价,以至最后成交过程中,一直都采用这种方法。现存的这种民风,恰好对古代商品交易中"鬼市"和"哑交易"古朴民风是一种很好地印证。史籍关于赛里斯人"习惯俭朴,喜安静读书以度日,不喜多与人交游";西海中交市之人"客主同和";从阿拉伯经海路前往中国途中,在锡兰南海岸,"此地所交易者,皆为无衣无褐之土著居民,因其不识阿拉伯语,则以手号及种种简易之法代之"①。无可讳言,以上例证从多层面说明,"鬼市"和"哑交易"方式的形成,在一定程度上确实受到了古朴民风的影响。

(原载于《西北史地探赜》1995年5月版,后载于《文史知识》1997年第6期)

---

① [英]M.布隆荷尔《中国与阿拉伯人关系之研究》,朱杰勤《中外关系史译丛》,海洋出版社1984年版,第14页。

试论中国封建社会的对外开放

前些年,我国史学界对中国封建社会的评价出现"封闭"和"开放"两种见解。目前虽无争论,但对垒仍然明显。

自战国、秦汉以来,基于生产力发展水平和先天的自然环境因素等影响,自给自足的自然经济便成了中国封建社会占统治地位的经济形式。然而,自张骞"凿空"通西域起,中国与外国各自基于本国生产力水平的逐渐提高和社会经济的发展变化,彼此间逐渐打破隔绝状态,曾断断续续地进行了两千多年互通有无的经济文化交流。我们把这种现象称为中国历史上的"低层次有限开放"。本文试就这一问题谈些粗浅看法。

一

早在西汉时期,张骞始通西域,揭开了中国封建社会对外开放的序幕。从此,中国步履艰难地走上了曲折而又起伏不平之路。张骞通西域的壮举,虽然未能导致中国对外完全打开国门,但毕竟在社会条件允许的范围内,对中外经济文化交流做出了开创性贡献。从那时起,西域的音乐、舞蹈、幻术和葡萄、胡萝卜、马匹等文化形式和农牧品种传入中原。同一时期,中原的凿井术、冶铁术、丝织品等技术与产品传往西域。时至隋唐,中西交往虽盛极一时,但传入中国者以胡人风俗、日用消费品为多。宋元以后,中外经济交往虽然有所发展,但传入中国者却多为专供王公贵族所需之奢侈品。唯在元代传入的地球仪是代表当时世界先进水平的科技产品，可是，由于被藏入元廷秘府，因此对中国社会的科技进步并未发挥促进作用。明清时，传往外国者，多为丝织品、瓷器、铁器、茶叶、火药等，而传入中国的奢侈品仍旧不少。

综观上述情况，就整个中国封建社会来说，基于中外各国生产力发展水平，中国封建社会的开放，一直处于低水平、低层次上，期间虽有使人乐道的科技产品输入，但对中国封建社会的发展鲜有补益。不过，若将中国封建社会前、中、后三个时期的中外经济、文化交流予以比较，从中可以发现，中、后期还是较前期有所发展，明显反映出低层次渐进的特点。

自秦汉起，中国历代封建王朝莫不固守"一人治天下"、"天下奉一人"的专制主义的中央集权政治制度。在这种政治制度影响下，早在秦朝为职掌归义蛮夷及其"贡献"等事，就在中央设置了典客官署，汉景帝时更名大行令，武帝太初元年（前 104 年）又更名大鸿胪，至隋唐时再改鸿胪寺。到了此时，带有中央集权特色，以中央为主，郡、道为次的涉外官署及职官体制臻于完善①。同时，自西汉中期开始，中外经济交流一般都是通过各国贡使向中国皇帝"贡献"和中国皇帝为各国贡使"赏赐"的方式实现。但外国贡使来华"贡献"，并非能随心所欲，而实际上中外具体的经济交流，还受着集权型管理体制其他诸多方面的制约，如限年限、限贡献地和限民市等。如顺治十三年（1656年），清政府允许荷兰人"来广州贸易以一次为限，为期八年，但人数不得超过一百人，而二十人犹须持礼物到京以献于王也"②。康熙三十

---

① 参见《旧唐书》卷 42《职官志》，中华书局 1975 年版，第 1783 页。

② ［美］W.W.柔克义《欧洲使节来华考》，转引自朱杰勤译《中外关系史译丛》，海洋出版社 1984 年版，第 175 页。

一年(1692年),沙皇俄国派人来中国,欲探明对双方通商的态度。清政府虽同意了其通商要求,但又限定俄国"商队每隔三年来京一次,每次不得超过二百人,居住俄罗斯馆,以八十天为期"①。总之,从以上诸多通商规定看,无不体现集权型管理之特色。

在张骞出使西域后,中外经济文化交流方面,一直存在"以己所有,易己所无"的双向交流现象。汉与西域各国之间,"使者"与"商胡"频繁往来。汉出使西域使者"相望于道","诸使外国一辈大者数百,少者百余人","一岁中使多者十余,少者五六辈,远者八九岁,近者数岁而反",而西域各国"商胡贩客,日款于塞下"②"殊方异物,四面而至"③。据外国史书记载,亚历山大城(今埃及亚历山大市)曾是"中国商人或彼等之间居者"与经纪人"相会"之地。亚历山大征服安息后,印度之旁遮普,便成为"中国、印度及大秦"三国"互换出品货物及绘画美术"的"文明会集"地④。明永乐元年(1403年),"四方货物,云集撒马儿罕城者甚众","由支那(中国明朝)运来丝货,美丽非凡,尤以绸缎为最,又麝香一物,世界他处所无。红玉、钻石、珍珠、大黄等物,亦皆来自支那。支那货物,在撒马儿罕者,最良且最为人宝贵"⑤。综观上述历史,经济、文化方面的双向交流,曾是贯穿于中国封建社会开放漫长历程中的一条闪光的主线。

在封建社会开放中,中国人的博大胸怀和不凡度量,通过吸收、

①参见樊树志:《从恰克图贸易到广州"通商"》,《社会科学战线》1982年第2期。

②《后汉书》卷88《西域传》,中华书局1965年版,第2931页。

③《汉书》卷96下《西域传》,中华书局1962年版,第3928页。

④转引自朱杰勤译:《中外关系史译丛》,海洋出版社1984年版,第6页。

⑤转引自张星烺:《中西交通史料汇编》第1册,中华书局1977年版,第326页。

重用外籍人才充分显示出来了,而且形成了传统。据载,成吉思汗西征时,总是"赦免有学问之人及技术家之类,以供其民及若子若孙之用,且给以相、将、太医及天文师等职,而彼等尽回人也"。①忽必烈"有顾问十二,对于国家大事,皆有权处理者。中有一回教徒,名阿合马(元代时花剌子模人),大得王之信任,王甚宠之,许以无限之特权"②。忽必烈也很赏识马可波罗(元代时意大利人),并曾说:"倘此少年长成,则必为一大价值及大才干之人矣。"当马可波罗年方21岁时,忽必烈钦定其"服务于朝,预参枢密,又复奉使远方,足遍全国",前后供职"在王室者十七年"③。布喀剌城人赛典赤(全名赛典赤·赡思丁)入元后,曾被重用,委以云南行省平章政事,其子纳速剌丁,因出征交趾支那及缅甸而著名,后进拜陕西省平章政事④。清康熙皇帝也颇重用外国有技术专长之人。在《中俄尼布楚条约》谈判中,康熙曾聘用外国传教士张诚(法国人,原名弗朗索瓦·热比隆)和徐日昇(葡萄牙人,原名托马斯·贝瑞拉)做翻译疏解工作。约在康熙五十年(1711年),清朝又聘用麦大成(葡萄牙人)、汤尚贤(法国人)等传教士,参与测绘《皇舆全图》事务⑤,至于这一时期被允许来华经商、传教和求学的外国人那就更多了。足见,在封建专制统治时代,中国人吸收、重用外籍人才,是当时对外开放的一大突出特点。

从以上所述可知,中国封建社会的开放,具有低层次渐进、集权型管理、双向性交流、吸收重用外籍人才、断续相继等具体特点。如果

---

① 转引自朱杰勤译《中外关系史译丛》,海洋出版社1984年版,第29页。
② 转引自朱杰勤译《中外关系史译丛》第39页。
③ 转引自朱杰勤译《中外关系史译丛》,海洋出版社1984年版,第68-69页。
④《元史》卷125《赛典赤·赡思丁传》,中华书局1976年版,第3064页。
⑤ 王庸:《中国地图史纲》,三联书店,1958年版。

我们对诸具体特点予以分析,即可发现以"封闭"为主的中国封建社会开放的基本特点,集中体现在低层次有限开放这一点上。

二

在以"封闭"为主的中国封建社会,其"开放"面何以能够形成"低层次有限开放"这样的基本特点?若从事物的相互关系原理来看,这无疑与当时社会内在与外在诸因素的长期制约有密切关系。内在因素指本国因素,外在因素指他国因素,二者以本国因素为主导。影响封建社会开放的因素还有表层与深层之分。表层因素只说明现象,深层因素则揭示本质。制约因素的多样性及其各所具有的特殊功能,决定了制约情况的异常复杂性。

地理环境状况,对一个国家早期社会经济类型、生产方式及社会习俗等的形成有着重要影响,对实行开放政策的迟早和程度也有着不可忽视的制约作用。自古以来,我国各地河流沿岸、湖泊周围和丘陵地区适宜农耕,北方、西北方的广阔草原地带适宜畜牧,因而中国从夏、商、周开始,绝大多数居民过着以农为生或以牧为生的生活。东、南两面,虽有很长的海岸线,但隔海邻国很少,且又都比中国落后,在封建社会它们未曾具备同中国进行大规模、长时期海上贸易的条件。因此,农业和畜牧业始终是中国封建社会具有决定性作用的生产部门。所以,唐代人的地理观认为:"广谷大川异制,人生其间异俗。"①自十六世纪初以来,虽然西方一些国家的资本主义已经萌芽,并已开始寻找国际商品市场,但就地理条件而言,这些国家距离中国路途遥远,加之交通工具落后、行驶艰难,从而使相互间的经济

①《隋书》卷81《东夷传》,中华书局1973年版,第1828页。

交往受到很大限制。基于以上地理条件之影响,中国封建社会势所必然地对外国实行有限的开放政策。中国古代的传统观念,尤其是占支配地位的"义利"观,从来与开放政策丁卯相悖。春秋末期,孔子提出"君子喻于义,小人喻于利"[①]的重义轻利观点;阳虎(季孙氏家臣)曾提出"为富,不仁矣;为仁不富矣"[②]的仁、富对立观点。时至战国,受这些观点影响,各国较为普遍实行了"抑商"政策。西汉建立后,"抑商"政策进而变为"贱商"政策。汉高祖时,天下已定,"乃令贾人不得衣丝、乘车",并施以"重租税以困辱之"的政策。惠帝、高后时,虽然放宽了"商贾之律",但又规定"市井子孙亦不得为官吏"的政策[③]。后至商品货币关系有较大程度发展的唐代前期,仍把"工商杂色之流,假令术蹈侪类,止可厚给财物,必不可超授官秩,与朝贤君子比肩而立,同坐而食"[④]之类规定奉为国策。武则天时,甚至以"商贾败类,不应得预此会"为由,将出席禁中宴会的蜀商宋霸子等数人"逐出"禁中[⑤]。传统"义利"观的形成和"抑商""贱商"政策的长期实行,对历代统治者和广大人民群众形成重"义"轻"利"、崇"仁"鄙"富"思想观念起到了难以估量的影响,对实行以经济交往为中心的对外开放政策,起了明显的抑制作用。中国封建社会的开放,尚未收到令人满意的效果,还在于中国与外国的交往、中原王朝与边疆少数民族的交往,往往弊大于利、害多于益,以致伴随开放而丛生的弊端,反倒起了遏制开放的不

---

①《论语》卷 4《里仁》,《论语注疏》卷 4,《十三经注疏》,中华书局 1980 年版,第 2471 页。

②《孟子》卷 5《滕文公上》,《十三经注疏》,中华书局 1980 年版,第 2702 页。

③《汉书》卷 24《食货志》,中华书局 1962 年版,第 1153 页。

④《旧唐书》卷 177《曹确传》,中华书局 1975 年版,第 4607 页。

⑤《资治通鉴》卷 207,则天后"久视元年十月"条,中华书局 1956 年版,第 6553 页。

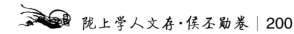
良作用。在西汉时,四夷之客络绎而至,随之官吏与四夷客商间便发生了"赂遗赠送"①的现象。三国曹魏黄初二年(220年),驸马都尉孔桂曾"私受西域货赂"②。这一时期,西域杂胡欲来贡献,而(河西走廊地区)"诸豪族多逆断绝;既与贸迁,欺诈侮易,多不得分明",以致"胡常怨望"③。历代王朝对外国使者和商人来华,均耗费巨资相待。西汉时,"设酒池肉林,以飨四夷之客",又"赂遗赠送,万里相奉,师旅之费,不可胜计,至于用度不足",于是采用"榷酒酤"的办法,即实行酒业专卖政策,以解决财政亏空问题④。隋炀帝即位后,为"慕秦皇、汉武之事",遂遣黄门侍郎裴矩前往张掖,劝令西域胡商入朝,结果来华胡商络绎于路,"所经郡县,疲于送迎,糜费以万计,卒令中国疲弊以至于亡"⑤。宋淳祐间(1241—1252)番舶巨舰,贩往中国的商品"皆浮糜无用之异物,而泄于外夷者,乃国家富贵之操柄",中国从中所得无几,而"所失者不可胜计矣"⑥。胡商来华时日一久,日渐骄纵不法,从而导致严重社会问题。明正德间(1506—1521),来华"各处回夷,在馆四五年住歇,恣意妄为,骄纵特甚"⑦。佛朗机(即葡萄牙)人,曾诱使

①《资治通鉴》卷43,汉光武帝"建武二十二年"条,中华书局1956年版,第1403页。

②《三国志》卷3《魏书·明帝记》注引《魏略》,中华书局1959年版,第101页。

③《三国志》卷16《魏书·任苏杜郑仓传》,中华书局1959年版,第512页。

④《资治通鉴》卷43,汉光武帝"建武二十二年"条,中华书局1956年版,第1403页。

⑤《资治通鉴》卷180,隋炀帝"大业三年十月"条,中华书局1959年版,第5635页。

⑥《宋史》卷180《食货志(下一)》,中华书局1977年版,第4399页。

⑦转引自张星烺:《中西交通史料汇编》第5册,中华书局1978年版,第218页。

中国的不法之徒做内奸，为其刺探官府"轻重"，"示之以地形虚实"①。显然，伴随中国封建社会开放而生的弊端是多方面的，不论哪一种弊端，对中国封建社会开放都曾发生过强烈的制约作用。

复杂的国际环境、外国的频繁侵略，也曾对中国封建社会的开放产生过很大影响。在历史上，那些有声有色的开放，总是与有利的国际环境因素联系在一起，而闭关锁国现象则往往与外国的侵略分割不开。在中世纪，当罗马帝国倾覆之后，久负盛名的丝绸之路，曾因波斯沙散里（波斯统治者）势力的侵略扩张而"封闭"了②。大秦王"常欲通使于汉"，而因安息从中"遮阂"，故"不得自达"③。明正德间（1506—1521），佛朗机谎称"入贡"，当明朝政府未予防备时，他们却"自西海突犯东莞城（今广东省东莞市），大肆杀掠"④。在西洋人到达初期，我国东南和南部沿海的浙江、福建和广东三个地方，曾"大规模与西方进行贸易，但由于倭寇之祸"，明朝政府便禁止"商人私自进行海外贸易，只许广东和福建两个港口仍旧开放"⑤。侵华荷军司令松克也曾毫不掩饰地说："我们以前在中国沿岸的行动，激起了全中国人民反对我们，普遍把我们当作谋杀者、劫掠者和海盗。……我们用来对付中国人的方法确是苛刻和残忍。我认为贸易是要通过他们的，我们苛刻和残忍就永远不能得到贸易。"⑥东印度公司在给使华全权大使马卡

---

①《羊城古钞》卷 8，转引自张星烺《中西交通史料汇编》第 1 册，中华书局1977 年版，第 406 页。

②转引自朱杰勤译《中外关系史译丛》，海洋出版社 1984 年版，第 132 页。

③《后汉书》卷 88《西域传》，中华书局 1965 年版，第 2931 页。

④《羊城古钞》卷 8，转引自张星烺《中西交通史料汇编》第 1 册，中华书局1977 年版，第 406 页。

⑤转引自朱杰勤译《中外关系史译丛》，海洋出版社 1984 年版，第 120 页。

⑥转引自朱杰勤译《中外关系史译丛》，海洋出版社 1984 年版，第 26 页。

特尼的训令中说:"吾人深知欧人初抵中国沿岸时,均许在各口岸自由贸易。但因其(指英国使团)行为不检,致触怒于华人,所以一切欧人(被)限于广州贸易①。可见,倭寇、荷兰侵略者和英国使团等的侵略暴行及其妄图"垄断"中国对外贸易的行径,致使中国的对外开放屡受劫难。

以上诸多因素,虽从不同方面对中国封建社会的开放予以制约,但都不属起决定性作用的因素。制约中国封建社会开放的更具影响力的因素是自给自足的自然经济、落后的生产方式和低下的生产力水平。

自古以来,中原及其周围广大地区因受天然宜农环境与低下生产力水平的影响,使中国早在夏、商、周三代时就逐渐走上了以"农本"立国的道路。秦汉以后,以农为本、以追求温饱和小康为目标的自给自足经济,几乎成了中国封建社会固定不变的经济模式。在这样的经济条件下,无求于他人、无求于它国,就成为封建制度下突出的社会现象。所以,直至封建社会后期,清乾隆皇帝在致英王佐治三世函中,就曾很自豪地说:我"天朝物产丰盈,无所不有,原不藉外夷货物以通有无"②。后来,马克思也曾指出:清朝对外国货物"缺乏需求",以致使英国的对华贸易"遇到障碍"不少③。毫无疑问,自给自足的自然经济在抑制中国封建社会的对外开放中曾发生过无可估量的影响。

若深一层来看,在各种形态的社会中,"整个社会生活、政治生活

①转引自朱杰勤译《中外关系史译丛》,海洋出版社1984年版,第119页。
②转引自朱杰勤译《中外关系史译丛》,海洋出版社1984年版,第323-324页。
③马克思:《对华贸易》,《马克思恩格斯选集》第2卷,人民出版社1972年版,第59页。

和精神生活过程",都是由"物质生活的生产方式制约着"①,人们之间的物质联系也都由"生产方式决定"②。如张骞通西域后,中国封建社会的生产方式,几乎无所变更地一直延续了两千多年。这种生产方式,近乎遏止了社会的发展。深受这种生产方式影响的古代中国人,总是认为:"中国为天下之中","以为世界唯中国独大,余皆小且野蛮",外国人深感欲使中国人"师事外人殆虚望而已"③。落后生产方式的束缚,使中国封建社会的人显得如此自信和虚骄,甚至表现出短视和无知,因而没有也不可能敞开国门同世界各国进行大规模的经济文化交流。

马克思还认为,"各民族之间的相互关系,取决于每一个民族的生产力、分工和内部交往的发展程度。这个原理是公认的"④,"只有随着生产力的这种普遍发展,人们之间的普遍交往才能建立起来"⑤。从这个意义上,我们可以肯定地说,低下的生产力水平当是中国封建社会低层次有限开放基本特点形成的深层亦即最基本的制约因素。

三

中国封建社会的开放,断续相继地进行了一千多年,基本呈现利

---

①马克思:《政治经济学批判》序言,《马克思恩格斯选集》第2卷,人民出版社1972年版,第82页。

②《德意志意识形态》,《马克思恩格斯选集》第3卷,人民出版社1972年版,第31–36页。

③[意]利玛窦:《入华记录》转引自王庸《中国地理学史》,商务印书馆1998年版,第99页。

④《德意志意识形态》,《马克思恩格斯选集》第3卷,人民出版社1972年版,第24页。

⑤《费尔巴哈》,《马克思恩格斯全集》第1卷,人民出版社1972年版,第39页。

弊相兼、以利为主的状况。可是,诸多"利"的方面,究竟对中国封建社会制度起了什么样的影响呢? 对此我们从以下方面作些分析考察:

农业是受封建社会开放影响较为明显的一个部门。如乾隆重修《肃州新志》说:"不是张骞通异域,安能佳种自西来。"据统计,从公元一世纪至元朝忽必烈时代,自西域传入中国的农业品种就有"六十八种之多"①,如胡萝卜、胡瓜、葡萄、苜蓿、石榴等,而胡椒等香料也不断输入中国,使中国古代的农业品种增加了,人民的食品也更为丰富了。然而,新的农业品种的增加对作为封建制度基础的自然经济却无损有益。

从西域输入"汗血宝马""麒麟(长颈鹿)"②"狻猊(狮子)""吼"等优良马匹和珍稀动物,使中原人有可能役使优良马匹,亦可观赏到一些珍稀动物。可是,"汗血宝马"除"充于黄门"③即用于朝廷庆典等礼仪外,更多的则被供作王公贵族骑乘游玩。唐人杨师道《咏马》诗曾生动描述西汉王公贵族一年四季玩"汗血宝马"的情景。诗云:"宝马权奇出未央,雕鞍照耀紫金装,春草初生驰上苑,秋风欲动戏长杨。鸣珂屡度章台侧,细蹀经向濯龙旁,徒令汉将连年去,宛城今已贼名王。"④明孝宗弘治年间(1488—1505),西番进贡了一只狮子、二只吼。"吼"这种动物,"形类兔,两耳尖长,竟长尺余。狮作威时即牵吼视之,狮畏服不敢动"⑤。对外国进贡狮子等动物,当时不少朝臣曾持有异议,认

①转引自朱杰勤译《中外关系史译丛》,海洋出版社1984年版,第132页。

②"麒麟"是中国古代史上被视为特别吉祥的一种动物。这种原不产于中国的动物,实际上就是指长颈鹿。

③《汉书》卷96下《西域传》,中华书局1962年版,第3928页。

④[宋]李昉等编《文苑英华》卷330《诗》,中华书局1966年版,第1718页。

⑤严从简:《殊域周咨录》卷15,转引自张星烺:《中西交通史料汇编》第5册,中华书局1978年版,第216页。

为于国无所补益。如礼科给事中韩鼎就曾谏道："狰狞之兽，非宜玩狎，却之。"①后来礼部尚书倪岳上疏说:狮子"乃夷狄之野兽，非中国之所蓄。留之于内，既非殿廷之美观，置之外，亦非军伍之可用"②。所以，当将所进贡狮子退回外国时，朝臣便一片欢腾。正如李东阳《却贡狮诗》云:"万里狻猊初却贡，一时台省共腾欢。"③

元朝时，自西域传入了地球仪。地球仪"其制以木为圆毬，七分为水，其色绿;三分为土地，其色白。画江河湖海，脉络贯穿于其中，画作小方井，以计幅员之广袤、道里之远近"。④地球仪当时只传入一个，且被藏于秘府，一般人见不到，未起到向中国传播"地圆"观念和经纬度绘制地图技术的作用。明末，意大利传教士利玛窦来中国，以绘制世界地图为手段进行传教。当时的中国士大夫们把利玛窦的世界地图视之为珍异之物而予收藏，但并未真正认识其科学价值，所以没有被国家收藏和用于地图的测绘。在西方经纬度绘制地图方法传入中国后，在清初虽然用于测绘大清《皇舆全图》，但地图绘成后，只有部分高层官员能见得上，因此，经纬度绘图方法也未能普及。直至同治年间(1862—1872)，当胡林翼依据《皇舆全图》绘制《清一统舆图》后，经纬度绘制地图方法才逐渐走上了普及之路。这说明，地球仪和经纬度绘图方法对中国地图学及社会进步的影响十分有限。

佛教、基督教、伊斯兰教和莫尼教等外国宗教，在封建社会中相继传入中国。这些宗教的传入，除了为中国封建社会的宗教文化增添

①②严从简:《殊域周咨录》卷 15，转引自张星烺《中西交通史料汇编》第 5 册，中华书局 1978 年版，第 216 页。

③严从简:《殊域周咨录》卷 15，转引自张星烺《中西交通史料汇编》第 5 册中华书局 1978 年版，第 17 页。

④《元史》卷 48《天文志一·西域仪像》，中华书局 1976 年版，第 999 页。

了新的内容外，谈不上对中国社会发展有何推动。

明代中后期，社会上所孕育和产生的资本主义萌芽，是中国封建社会制度发生变革的重要反映，对完整的封建社会制度具有某种分解作用，但是否与当时的开放有什么关系？

明代冶铁业很盛，各地均有民营和官营两种矿。山西阳城民营矿从1457—1487年每年交纳课铁50万~60万斤之多，若以1/15的税率计，每年约计产铁750万斤~900万斤之间。河北遵化铁矿，占地4500余亩，有"夫匠"2500人，铁炉深1丈2尺，可容矿砂2000多斤，每天4炉，共约800斤左右。

据宋应星《天工开物》记载，长江下游一带棉纺业发达，"凡棉布寸土皆有"，"织机十室必有"；上海附近的松江为纺织业中心，"俗务纺织，他技不多"，"纺织不止村落，虽城中亦然"。南方丝织业尤盛于棉织业，全国有20多个城市丝织业有较大发展，如南京、苏州、松江、杭州、嘉定、湖州、成都、济南等，而苏州丝织业居全国中心地位，其"郡城之东，皆习机业"，工匠多达数千人。在纺织业领域内还出现了"机户出资，机工出力"[①]和"计日受值"（按日计发佣金）的雇佣关系。

制瓷业遍布全国各地，而以景德镇的制瓷名冠天下、誉播海外。当地官窑专门为朝廷生产贡品，而民窑产品主要远销南洋、西洋各国。史书说得好，景德镇"工匠来八方，器成天下走"。

明代中后期的农业，在河南、山东、江淮及东南沿海，逐渐向专门化、单一化方向发展，也就是说传统的地区性的自给自足自然经济开始变化。如嘉定地区农民多种棉花，而不种稻子，所以当地是"县不产米，仰食四方"；福建农民多种甘蔗，粮食便"仰给浙（江）、

①《万历宝卷》卷31。

直(江苏)"①。农业领域内也出现了雇佣关系,最为明显者就是出现了"长工"和"短工"。"长工"一般"计岁受值",而"短工"一般"计日受值"②。这表明,最能反映封建社会特征的人身依附关系明显减弱了。

商业活动,明朝中后期全国各地都有所发展,而东南沿海的港口城市尤为繁盛。仅广州来看,正如一首诗所描述:"山阿大舶映云日,贾容千家万家室。"③高大的商船云集广州港,各种容貌的外国商人住满了每一家旅店。

不难看出,有关明代中后期资本主义萌芽孕育史料表明,只有沿海港口城市商业的繁盛、景德镇制瓷业的发展与当时的中外经济交往有一定关系。这表明中国的对外开放仍有限。

总之,以张骞"凿空"通西域发其端、以19世纪30年代中外贸易收其尾,整个封建社会断续相继、盛衰多变的低层次有限开放,虽然有其可堪称道者,然而它只不过是以"封闭"为主的封建社会的伴生物,其历史作用直至封建社会末期,从未对我国低下的生产力水平、落后的生产方式发生明显影响,从未变成足以撼动封建社会制度本身的一种强有力的社会因素。所以直至鸦片战争前夕,中国依旧在封建老路上蹒跚。

(原刊于甘肃《社科纵横》1995年第4期)

①陈懋仁:《泉南杂志》卷上。
②弘治:《吴江县志》卷5《风俗》。
③孙蕡:《西庵集》卷3《广州歌》。

略论中国古代开放中的"除弊"问题

在古代社会中,无论任何国家,一味固守同别国的隔绝状态,那对自己国家的发展势必是不利的。这一点已为历史所证明。那么是否可以说,在古代只要对外实行开放政策,就一定会有百利而无一弊呢？大量史实表明,历史发展本身也非如此。

中国古代社会,曾打破过同外国的隔绝状态,长时期断续相继地实行了低层次有限开放政策①。这对中外经济、文化交流,也对当时社会发展,无疑起了积极作用。然而,自张骞"凿空"通西域,启动中国古代社会开放之门,诸多弊端便接连产生,以致成为长期困扰历代封建统治者的严重问题,因此在较大程度上影响了各个时期的正常开放。

中国古代封建王朝,曾经为了消除开放中所存在的弊端做了很多的努力。但作为学术问题,这仍是史学界尚未触及的一个重要问题。本文拟通过对古代社会开放中除弊思想的萌发与演变、除弊的主要措施和积弊屡除不尽的原因等问题的初步探讨,陈述自己拙见。如有不当,请专家们指正。

一、"除弊"思想的萌发与演变

中国古代社会开放中的"除弊"思想,有一个萌发、形成和发展的

---

①"低层次有限开放",是中国古代社会开放的基本特点,其主要限于手工业产品和农业产品的交易及文化形式的传播,对思想和社会制度的影响有限。

过程。而在这个过程中,又明显地呈现出一定的阶段性。若从"除弊"思想的内涵分析,其阶段性脉络大致如下:

1."除弊"思想的萌发

汉武帝以宏大气魄,打开对外长期封闭的国门,不长时间西域朝贡使者和胡商蜂拥而至,西汉王朝的大国声威因此而远播"四夷"。汉武帝对外打开国门,其意本在利国,然而,正当西汉统治者陶醉于"四夷"臣服的盛况时,伴随开放大潮而生的各种弊端,便日渐显露于社会。《汉书·西域传》孝武之世,"设酒池肉林,以饷四夷之客";"赂遗赠送,万里相奉,师旅之费,不可胜计,至于用度不足"的记载表明,国门一经打开,过分优待四夷之客,官吏贪污受贿,加重民众迎送负担,造成王朝财政困难等弊端,便随之而产生。

当西汉健全的社会肌体受到方面如此之多、影响如此之大的弊端危害时,有识之士就对其有所察觉和认识,并指出,"汉征匈奴,招四夷,天下多费,财用益匮"[1],从而开始萌发了除弊趋利的思想。

东汉初年新的王朝虽已建立,统一局面虽已出现,但社会所受战争创伤还未完全消除。在这种情况下,若仍然敞开国门,如同西汉一样对外开放,对新王朝势必弊多利少,甚至有损无益。因此,光武帝"远览古今,因时之宜"[2],从当时社会实际出发,拒绝西域诸国送侍子来汉。这明显反映出光武帝也有了以减轻国家负担为目的的除弊思想。

2."不以蛮夷劳弊中国"思想的形成

三国曹魏统一北方后,西域龟兹王和其余各国遣使来朝,大鸿胪

---

[1]《史记》卷 120《汲郑列传》,中华书局 1959 年版,第 3113 页。

[2]《资治通鉴》卷 43 汉光武帝"建武二十二年"条,中华书局 1956 年版,第 1404 页。

崔林担心胡商乘机冒充使者来魏，致使各地吏民"道路护送，所损滋多。劳所养之民，资无益之事，为夷狄所笑"的现象发生，于是下文到敦煌郡，命令按以前接待西域使者、胡商的有关规定办事①，不得有劳弊国家之事发生。

到了隋朝，开放中的弊端所造成的危害日益严重。隋炀帝时，"西域胡往来相继，所经郡县，疲于送迎，糜费以万万计，卒令中国疲弊以至于亡"②。

唐贞观初，太宗委任凉州都督李大亮为西北道安抚大使，并责令"于碛口（在今新疆哈密之东）贮粮，来者赈给，使者招慰"。为此李大亮上疏建议："欲怀远者必先安近，中国如本根，四夷如枝叶，疲中国以奉四夷，犹拔本根以益枝叶也。臣远考秦汉，近观隋室，外事戎狄，皆致疲弊。今招致西突厥，但见劳费，未见其益。"③贞观四年（630年），高昌王麹文泰将入朝，西域其他各国亦想借此机会遣使贡献，这虽有利于唐朝的继续开放和声威的提高，但魏征却谏道：今"中国始平，疮痍未复，若微有劳役，则不自安。往年（麹）文泰入朝，所经州县，犹不能供，况加于此辈。若任其商贾来往，边人则获其利；若为宾客，中国即受其弊矣"。又说：东汉建武二十二年，天下已宁，西域请置都护，送侍子，光武不许，"盖不以蛮夷劳弊中国也"，"今若许十国入贡，其使不下千人，欲使缘边诸州何以取济？人心万端，后虽悔之，恐无所及"④。

---

①《三国志》卷24《魏书·韩崔高孙王传》，中华书局1959年版，第680页。

②《资治通鉴》卷180，隋炀帝"大业三年十月"条，中华书局1956年版，第5635页。

③《资治通鉴》卷193，唐太宗"贞观四年七月"条，中华书局1956年版，第6081页。

④《旧唐书》卷71《魏征传》，中华书局1975年版，第2548页。

魏征的这些谏言，同西汉以来有识之士对开放中弊端的见解一脉相承。足见，开放中所产生弊端有着共同性，因而除弊思想自然会不谋而合。我认为，魏征有关东汉光武帝"不以蛮夷劳弊中国"之说，是对这一时期除弊思想的高度概括和精当表述。因而，此说的提出，标志着中国古代除弊思想的形成。

3. 以"法"除弊思想的成熟

自唐代起，伴随封建社会的发展，对外开放规模也日益扩大，来华外国使者和商人随之激增，而开放中所产生的弊端，也有增多和加重之势。为了使对外开放顺利进行，预防弊端不断发生，以及避免处置弊端中随意性，于是唐朝统治者在以前诸王朝的基础上，开始改变以帝王之"言"代"法"的做法，比较明确地在《唐律·卫禁律》中增加了有关除弊的条文（见本文"除弊的主要措施"），从而使我国古代的开放发展到了以法除弊的阶段。

法律条文的制订，虽是我国古代开放中除弊的一大进步，但这并未能使弊端绝迹。事实上，弊端丛生现象依然如故。武则天光宅元年（684年），广州都督路元叡"闇懦，僚属恣横。有商舶至，僚属侵渔不已"，引起"群胡怒"，以致发生昆仑杀路元叡及左右十余人而去[1]。明正德（1506—1521）时，来朝"各处回夷，在馆四五年住歇，恣意妄为，骄纵特甚"[2]。来明朝各夷，"蜂虿之毒，恃恩骄恣，沿途延住，挠扰驿递，因而窥觇虚实，透漏事情，交通无籍军民，私卖违禁货物，伴送人

---

[1]《资治通鉴》卷203，则天后"光宅元年七月"条，中华书局1956年版，第6420页。

[2] 转引自张星烺编《中西交通史料汇编》第5册，中华书局1978年版，第218-219页。

役故纵,不行防阻,贻患非细"①。嘉靖二十八年(1549 年),佛朗机(即葡萄牙)纵横海上,无所忌惮,"其市香山澳、壕境(今广东中山、珠海及澳门一带)者,至筑室建城,雄踞海畔,若一国然"②。18 世纪时,英国使团在广州横行霸道,竟然把广州变成了"稍胜于海盗巢穴而已"的地方③。以上弊端,都是在有法不依和蓄意违法的情况下发生的。

面对法律屡遭破坏,国威严重受损的情况,明正统(1436—1449)中,礼科都给事刘穆曾上疏建议:"命礼部(向外夷)宣布国威,(对外夷)严加戒斥",对"抚夷诸官,量行惩治,以后务要严加防范,不许交通贿赂,坏我国法,损我国威"④。刘穆关于不许外夷和抚夷诸官"坏我国法,损我国威"的建议,是对汉唐间"不以蛮夷劳弊中国"的除弊思想的继承和发展,同时又是对隋唐至明清时期除弊思想的新概括。这一见解的提出,标志着我国古代开放中除弊思想完全成熟了。

二、除弊的主要措施

在中国古代低层次有限开放中,曾经出现弊端丛生、危害匪浅现象。历代王朝针对这种现象,在集权型管理体制下,从中央到地方采取各种措施,运用多种手段,多方进行除弊,从而对开放的顺利进行起到了一定促进作用。

就整体看,历代王朝在集权型管理体制下,对来华客商多方面提

———————

①转引自张星烺编《中西交通史料汇编》第 2 册,中华书局 1977 年版,第 352 页。

②《明史》卷 325《外国传·佛朗机》,中华书局 1974 年版,第 8432—8433 页。

③转引自朱杰勤译《中外关系史译丛》,海洋出版社 1984 年版。

④转引自张星烺编《中西交通史料汇编》第 3 册,中华书局 1978 年版,第 286–287 页。

供便利,大力保护正当贸易,是除弊的主要措施。早在三国曹魏时,来华胡商屡被河西地区的豪族所欺诈。仓慈任敦煌太守后,为保护正当贸易,一方面慰劳被豪族所欺诈的胡商,另一方面对胡商中"欲诣洛(阳)者,为封过所;欲从郡还者,官为平取,辄以府见物与共交市,使吏民护送道路,由是民夷翕然称其德惠"。①北魏统一北方后,为利正常贸易,接待四夷之客,曾在洛阳的永桥以南、圜丘以北、伊洛二水之间,夹御道设置四夷馆。御道之东设金陵、燕然、扶桑、崦嵫四馆,而御道之西设归正、归德、慕化、慕义四馆。北魏由于有效保护了正当贸易,因此,"自葱岭已西,至于大秦,百国千城,莫不款附。商胡贩客,日奔塞下,所谓尽天地之区矣"。而四夷"乐中国风土,因而宅(四夷馆)者,不可胜数。是以附化之民,万有余家。……天下难得之货,咸悉在(洛阳)焉"。②到隋代,为保护正当"互市",政府特地委派专职官员掌管涉外纲纪、贡献财货、纠察违法诸事③。李唐王朝,国力强大,疆域广阔,对外贸易发达,保护和管理对外经济交流的机构与制度,臻于完善,除在内陆设有机构外,还在广州专门设了隶属中央的市舶司,置市舶使职掌具体事务④。唐代还规定,"海商死者,官籍其赀。满三月,无妻子诣府",则赀归官府。但孔撰以为外商之家远在海外,若将死讯告知其家人,必费时日,认领死者财产的时间,不应以三月"为限"。唐朝以此保护身死于中国客商的正当权益⑤。元代曾分别在泉州、上海、

①《三国志》卷16《魏书·任苏杜郑仓传》,中华书局1959年版,第512页。
②参见范祥雍校注《洛阳伽蓝记校注》卷3,上海古籍出版社1958年版,第161页。
③《隋书》卷28《百官志下》,中华书局1973年版,第798页。
④《新唐书》卷112《柳泽传》,中华书局1975年版,第4174页。
⑤《新唐书》卷163《孔戣传》,中华书局1975年版,第5009页。

澉浦、温州、广东、杭州、庆元设七所市舶司,主管海外贸易及征税诸事①。若外商在中国官、私客栈住宿,店主还代为保管财物,代办有关事务。自元朝起,为便于解决外国教民之间的纠纷,中国政府还特意委任有威望教徒协助政府作宣讲教义,带领教民祷告,并负责对某些违法事件作出判决②。元以后的明清,基本沿袭了以上机构与制度,从而为中外正当贸易提供了可靠保障,并因此在一定程度上防止了大量弊端的产生。

依法限制某些经济交流活动,以防弊端产生,这在历史上是屡见不鲜的。诸如限定年限:钦定一些国家一年一贡,或二年、三年以至五年一贡。《尼布楚条约》签订后,1692年沙皇俄国派人来华,欲探明清政府对双方通商态度。清政府虽同意通商要求,但限定俄国"商队每隔三年来京一次,每次不得超过二百人,居住俄罗斯馆,以八十天为期"③。限贡献地:各国贡使,必至京城贡献方物,如元代时曾规定"肃州、甘州以东,(外国)商队不得通行。欲往者须以大使通聘名义,方得至大汗之庭"④。限民市:自汉以来,对外商与中国民间的私下商品交易多有限制。明嘉靖(1522—1566)时,规定外使(包括冒充使节的商人)在途经陕西、河南、直隶等地,若以所剩货物"与(中国)军民交通卖买",将被"枷号问罪";伴随外商的中国官员,如若失职,也将"从重

①《元史》卷94《食货志·市舶》,中华书局1976年版,第2402页。

②《萍州可谈》卷二云:"广州蕃坊,海外诸国人杂居。置蕃长一人,管勾蕃坊公事,专切招邀蕃商。"

③樊树志:《从恰克图贸易到广州"通商"》,见《社会科学战线》1982年第2期。《明史·外国传·日本》亦载:嘉靖十九年二月规定,日本"贡期限十年,人不过百,舟不过三,余不可许"。

④转引自张星烺编《中西交通史料汇编》第1册,中华书局1977年版,第358页。

治罪"①。

依法禁止与制裁经济违法行为。从汉至唐,对外开放断续进行了700多年,在经济交流方面,逐渐形成了依法管理的制度。西汉明文规定,对外贸易必须有官府的许可,否则将以"阑出财物于边关"论罪。《汉律》还规定:"胡市,吏民不得持兵器出关。虽于京师市买,其法一也。"②《唐律·卫禁律》的规定更为详尽与严格,如:中国人"越度缘边关塞,将禁兵器私与化外人者,绞";"化外人越度入境,与化内交易,得罪并与化内人同"。唐《关市令》甚至把违法越境交易区分为"三度",即"私度"(主要指无公文、无过所,而从关门过者)、"越度"(凡关不从门,津不从济而度者)、"冒度"(凡不应度关者,官府违禁发给过所,或冒充他人姓名取得过所而度关者)。同时规定:违者或罚以徒刑,或没收部分以至全部财物,或处以绞刑等③。从《宋刑统·卫禁律》看,宋代也继承了汉、唐以来依法管理对外经济交流的传统政策。

依法惩处刑事犯罪,以利中外经济交流。来华胡商,有时同中国人,有时他们相互之间,发生诸如打架斗殴、抢劫财物之类犯罪事件。对这类犯罪,历代王朝同样依法惩处。《宋刑统·名例律》规定:"诸化外(外国)人,同类自相犯者,各依本俗法;异类相犯者,以法律论。"《宋刑统·名例律·疏议》对有关规定还作了通俗的阐释,如说:相犯者为同一国籍之外国人时,即按该国法律论处;而相犯者为国籍不同之

①转引自张星烺编《中西交通史料汇编》第5册,中华书局1978年版,第219页。

②《史记》卷120《汲郑列传》,应劭注引《汉律》,中华书局1959年版,第3110页。

③岳纯之点校《唐律疏议》卷8《卫禁律》,上海古籍出版社2013年版,第144页。

外国人时,当按中国法律论处;若外国人与中国人相犯,亦按中国法律论处。以上三类处治,不仅对清除中外经济交流中的弊端大有益处,而且维护了中国的尊严和社会秩序。

中外经济交流越频繁,来华外商、使者和僧人中的狡黠之徒越多,因而在华犯罪并逃避中国法律制裁者也就层出不穷。为清除这一弊端、缉拿逃犯、保护中外正当贸易,自元代起中国政府就招请一些画家,把来华外国人肖像画出,以备其犯罪逃匿时作缉拿之用。摩洛哥旅行家依宾拔都他在其《游记》中写到游历中国的情况时说:14世纪中期,"凡经过被国(中国元朝)者,莫不绘其像焉……当吾辈被召入宫时,已有人详视吾辈,兼绘吾像,而吾辈竟不知之也。此该国风俗使然……绘画亦可助刑事,作查访之用。倘有外国人犯罪,而欲逃出中国,甚难事也。中国将像绘出,送至各省,派人查访。若有面貌相像者,官吏即可捕之"①。

中国古代的低层次有限开放中所实行除弊措施,虽不尽完善和有力,但在保护正当贸易方面,却收到了较好效果。

三、弊端屡除不尽的原因

在中国古代开放中所产生弊端屡除不尽,成了社会痼疾。应如何认识造成这种状况的社会原因呢?

中国古代社会的开放,若就实质而言,它是适应社会发展的需要,打破中国与外国之间隔绝状态而进行的经济文化交流。基于历史发展的这一客观情况,与开放相伴而生的诸多弊端屡除不尽的原因,势必存在于中国和外国两方面。就外国方面来看,外国商人来华进行

---

①转引自张星烺编《中西交通史料汇编》第2册,中华书局1977年版,第73页。

违法交易,侵夺他人财物,教唆中国"奸民"刺探军情等,主要是其谋取暴利的欲望所致。就中国方面来说,其情况较为复杂,概言之,弊端屡除不尽原因涉及当时社会各阶层。古代帝王为炫耀国威,经常优容违法外商,各级官吏又常常乘机以权谋私,地主豪绅中之"奸民"又常见利忘义等等。然而,以上诸方面虽然都是古代开放中弊端屡除不尽的原因,但如此不分主与次,不辨表象与本质,并不足以从根本上说明问题。我认为,导致开放中弊端屡除不尽的根本原因,主要在于封建官本位制度所赋予地方官吏的特权地位。

封建官本位制度为封建社会所特有,是维系封建制度的重要因素,同时又是封建官吏最主要的护身符。它以君权至上为核心,以维护各级官吏特权地位为内容。在封建社会,有人一旦入仕做官,就会自然得到这种护身符,并因此而地位升腾,身价百倍,权力膨胀。当时地方官吏中的那些贪官污吏,由于他们亲自主持具体经办对外开放事务,因而在封建官本位制度庇护下,违犯法度,贪污受贿,大饱私囊。如果没有封建官本位制度的庇护,他们根本不可能在对外开放中如此肆无忌惮。

在封建官本位制度庇护下,地方官吏利用开放营私舞弊,其例举不胜举。早在西汉时,四夷之客络绎而至,官吏与客商间"赂遗赠送"[1]现象就发生了。北周宇文毓三年(559年),一些不法刺史利用番夷往来,前后"多受贿遗"[2]。隋文帝时,西北边地一些官吏采用向胡商送"小物"的方式,换取其"馈遗鹦鹉、麂皮、马鞭之属"[3]。明孝宗弘治中

---

①《资治通鉴》卷43,汉光武帝"建武二十二年"条,中华书局1956年版,第1403页。

②《周书》卷39《韦瑱传》,中华书局1971年版,第694页。

③《隋书》卷2《高祖纪下》,中华书局1973年版,第54页。

（1488—1505），镇守甘肃的中官陈浩，当番使入贡时，令家奴王洪"多索名马、玉石诸物"①。可以说，地方官吏在开放中的违法犯罪，是与封建官本位制度相始终的。

至于影响古代社会开放中弊端屡除不尽的其他因素虽不能忽视，但它们并不起主要的和决定的作用。作为封建国家象征的帝王，在汉、唐及明永乐（1403—1424）间，曾多次发生过优容、赦免外商违法交易的事件。这类事件发生在所谓盛世，一般都是帝王从"天朝""上国"立场出发炫耀国威的，其影响并不像其他弊端大。中央高官大吏参与违法交易、以权谋私者虽不在少数，可是他们一般都是利用地方上的亲信爪牙干这类勾当的，因此在某种程度上属于地方官吏违犯法度的一部分。各地的地主豪族一般都是官宦之家，是一身而二任。他们在地方上"欺诈侮易"，也要找地方官吏做保护伞，因此与地方官吏的违犯法度行为分割不开。缘边、沿海"奸民"勾结外商、海盗案件虽然很多，但其情况较为复杂。其中有的为生活所迫，有的乃乘机谋利，而大多则是受地方官吏、地主豪族违法犯罪行为的影响所致。

在古代社会开放中，出身于地方豪族的贪官污吏有法不依，违法不纠，执法犯法，他们的这类违法犯罪行为对小官小吏、平民百姓影响很大。在古代，平民百姓对官吏从来就有"从行不从言"的现象，因此，《晋书·袁宏传》说："居上者不以至公理物，为下者必以私路期荣。"平民百姓由于社会地位卑贱，与他们有关的弊端较易清除，而那些受封建官本位制度庇护，与地方官吏有关的弊端，则很难除掉。所以古人说得好："去外国盗易，去中国盗难；去中国濒海之盗尤易，去

---

①《明史》卷 332《西域传四》，中华书局 1974 年版，第 8623 页。

中国衣冠之盗尤难。"①这就说明,中国古代社会开放中除弊的关键,在于破除封建官本位制度庇护下的中央与地方官吏的特权地位。从根本上说,要做到这一点是不可能的,历代王朝也未这样做过,所以,古代社会开放中的积弊也就屡除不尽了。

(原刊于《史学论丛》1992 年 9 月版)

---

① 《明史》卷 205《朱纨等传》,中华书局 1974 年版,第 5404—5405 页。

明代"却贡"制度考述

在中国古代历史上，中原王朝曾与外国及边疆民族长期进行贡赐贸易，这在中国古代贸易史上留下了浓墨重彩的一笔。中原王朝为了规范贡赐贸易活动和兴利除弊，曾创制并逐渐完善了"却贡"制度。到了明代，为适应贡赐贸易活动发展需要，曾强化了"却贡"制度的实施。不过，由于明代实施"却贡"制度的问题，在学术研究中尚属空白，故本文拟通过考述力求搞清楚其由来、内容及实施目的，以便为学术研究开个头，为当今改革开放提供一点参考、借鉴资料。

一、"却贡"制度的创始

"却贡"制度由来已久，若要真正搞清楚"却贡"制度，有必要先搞清楚"却贡"一词的涵义。

"却贡"一词，就整个中国古代文献记载而言是颇为稀见的，它在文献中的出现，往往与中外贡赐贸易活动联系在一起。对于其涵义，前人未曾有过专门阐释，至于其创始的时代与背景，更未见到学术界探讨的成果。

1. "却贡"释义

"却贡"一词中的"却"字与"贡"字，二者具有明显相反的涵义，这从常用辞书的释义中看得很清楚。

"却"，《说文解字》释曰："却"，古文亦作"卻"。段玉裁注曰："卻者,节制而卻退之也。"①陆尔奎等编《辞源》释曰:"卻,不受而还之也。"②《辞海》缩印本解释道:"却"有"退""拒绝""还"等涵义③。从以上辞书对"却"字字义的阐释,可以得知"却"字含有退还、拒绝、不接受诸义。

"贡",《说文解字》释为"献功也"。段玉裁注云:"按大宰以九贡,致邦国之用。凡其所贡,皆民所有事也。故职方氏曰:制其贡,各以其所有。"④陆尔奎等编《辞源》释"贡"道:"贡,献也;献其土物也。"⑤《辞海》缩印本解释道:"贡,献。古常指把物品进献给天子。"⑥显而易见,"贡"就是向帝王贡献物品或土特产。

如果我们再把"却""贡"二字,与外国、边疆民族同明王朝之间贡赐贸易实际活动联系起来考辨,就能进一步认识二字涵义。洪武十二年(1379年),高丽国贡黄金百斤、白金万两,"以不如约(即不符合先前的约定),却之"⑦。弘治二年(1489年),西域撒马儿罕(位今乌兹别克斯坦东部)贡献狮子,礼科给事中韩鼎上疏说:狮子是"'狰狞之兽,非宜玩狎,却之。'上嘉纳焉"⑧。弘治三年(1490年)秋,土鲁番使者不行丝路故道,而"又遣使从海道贡狮子,朝命却之"⑨。嘉靖二十三年

①段玉裁:《说文解字注》,上海古籍出版社1981年版,第431页。
②陆尔奎等:《辞源》上册,商务印书馆,民国版,第402页。
③辞海编辑委员会编《辞海》缩印本,上海辞书出版社1980年版,第1620页。
④段玉裁:《说文解字注》,上海古籍出版社1981年版,第280页。
⑤陆尔奎等:《辞源》下册,商务印书馆,民国版,第87页。
⑥辞海编辑委员会编《辞海》缩印本,上海辞书出版社1980年版,第509页。
⑦《明史》卷2,中华书局1974年版,第34页。
⑧严从简:《殊域周咨录》卷15,中华书局1993年版,第487页。
⑨《明史》卷329,中华书局1974年版,第8532页。

（1544年），日本使者"七月，复来贡，未及期（即还不到先前所定期限），且无表文（即未带本国的公文）。部臣谓不当纳，却之"。①

以上明代实施"却贡"的几个实例清楚地表明在贡赐贸易活动中，外国与边疆民族使者等前来贡献，凡贡献无益之物、贡献不走原商定贡道、贡使不带本国"表文"（即国家公文）等，明王朝按制度拒绝接受贡物，且作退还处理，并将其使者等送出边关，这即是"却贡"。事实上，"却贡"制度是十分复杂的，在这里只是说明"却贡"的涵义而已，至于较详细情况后文将作进一步考述。

2. "却贡"制度的创始

为便于深入了解和清楚认识明代的"却贡"制度，先来探讨我国古代"却贡"制度的创始问题。据载：早在夏商王朝时期，进行贡献的历史现象就已出现了，只不过基本上是地方向王朝中央的贡献，至于外国的贡献尚未见诸记载，边疆氏族部落亦无后世意义上的贡献，所以尚无"却贡"现象的产生。

据考，最早对外国和边疆民族的贡献采取"却贡"措施的王朝是西周。《尚书大传》附录《书义矜式·旅獒》载道："昔者，西旅贡獒（獒，今称藏獒），而召公用训于武王，既以明王慎德而远迩毕献方物言之，复以王者之锡物以劝于侯邦，而侯邦即物以戴圣，君者言之，且反复于昭德之致惟德其物之辞，良有以欤！"②明代郑一鹏曾据这一记载说："臣闻周武王时，西旅贡獒，太保召公奭，作书戒于（武）王曰：'明王慎德，四夷咸宾，不贵异物，贱用物，民乃足，犬马非其土性不畜，珍

---

①《明史》卷322，中华书局1974年版，第8350页。
②《尚书大传》附录《书义矜式》卷4，《文渊阁四库全书》第68册，台湾，第523页。

禽奇兽不畜于国,不宝远物,则远人格。'武王遂却而不受。"①周成王时,交趾之南的"越裳氏以三象重译(用多种语言一再转译)而献白雉,曰道路悠远,山川阻深,音使不通,故重译而朝成王,以归周公,公曰德不加焉,则君子不飨,其质政不施焉"。②明代郑一鹏对此也曾议论道:"成王时,越裳重九译来献白雉,周公亦以德不及为辞。"③据以上外国与边疆民族对西周王朝的贡献物品招致拒绝的事实,我们断言:中国古代历史上的"却贡"现象肇始于西周初年。

二、明代"却贡"制度梳理

在中国古代历史上曾经断续相继进行的贡赐贸易活动虽然历时悠久、贡赐次数众多、贡赐物品种类繁杂,涉及国家与民族也都不少,但并非杂乱无序、无章可循。实际上自西周以来,尤其自西汉以来,中原王朝在与外国及边疆民族进行贡赐贸易活动的过程中,逐渐创立和完善了相关制度,特别对违反制度进行贡献的现象实行了较为严厉的"却贡"措施,以此规范中国与外国及边疆民族之间贡赐贸易活动的正常进行。

我国历史上在实施"却贡"制度的统一王朝中,惟有明朝实施的"却贡"措施最多、情况最复杂,所保存相关资料也最为丰富,所以,我们拟以明朝具体事实为例,来较为详细梳理"却贡"制度及其主要内容:

1. "非常贡之物"拒绝接受

在贡赐贸易活动中,明王朝将贡物区分为对国家有益之物与"无

---

①《皇明经世文编》卷208,中华书局1962年版,第2184页。
②《尚书大传》卷3,《文渊阁四库全书》第68册,台湾,第410页。
③《皇明经世文编》卷208,中华书局1962年版,第2184页。

用之物"两类。有益之物,允许贡献,称为"常贡之物",而"无用之物"亦即对明王朝利益有损之物称为"非常贡之物"。"非常贡之物"一般不接受贡献,并采取"却贡"措施,即将有关物品以至有关使者等人送出边关。

对"非常贡之物"被"却不受"者,在明朝贡赐贸易活动中屡见不鲜。明太祖朱元璋在位期间,就已对外国与边疆诸民族所贡方物作出了规定。《皇明政要》载道:"上曰:'吾方有事,四方所需者,文武才能所用者,谷、粟、布、帛,其他宝玩非所好也,却其献。'"①此后,明朝在很大程度上实行了这一祖训。洪武年间(1368—1398),"西番来献葡萄酒,上谓中书省臣曰:'昔元(代)时,造葡萄酒,使者相继于途,劳民为甚,岂宜效之!且朕性不喜饮,况中国自有秫米供酿,何用以此劳民!'遂却之,使无复进"②。永乐四年(1406年),西域"回回结牙曲进玉椀,却之"③。成化三年(1467年),"朝鲜献海青(即海东青,雕的一种)、白鹊,谕毋献。"④弘治元年(1488年),"迤西(西域)夷人进贡玉石等物,却令取回"⑤。以上所"却"贡物,主要是葡萄酒、海东青、白鹊、玉椀、玉石等。其实,在明代诸如西牛、西狗、西马、驼、珊瑚、鹦鹉、狮子等亦在被"却"之列。这些被"却"贡物在当时对于国计民生实属无益,于经邦建国亦无所补,被"却"是明智之举。

2. 犯扰边地者"却其献"

明朝自建立初开始,既注意边疆地区的开拓,又注意边疆地区社

①《续修四库全书》第424册,上海古籍出版社2003年版,第97页。
②严从简:《殊域周咨录》卷10,中华书局1993年版,第360页。
③《明史》卷6,中华书局1974年版,第84页。
④《明史》卷13,中华书局1974年版,第164页。
⑤严从简:《殊域周咨录》卷15,中华书局1993年版,第487页。

会的稳定。不过,一些外国和部分边疆民族在同明朝进行贡赐贸易的同时又曾制造扰边事件,这就迫使明朝不得不对其实施"却贡"举措。

成化五年(1469 年),明朝北方"瓦剌强寇,今乃与哈密谐;非哈密挟其势以邀利,即瓦剌假其事以窥边。帝乃却其献,令边臣宴赉,遣还"。①武宗正德年间(1506—1521),土鲁番"满速儿犯边后,屡求通贡,不得"②。后"满速儿比岁来贡,朝廷待之若故⋯⋯嘉靖三年(1524 年)秋,(满速儿)拥二万骑围肃州(今酒泉),分兵犯甘州(今张掖)。⋯⋯(陈)九畴因力言贼不可抚,乞闭关绝贡,专固边防,可之"。③这说明,明朝对外国和边疆民族正常的贡献活动是保护的,至于犯扰边地者的贡献则是坚决拒绝的。

3. 诈冒贡使者"却其贡"

在贡赐贸易活动中,外国和边疆民族使者,"其以土物来市者,官酬其直(值)"④,有的还加官晋爵。自永乐五年(1407 年)起,哈密国"比岁朝贡,悉加优赐,其使臣皆增秩授官"⑤。仅从此即可看出,贡赐贸易对外国和边疆民族使者个人也是有益无害、名利双收。正是由于这种情况,因而在一定程度上诱发了很多外国和边疆人(包括商人、奸诈之徒等)频繁采取冒充"使者"与"王"等身份,甚至还有冒充其他国家之人来中国骗取赏赐,从而严重影响了正常贡赐贸易活动,致使明王朝大量府库之财外流。

据明代张翀奏疏称:"我太祖高皇帝(朱元璋)洞烛其(日本国人)

---

① 《明史》卷 329,中华书局 1974 年版,第 8516 页。

② 《明史》卷 329,中华书局 1974 年版,第 8523 页。

③ 《明史》卷 329,中华书局 1974 年版,第 8523–8524 页。

④⑤ 《明史》卷 326,中华书局 1974 年版,第 8440 页。

奸,乃洪武七年及十四年两却其贡,僧人发陕西、四川等各寺居住,仍著之祖训曰:日本国虽朝实诈,暗通奸臣,谋为不轨,故绝之。"①弘治四年(1491年),礼部尚书倪岳上疏曰:"伏望皇上念生民财力之艰难,察夷人诡冒之计,断自宸衷,阻其使臣,尽却所贡。"上嘉纳其言②。嘉靖中(1522—1566),巡抚都御史林富上疏曰:"谨按《皇明祖训》,安南、真腊、暹罗、占城、苏门答剌、西洋爪哇、彭亨、百花、三佛齐、浡泥等国,俱许入贡。惟内带行商,多设谲诈,则暂却之。"③同一时期,朝臣严嵩也奏称:"诸夷之入贡,号为王者不一,大抵皆其私称,不系我朝封爵,且如嘉靖十二年,土鲁番称王者七十五人,天方国(位今沙特阿拉伯西部)称王者二十七人,撒马儿罕称王者五十三人,又额即乩哈辛,原非入贡番夷亦差来使臣五十八名,盖西域贾胡,素号贪利,窥知回赐……及今不为限制,则将求入贡必复倍于前日,冒滥殊称,私窃名器,且以府库有限之财,填溪壑无穷之欲。"④又如嘉靖四十四年(1565年),佛郎机(明时指西班牙与葡萄牙)"伪称满剌加入贡。已,改称蒲都丽家。守臣以闻,下部议,言必佛郎机假讬,乃却之"。⑤外国与边疆民族一些人假冒"使者""王"等称号前来贡献,实际上是前来骗取明朝回赐之物,故一律采取了"却贡"举措,拒绝接受其所贡献物品,这自然是维护"却贡"制度的有力之举。

4."非常贡之邦"与"无表笺"者却其贡

在明朝时,将《逸周书·王会篇》《皇明祖训》和《明会典》所记载外国,认定为"常贡之邦",而以上文献未记载其国名者称"非常贡之

①《明史》卷329,中华书局1974年版,第8512页。

②《皇明经世文编》卷292,中华书局1962年版,第3074页。

③严从简:《殊域周咨录》卷15,中华书局1993年版,第488页。

④严从简:《殊域周咨录》卷10,中华书局1993年版,第360页。

⑤《明史》卷6,中华书局1974年版,第84页。

邦"。"常贡之邦"国家，所贡土特产凡符合贡赐贸易制度者一概受纳，而"非常贡之邦"国家贡物则一概"却贡"。同时，凡"常贡之邦"国家正式派出的贡使，都持有官方签发的、能够证明其身份的"表文"或"表笺"。这无疑反映了明朝对贡赐贸易的管理是颇为严格的，也是十分注意规范的。

据《皇明典要》记载：明"太祖以海外诸国进贡、信使往来，真伪难辨，遂命礼部置勘合文簿发诸国，俾往来皆有凭信稽考，以杜奸诈之弊"。①嘉靖三年（1524年），户科左给事中郑一鹏曾指出："'鲁迷（明朝时西域一国名，有专家以为今土耳其国）非常贡之邦，狮子非可育之兽，请却之，以光圣德。'礼官席书等言：'鲁迷不列《王会》，其真伪不可知。近土鲁番数侵甘肃，而边吏于鲁迷（使者名）册内，察有土鲁番之人。其狡诈明甚，请遣之出关，治所获间谍罪。'帝竟纳之。"五年（1526年）冬，御史张录言："华夷异方，人物异性。……乞返其（鲁迷）人，却其物，薄其赏，明中国圣人不贵异物之意。"②嘉靖时，巡抚都御史林富上疏道："佛郎机素不通中国，驱而绝之宜也。……凡番舶之来，私自行商者，尽皆逐去。……其《祖训》《会典》之所不载，如佛郎机者，即驱出境，敢有抗拒，不服督发，官军擒捕。"此奏疏，嘉靖帝"从其言"③。从这些记载看，明代对"非常贡之邦"之人的贡献不仅拒绝接受，而且还要进行强制性处罚。

自明朝初年开始，就已重视对各国贡使所持"表文"的查验，凡未持"表文"者即行"却贡"。洪武七年（1374年），日本"遣僧来贡而无表，帝命却之。其（日本）别岛守臣，亦遣僧奉表来贡，帝以无国王之命，且

①《明史》卷13，中华书局1974年版，第164页。
②严从简：《殊域周咨录》卷15，中华书局1993年版，第487页。
③《明史》卷329，中华书局1974年版，第8516页。

不奉(中国)正朔(即纪年制度),亦郤之;命礼臣移牒责之"。[1]另据明代李言恭、郝杰撰《日本考》记载:洪武四年(1371 年)、七年(1374年),日本僧人"无表文"来贡和有表文但未经国王所委任之贡,均"却其贡",有关僧人发陕西、四川各寺居住,且"著为训示",永久奉行[2]。洪武十三年(1680 年),"琉球、日本、安南、占城、真腊、爪哇入贡,日本以无表却之"。[3]嘉靖二十三年(1544 年)六月,"倭船一支,使僧什寿光等一百五十八人称贡,验无表笺,且以非期却之"[4]。《明史》就此亦载,是年"日本以无表却之"[5]。以上记载表明,明朝时的中外贡赐贸易,明显带有国与国之间官方贸易的性质,对非官方身份贡献者,贡物不予接受,这自然成了当时中外贡赐贸易的一个重要特点。

5. 常贡之邦"不如约"却其贡物

在明代,"常贡之邦"使者前来贡献,也有不少限制,并不是任其往来、畅行无阻。其实,"常贡之邦"国家使者向明朝的贡献活动有着贡物种类、贡道、贡期、贡献人数与持"表文"等方面的"约"定,凡"不如约"者便采取"却贡"或其他处罚措施。明代张翀指出:"外夷入贡,我国家著有常法,其来也接之以礼,其叛也示之以威。"[6]看来,明朝对"常贡之邦"使者的贡献活动管理也是很严格的。

据《明史》记载,在明朝时,各"常贡之邦"贡使来华贡献,都有事先"约"定的"贡道",凡不行走"贡道"者将"却"其贡。弘治二年(1489年),撒马儿罕使臣本应循西域道(即事先商定的丝绸之路)来明朝贡

①《明史》卷 329,中华书局 1974 年版,第 8523 页。

②《明史》卷 329,中华书局 1974 年版,第 8523–8524 页。

③④《明史》卷 326,中华书局 1974 年版,第 8440 页。

⑤《明史》卷 329,中华书局 1974 年版,第 8512 页。

⑥《皇明经世文编》卷 292,中华书局 1962 年版,第 3074 页。

献,可是,他们却经满剌加(即马六甲)绕道南海至广东,前来贡狮子、鹦鹉等,礼官耿裕等人认为:"南海非西域贡道,请却之。"①礼科给事中韩鼎等亦言:"狰狞之兽,狎玩非宜,且骚扰道路,供费不赀,不可受。"明孝宗谕曰:"珍禽奇兽,朕不受献。况来非正道,其即却还。"②弘治三年(1490 年)秋,土鲁番"又遣使从海道贡狮子,朝命却之,其使乃潜谐京师。礼官请治沿途有司罪,仍却其使,(帝)从之"。③正德五年(1510 年),乌斯藏(即藏族)"遣其徒绰吉我些儿等,从河州卫入贡。礼官以其非贡道",奏请处以"减其赏,并治指挥徐经罪,从之"④。

外国和边疆民族使者前来贡献,明王朝一般都以"年"为单位规定了贡期。不过,为各国及各民族所规定贡期多不一样,大体是邻近明朝的民族与国家贡期间隔年限较短,而居地遥远且无往来关系的国家贡期间隔年限则较长,对违背贡期者即以"却贡"制度处罚。永乐二年(1404 年),明朝为日本国"定约十年一贡……船止二艘,毋得夹带刀枪,如违例越贡,即以寇论"。⑤明朝规定,朝鲜"三年一聘,贡物唯所产,毋过侈"⑥。正统八年(1443 年),明朝规定爪哇国"每三年一贡,自后朝贡无常"⑦。嘉靖二十六年(1547 年),据"祖宗故事,惟哈密每年一贡,……他若哈烈、哈三、土鲁番、天方、撒马儿罕诸国,道经哈密者,或三年、五年一贡"⑧,否则将以"却贡"处之。还有西域"番人","虽

---

① 严从简:《殊域周咨录》卷 15,中华书局 1993 年版,第 488 页。
② 张星烺:《中西交通史料汇编》第 1 册,中华书局 1977 年版,第 350 页。
③《皇明经世文编》卷 219,中华书局 1962 年版,第 2296 页。
④《明史》卷 325,中华书局 1974 年版,第 8433 页。
⑤ 陈建撰:《皇明典要》卷 3,王渭刻本,北京出版社 2000 年版,第 449-45 页。
⑥《明史》卷 332,中华书局 1974 年版,第 8626-8627 页。
⑦ 严从简:《殊域周咨录》卷 9,中华书局 1993 年版,第 322-324 页。
⑧《明会要》卷 77,下册,中华书局 1956 年版,第 1497 页。

定五年一贡,迄不肯遵,天朝亦莫能难也"①。这或许是因"番人"属边疆民族,故在实行"却贡"措施时有意有所宽宥之故。

明代在实施"却贡"制度时,还对外国和边疆民族的贡使人数多有限定。琉球群岛上中山国,"请命册封,自是惟中山王来,每二年朝贡一次,每船一百人,多不过百五十人"②。天顺年间(1457—1464),洮、岷各番贡使不过三五百人,而至成化时(1465—1487)时,仅"洮、岷诸卫送各族番人赴京,多至四千二百余人",故当时确定"定例,生番三年一贡,大族四五人、小族一二人赴京,余悉遣还"③。对此,《明会典》所载略有不同:洮、岷等处番族"每二年一贡,大簇(族)起送(去京城)为首者四五人,小簇起送一二人;存留听赏者(即留在边地等待回赐者),大簇不过十五人,小簇不过七八人"。④嘉靖十五年(1536年),西藏大乘法王派人"偕辅教、阐教诸王来贡,使者至四千余人。(嘉靖皇帝)以人数踰额,(故处以)减其赏,并治四川三司官滥送之罪"。⑤嘉靖二十六年(1547年),"甘肃巡抚杨博言:'西域入贡人多,宜为限制。'"对此,礼官奏道:"祖宗故事,惟哈密每年一贡,贡三百人,送十一赴京,余留关内,有司供给。他若哈烈、哈三、土鲁番、天方、撒马儿罕诸国,道经哈密者,或三年、五年一贡,止送三五十人……顷来滥放入京,宜敕边臣恪遵此例,滥放者罪之。"帝曰:"制可。"⑥《明史》还载道:"隆庆三年(1569年),再定令阐化、阐教、辅教三王,俱三岁

---

①《续修四库全书》第 744 册,上海古籍出版社 2003 年版,第 732–733 页。

②《明史》卷 2,中华书局 1974 年版,第 35 页。

③《皇明经世文编:》卷 292,中华书局 1962 年版,第 3074 页。

④严从简:《殊域周咨录》卷 15,中华书局 1993 年版,第 488 页。

⑤张星烺:《中西交通史料汇编》第 1 册,中华书局 1977 年版,第 350 页。

⑥《皇明经世文编》:卷 219,中华书局 1962 年版,第 2296 页。

一贡,贡使各千人,半全赏,半减赏。全赏者遣八人赴京,余留边(境)上。遂为定例。"①看来,在大量"却贡"实例中,对番族(藏族)是破例优待的。

综上所述,明代所制订和所实行各种"却贡"制度,所涉方面广泛,规定严格,处罚严厉。不过,以上的只是部分主要"却贡"制度,并非是其全部,其他相关制度将在以下部分中论及。这些制度的实行,自然对规范中外贡赐贸易活动起到了一定积极作用。

三、明代实行"却贡"制度的主要目的

明代曾经进行过的贡赐贸易活动,是以外国和边疆民族使者贡献与明朝皇帝赏赐名义进行的。这种贸易若从所交换物品情况看,明显具有以物易物、物物交换的特点;若从朝贡使者须持官方签发的"表文""表笺"前来贡献与明朝皇帝批准赏赐来分析,明显具有官方贸易的性质。既然是一种贸易,那明朝为什么对贡品种类、贡使人数、贡期、贡道等违制者还要实施"却贡"或处罚呢?其实,明朝这样做,肯定事出有因,绝非庸人自扰。现据文献有关记载,就其"却贡"主要目的考述如下:

1. 为维护明王朝"天朝""上国"的地位与声誉

明朝在我国封建社会诸统一王朝中,算不上是最为强盛的王朝,但在当时东方各国中,强盛王朝却非它莫属。有鉴于这种情况,明朝统治者总是以"天朝""上国"自居,尤其在贡赐贸易中,对王朝的"国威""大体"(即明王朝大政的主要方面)与声誉等特别注意维护,尽力防止有所损伤。

---

① 《明史》卷325,中华书局1974年版,第8433页。

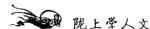

　　明朝统治者,在贡赐贸易中维护"天朝""上国"地位与声誉方面,文献中留下一些颇有说服力的记载。永乐年间(1403—1424),"回回哈只马哈没奇等来朝贡方物。因附载胡椒与民互市,有司请征其税。上(指明成祖)曰:'商税者,国家以抑逐末之民,岂以为利? 今夷人慕义远来,乃侵其利,所得几何,而亏辱大体多矣。'"①成化年间(1465—1487),土鲁番遣使经海路来贡狮子等,"朝命却之,其使乃潜诣京师",礼官在报请皇帝批准,处罚了沿途官员,并遣送其使回国,但实际上直至成化六年(1470),土鲁番贡使仍滞留明朝境内。为此,礼官耿欲上疏道:"朝廷驭外番,宜惜大体。"又说,"事干国体,不可不慎,况此贼倔强无礼,久蓄不庭之心。""疏入,帝即遣还"。②明孝宗弘治年间(1488—1505),土鲁番阿黑麻继位为王,"当是时,阿黑麻桀傲甚,自以地远中国,屡抗天子命。及(土鲁番)破哈密,贡使频至,朝廷仍善待之,由是益轻中国"。至此,孝宗迫不得已,"乃薄其赐赉,或拘留使臣,却其贡物,敕责令悔罪"。③自洪武初年开始,邻国安南、占城、高丽等成为明朝的属国,有关各国国王均由明朝皇帝册封,若发生违背臣属关系事件,造成明王朝尊严遭受损伤,于是以"朕为天下主"自居的洪武皇帝,即实施"却贡"措施予以制裁。《明史》还载:洪武五年(1372年)"二月丙戌,安南陈叔明弑其主日熞自立,遣使入贡,(明朝)却之"④。洪武十年(1377年),"高丽使五至,以嗣王未立,却之"⑤。

---

　　①陈建撰:《皇明典要》卷3,王渭刻本,北京出版社2000年版,第449–450页。

　　②《明史》卷332,中华书局1974年版,第8626–8627页。

　　③严从简:《殊域周咨录》卷9,中华书局1993年版,第322–324页。

　　④《明会要》卷77,下册,中华书局1956年版,第1497页。

　　⑤《续修四库全书》:第744册,上海古籍出版社2003年版,第732–733页。

洪武二十四年(1391年),占城国"复来朝贡,(明朝)以其臣弑立,命绝之"①。洪武二十六年(1393奶奶),夏四月,"丙申,以安南擅废立,绝其朝贡"②。

以上种种事件表明,明朝各属国凡违背臣属关系,擅自废立王嗣,从根本上损害了明朝的宗主国地位,伤害了其尊严,迫使明王朝对其实施"却贡"措施,予以惩罚,以便维护宗主国地位与声誉。

2. 为减少"糜费"及明王朝经济负担

明代的贡赐贸易,与现今国家之间、边疆与内地之间的贸易存在着根本性区别。从大量记载得知,明代的贡赐贸易在经济效益上并非是双方均等获利的互惠贸易,而实质上是外国与边疆民族使者贡献少,而明朝皇帝赐予的多的既不等值、也不等量的贡赐贸易。明臣严嵩说:贡赐贸易是"以府库有限之财,填溪壑(指外夷)无穷之欲"③的得不偿失的活动。从大量记载看,严嵩此说并非危言耸听。

在"永乐时,成祖欲远方万国无不臣服,故西域之使岁岁不绝。诸蕃贪中国财帛,且利市易,络绎道途。商人率伪称贡使,多携马、驼、玉石,声言进献,既入关则一切舟车水陆、晨昏饮馔之费,悉取之有司(即官府)。邮传困供亿,军民疲转输。比西归,辄缘道迟留,多市货物。东西数千里间,骚然繁费,公私上下罔不怨咨"。④狮子对明朝来说是珍稀动物,可是这种动物"在郊庙不可为牺牲,在乘舆不可被骖服"⑤,那它被贡入明朝后能造成怎样的危害呢?据载:嘉靖四年(1525年),

---

①②《明史》卷2,中华书局1974年版,第35页。

③汪向荣、夏应元:《中日关系史资料汇编》筹海图编,中华书局1984年版,第403页。

④《明史》卷18,中华书局1974年版,第236页。

⑤《皇明经世文编》卷292,中华书局1962年版,第3074页。

鲁迷国进贡狮子二只、犀牛一头，为此御史张禄奏称："以狮子言之，日食羊二只，月计之则六十只，年计之则七百余只，计价当五百余两（白银）矣。"①成化十九年（1483 年），"阿黑麻王贡二狮子……郎中陆容言：'狮子之为兽，在郊庙不可以为牺牲，在乘舆不可以备驭服，理不宜受，礼尚（西）周洪谟（即典范），亦以为不可命官出迎、诏遣中官迎受。狮子日食生羊二，醋、酣、蜜、酪各二瓶'"②。

在明代，对国无补、对民无利的贡赐贸易，在近三百年的贸易史上，为王朝带来了沉重负担，造成了严重损失，对这些情况，帝王、朝臣都逐渐有了认识，从而为减轻负担也采取了一系列"却贡"举措，但多未收到满意效果。

3. 为防止外国与边疆民族使者及商人入贡期间的违法犯罪活动

在贡赐贸易活动中，明朝向来对外国和边疆民族使者视为贵宾，以礼相待，但部分假冒使者和假冒使者的商人，当以贡献的名义进入明朝境内后，竟胡作非违，严重扰乱社会秩序，对贡赐贸易和明朝社会造成了严重危害。

明太祖即位后，日本"寻遣僧祖义随秩奉表，称臣入贡来朝，然其剽掠如故也。十五年，明州备倭指挥林贤，交通枢密使胡惟庸谋叛，令日本使僧如瑶诈称朝贡，献巨烛，内藏火药、兵器，伏精兵贡艘中，计以表裹挟上。即不遂，掠库物，乘风而遁"③。正统年间（1436—1449），日本人"入桃渚，犯大嵩（"桃渚"、"大嵩"二地，均在今浙江省东部沿海地方），劫仓庾，燔室庐，贼杀百姓，积骸流血如陵谷，缚婴儿于柱，

---

①《明史》卷 2，中华书局 1974 年版，第 35 页。

②汪向荣、夏应元：《中日关系史资料汇编·筹海图编》，中华书局 1984 年版，第 403 页。

③《明史》卷 18，中华书局 1974 年版，第 236 页。

沃之沸汤，视其啼哭以为笑乐。捕得孕妇则计其孕之男女剔视以赌酒，荒淫惨毒，不可胜言。"①正德年间(1506—1521)，来明朝"各处回夷，在馆四五年住歇，恣意妄为，骄纵特甚"②。甚至有的回夷"蜂虿之毒，恃恩骄恣，沿途延住，挠扰驿递，因而窥觇虚实，透漏事情，交通无籍军民，私卖违禁货物，伴送人役故纵，不行防阻(即不从设防之处行走)，贻患非细"③。同一时期，佛郎机谎称"入贡"，在明朝番禺(今广州市)地方政府未予防备情况下，竟"自西海突犯东莞城(今广东东莞市)，大肆杀掠"④。尤其是嘉靖时，佛郎机纵横南海，无所忌惮，"其市香山澳、壕境(今广东省中山、珠海及澳门一带)者，至筑室建城，雄踞海畔，若一国然"⑤。看来，在明朝实行贡赐贸易期间，部分进入明朝的朝贡者，尤其与贡赐贸易毫无关涉的日本、西域回夷、佛郎机等国中奸诈之徒，在明朝疯狂犯罪，诸如杀人、放火、抢劫，其所为仍令今人怒不可遏！

　　综上所述，明代继承和实施西周初年创始的"却贡"制度，在270多年历史上，虽然在贡赐贸易活动中尽力兴利除弊，但由于受统治者重"义"轻"利"思想观念与外国及边疆民族使者、商人一味逐"利"思想行为影响，"却贡"制度的实施，在政治上可以说有所获益，而在经济贸易上损失却是十分惨重，真可谓得不偿失。这些历史教训，在改革开放的今天仍具有汲取和借鉴价值。

（原刊于《河西学院学报》2014 年第 3 期）

---

①《皇明经世文编》卷 292，中华书局 1962 年版，第 3074 页。

②《明史》卷 332，中华书局 1974 年版，第 8600–8601 页。

③《明史》卷 332，中华书局 1974 年版，第 8601 页。

④《明史》卷 329，中华书局 1974 年版，第 8532 页。

⑤《明史》卷 331，中华书局 1974 年版，第 8576 页。

中国"罗柯柯"风靡欧洲大陆

在古代,中国与欧洲国家之间,通过陆上丝绸之路所进行的文化交流,明显带有双向传播特点。汉唐间,中国的丝绸文化曾使欧洲人为之倾倒,时日既久,着装丝绸便成了欧洲人社会时尚的一个重要组成部分①。在唐代以后,尤其在元代,欧洲的基督教文化大量传入中国且影响日广,膜拜者日众。自明末清初以来,欧洲国家的一些传教士逐渐把当时先进的科学知识介绍到了中国,使中国知识界逐渐拓宽了知识视野②。而在同一时期,中国文化对欧洲国家也曾发生过非同寻常的影响,这就是著名的中国"罗柯柯"风靡欧洲大陆。

"罗柯柯"这个概念,对大多数中国人来说是陌生的。作为中国对欧洲发生过重大影响的特殊文化形式"罗柯柯",国内学术界尚未开展深入的研究工作。现仅据国外学者的少量汉译论文,对中国"罗柯柯"风靡欧洲大陆问题予以概述,以期引起学者们的关注。

---

① [法]吕斯·布尔努瓦《丝绸之路》说:在罗马帝国凯撒大帝之时及其之后,"罗马人开始以使用丝绸为风驰电掣的速度而席卷古罗马"。

② 王庸:《中国地图史纲》指出:意大利传教士利玛窦,于明末来中国,他通过绘制世界地图,把西方国家地理知识,如经纬度测绘地图、地理学说、地球五带划分及中亚西亚、欧罗巴、地中海、罗马、古巴、加拿大、北极等域外地理知识介绍到了中国,拓宽了中国人的世界地理知识视野。

一

　　何谓"罗柯柯","罗柯柯(Rococo)一词源于法语 roc 或 rocaile,意为'岩状装饰',或'贝壳装饰'"①,据汉语解释,实际上是"艺术风格"之意。由于"罗柯柯"这种中国艺术风格在 17 至 19 世纪的一百多年中,曾风靡欧洲大陆,所以欧洲学者又称之为中国"罗柯柯风"。

　　欧洲的不少学者曾经论及中国"罗柯柯"问题:如 G.F.赫得森在《罗柯柯作风》一文中说:"华化装潢的品物在欧洲者,人皆称为罗柯柯作风","用瓷装饰室内,为罗柯柯时代之特征","中英式花园,又为罗柯柯庶出之物"。中国式之亭榭,"多层之塔,亦习华风,构造务求易举,檐前铁马,百折回廊,方格雕文之窗,皆为罗柯柯建筑之特色"。"罗柯柯之特点乃属于可见的艺术"②。L.W.H.哈尼克《西洋美术所受中国之影响》一文也说:欧洲"水彩画发展之初期,多用中国墨者,在罗柯柯时代愈觉其精致有味也","根兹巴络之美术,实为英伦罗柯柯时代画家之最有天才者,亦无处不表现罗柯柯之精神也"③。

　　以上资料表明,所谓"罗柯柯风",实指中国的美术、建筑、装潢、瓷器、漆器等艺术风格及其在欧洲各国的风靡。

二

　　中国"罗柯柯"在欧洲大陆的风靡,明显表现为一种气势磅礴的时代"潮流"。最先出现于法国的"含有华味之新作风",曾"披靡于欧

　　①沈坚:《罗可可风格》,《解说插图中西关系史年表》第 477 页。
　　②参见朱杰勤译《中外关系史译丛》,海洋出版社 1984 年版,第 145–158 页。
　　③参见朱杰勤译《中外关系史译丛》,海洋出版社 1984 年版,第 131–144 页。

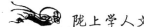

洲各国有一较长时期"①。G.F.赫得森在论及美术时还说："中国美术在欧洲之势力,有如潮焉……潮流所趋,已足令罗柯柯作风之巨舶直入欧人趣味之内港矣。"②

中国"罗柯柯"首先出现于法国,是因为两个偶然机缘:1690年,法国崇尚与擅长"巴洛克式"艺术的美术大师莱伯能逝世后不久,中国"罗柯柯精神"便在法国"始稍见其端"③。1715年,极力反对"罗柯柯"新趋势的法王路易十四死后,"罗柯柯已发育完满,支配法人嗜好者殆八十年"④。此后,"罗柯柯风"在欧洲各国呈现蔓延之势。17世纪末,德国人之嗜好骤变,又因风气所趋,于是"罗柯柯风"适时而兴。"罗柯柯风在英国的出现",与法国并无源流关系,"直接受中国之影响"⑤。曾于少年时代来过中国的当地人便非常流行⑥。

在"罗柯柯"之风盛行时代,欧洲大陆各国受中国"罗柯柯风"影响最具代表者,要算欧洲各国各社会阶层思想观念所发生的深刻变化。1689年,具有"罗柯柯"特征的家具曾经被英国"用为皇家开奖之物"⑦;法国朝廷在庆祝18世纪的第一个元旦时,其仪式竟"如华人庆典"⑧;1756年,法王路易十五竟效仿中国皇帝,在春天举行"春耕礼"⑨;著名德国剧作家歌德,对中国之事物饶有兴趣,他"有若干剧本,在其写作及暗示中,深染华风"⑩;有个名叫福耳的人曾说:在"罗柯柯"时代,"远东美术所表现之感情的形式,已深入西方之理性

---

①②③④⑤⑥[法]G.F.赫得森《罗柯柯作风》,引自朱杰勤译《中外关系史译丛》,海洋出版社1984年版,第145-158页。

⑦⑧⑩[法]L.W.H.哈克尼:《西洋美术所受中国之影响》,朱杰勤译《中外关系史译丛》海洋出版社,1984年版,第131-144页。

⑨引自朱杰勤译《中外关系史译丛》,海洋出版社第143页。

中"①;在"罗柯柯风"席卷欧洲大陆之时,英法等国富豪之家的屋宇和帝王之宫殿建筑,倘若不建造一座"中国亭台",则视此建筑"不完全"②。这说明,欧洲各国受中国"罗柯柯风"之影响"至大至深"③。

三

中国"罗柯柯"产生并风靡于欧洲大陆,其原因主要有三:

首先,自17世纪起,中国"罗柯柯"开始传入欧洲,这既非中国人自己的外传,也非欧洲商人带去,而实际上是曾经来过中国的传教士相继向欧洲介绍的结果。在葡萄牙人占据澳门之后,欧洲天主教会认为,"中国为传教之唯一好场所",于是便"遣教士入华,大肆活动"④。入华之传教士,皆为有文化之人,他们传教期间,将所了解的中国文化,尤其艺术风格,通过著书和绘画等方式,介绍到了欧洲。所以,"中国文化盛称于欧洲,横被四表,沾溉无既,亦大抵教士之力也"⑤。G.F.赫得森曾指出:欧洲人对中国艺术风格的接触,"大都归功于在华之耶稣会士。传教事业实于此有莫大关连;盖其时欧人能深入中国腹地者,莫便于教士","彼等尚任各种技术交换之媒介"⑥。法国耶稣会士李明,于1685年离法来华,他曾对中国的建筑、装潢、园林等进行过一定研究,从而指出:"中国人之屋宇,洁净宜人,而不美好,对于园艺,尤不注重。……仍有可喜者,则湖山石洞,颇费匠心,模仿自然,别有天地"⑦,还说"中国人又善用绘画为室内之装潢"⑧。从法国耶稣会士李明的事例清楚可知,在中国"罗柯柯"传入欧洲过程中,传教士所

①②③④[法]L.W.H.哈克尼:《西洋美术所受中国之影响》,朱杰勤译《中外关系史译丛》,海洋出版社1984年版,第131–144页。

⑤⑥⑦⑧[法]G.F.赫得森:《罗柯柯作风》,朱杰勤译《中外关系史译丛》,海洋出版社1984年版,第145–158页。

起传媒作用是显而易见的。

其次,当时欧洲各国特殊的社会环境,为中国"罗柯柯"的传入和风靡提供了必要条件。就17、18世纪而言,整个欧洲社会,又处于一个新的变革时期,当时各国的"宗教改革及新专制已失其维系人心之力"①。在法国,路易十四之王运已终,而法国贵族在经历一番动荡之后,政治上业已无权,但社会地位却一仍其旧,"既与平民异趣,又与国家及教会绝缘",从而"坐享余荫,以终天年"。在此种情况下,他们寄情于华化艺术风格,陶醉于中国古典式园林、建筑及工艺品是颇为自然的②。恰又在这一时期,曾一度在欧洲占统治地位的"巴洛克式"艺术风格,出现了"突衰"现象。在法国,当"巴洛克式贬价之后,人心不定",这又为法人"接受异国影响"提供了一个"机会",故"新作风应时而生"③。而17世纪末之德国人,因"风气所趋",便"嗜好骤变"。其他国家情况,亦大体如此。

第三,中国的"罗柯柯",被欧洲人所喜爱和崇尚,并在一个多世纪中风靡欧洲大陆,这在相当程度上决定于中国艺术风格所独具的特点。有个名叫王致诚的传教士曾说:"此地(指中国)各物,皆伟大而华美,其工程与设计亦然。然中国人之建筑物,千门万户,变化无方,吾惟有服其天才之丰富。吾相信比较之下,吾人惟有自惭贫乏而已。"④法国传教士李明,在描述北京宫殿时说:"当汝到帝之寓所,则见走廊深邃,石柱如堵,历白大理石之梯而直至殿前,雕桁画堰,美不胜收,即地板亦大理石或瓷为之,其中各段建筑工程,无不光致,眩人心目,令人咋舌赞叹。"⑤欧洲学者发托独具慧眼,对中国绘画之特点

①②③④⑤[法]G.F.赫得森:《罗柯柯作风》,朱杰勤译《中外关系史译丛》,海洋出版社1984年版,第145–158页。

发表了其他欧洲人所难以企及的见解,如说:"此种绘画,情调非常闲适,想象亦能自由,诉诸感情,超然物外。"①看来,当时欧洲各种风格之美术作品,"诚未足与(中国美术作品)抗颜行也"②。

中国"罗柯柯"曾经风靡欧洲大陆的历史现象,虽有骤兴骤衰的特点,虽不及造纸术、指南针、火药、印刷术等四大发明对欧洲影响的深远与巨大,但若从中西关系发展史角度看,它显然是古代中国和欧洲国家间丝路交通事业发展的必然结果,无疑显示了中国古代艺术风格和中国古代文化的精神与魅力。

(原载于甘肃省历史学会《史学论丛》第七集 1997 年 6 月版)

①②[法]G.F.赫得森:《罗柯柯作风》,朱杰勤译《中外关系史译丛》,海洋出版社 1984 年版,第 145–158 页。

"瓯脱"及其相关问题再探讨

"瓯脱"一词,在汉文历史文献中始见于《史记·匈奴列传》。这个词从西汉至民国一直在沿用,说明它具有很强生命力,并经历了一个漫长地外来语汉语化的历程。不仅如此,而且它的语源的论定还能揭示与之相关历史问题的一些奥秘。

一、《史记·匈奴列传》所载"瓯脱"资料本义

20世纪80年代前后,在史学界对"瓯脱"语源与词义的探讨中意见很分歧。造成这种情况的主要原因,是部分学者在一定程度上未能把握好《史记·匈奴列传》中有关"瓯脱"资料本义,亦即脱离《史记·匈奴列传》记载之故。

要能搞清楚"瓯脱"一词的本义,关键在于全面地、准确地理解《史记·匈奴列传》所载有关资料的涵义。为此,现将司马迁在《史记·匈奴列传》中的记载抄录如下,并进行必要的分析:

> 东胡王愈益骄,西侵。与匈奴间,中有弃地,莫居,千余里,各居其边为瓯脱。东胡使使谓冒顿曰:"匈奴所与我界瓯脱外弃地,匈奴非能至也,吾欲有之。"冒顿问群臣,群臣或曰:"此弃地,予之亦可,勿予亦可。"于是,冒顿大怒曰:"地者,国之本也,奈何予之!①

①《史记》卷110《匈奴列传》,中华书局1959年版,第2889页。

上述大部分记载基本上是清楚的，但也有个别地方记载含混不清。记载清楚部分，当是司马迁的原文，而含混不清之处很有可能是后世传抄中的疏漏或刻版有误之处，所以在研究工作中对有疏漏或刻版有误地方不能作出与记载清楚部分相违背的解释。

司马迁的记载，大致可分为三部分："东胡王愈益骄，西侵。与匈奴间，中有弃地，莫居，千余里，各居其边为瓯脱"为第一部分。在这一部分中，司马迁概述了东胡与匈奴间的"弃地""为瓯脱"的基本涵义。此处的"为"字作"是"解，从而这里的"弃地"就是指"瓯脱"。学术界有专家将"为"字解成"作"，这明显是不当的。另有专家信从古人"瓯脱"是"土室""界上屯守处""境上斥候之室"之说。如果古人上述说法是正确的，那就是说，东胡人在"弃地"东端修建"土室""屯守处""斥候之室"，而匈奴人在"弃地"西端修建"土室""屯守处""斥候之室"。试想，在2000年前，两个游徙不定的民族有在千里草原两端修建用于互防军事工程的必要吗？如果说有必要，那为什么在历史文献中找不到匈奴威胁、侵扰东胡，东胡威胁、侵扰匈奴的有关记载？显然将"瓯脱"解为"土室""屯守处"和"斥候之室"明显是一种误解。

第二部分是东胡使者给匈奴王冒顿讲的话：即"东胡使使谓冒顿曰：'匈奴所与我界瓯脱外弃地，匈奴非能至也，吾欲有之。'"东胡使者这段话，是说东胡试图得到与匈奴中间、匈奴人未能到达的"瓯脱外弃地"。那么，"瓯脱外弃地"之"外"字作何解释为确？我认为，这"外"字可能是"亦"字之误，或者在"外"字之前包括"瓯脱"二字在内，古人传抄时有疏漏或刻版有误。如果这样分析不错的话，那就是说在第一部分中司马迁的概述与第二部分中东胡使者话的涵义本来是相同的，之所以产生歧异，那必是传抄或刻版有误所致。

众所周知，古代历史文献在传抄与刻版中出现差错是寻常之事，正因为如此，所以在历史上产生了一门校勘学。例如上海古籍出版社

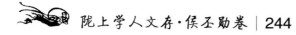

和上海书店出版的《二十五史·前汉书·匈奴传》在采用《史记·匈奴列传》"瓯脱"问题全部记载时若干字发生了改变,这或许就是传抄笔误或刻版之误了。如"东胡王愈益骄"变成了"东胡王愈骄";"与匈奴间,中有弃地"变成了"与匈奴中间有弃地";"匈奴非能至也"变成了"匈奴不能至也";"冒顿问群臣,或曰:'此弃地,予之亦可,勿予亦可'"变成了"冒顿问群臣,或曰:'此弃地予之'"①。请看《前汉书》在引用《史记·匈奴列传》记载时发生如此之多差错,难道我们对《史记·匈奴列传》的费解之处可以随意解释吗?

第三部分,是匈奴王冒顿与群臣问答的话,即"冒顿问群臣,群臣或曰:'此弃地,予之亦可,勿予亦可。'于是冒顿大怒曰:'地者,国之本也,奈何予之!'"。这些话表明,东胡所索要的是匈奴的"弃地",而不是其他。如果"弃地"所指是"土室""屯守处""斥候之室",冒顿会大怒并说"地者,国之本也。奈何予人"的话吗?再想,边境地方的"土室""屯守处""斥候之室",能成为"国之本"吗?另从东胡使者来匈奴索要"弃地"看,是因"匈奴非能至"之故。从这里也可知道,"弃地"原本是匈奴的大片尚未进行游牧的土地,不是匈奴的"土室""屯守处"与"斥候之室"。据此分析,东胡与匈奴间的"弃地"就是"瓯脱",或者"瓯脱"就是"弃地",除此之外别无它意。

二、"瓯脱"的语源与词义

20 世纪 70 年代末,我从《史记》中始见"瓯脱"一词,当时颇感生避,语源不明,词义难解。后来所见文献和部分论著表明,从汉至唐,再至民国,一些学者曾将其认定为"匈奴语",词义为"哨所""土室"

①《汉书》卷 94 上《匈奴传》,中华书局 1962 年版,第 3750 页。

"屯守处""斥候之室"等。据有关资料,将"瓯脱"认定为"匈奴语"是可以的,但并未能回答出真正的语源,至于其词义有待进行新的探讨。

1. "瓯脱"的语源

"瓯脱"一词,西汉人极有可能得之于匈奴,匈奴人确曾用过这个词,可是,据有关专家研究,若从其语源来讲匈奴语并不是其源而是流,其实它另有其源。

1985 年,西北民族学院的刘文性先生经过多年研究并在当年《民族研究》第 2 期上发表了《"瓯脱"释》一文,其中依据《突厥语大词典》所载"古突厥语里的 ortu,当和匈奴语的瓯脱同源。在成书于十一世纪的《突厥语大辞典》里,该词条下注为'中、当中、中间'并举例如'房子当中'"①等资料,对"瓯脱"的语源问题提出了新见解。这无疑是对"瓯脱"一词语源研究的突破性进展。上文发表之后,刘文性先生将其论文复印件送给我参考,当时正是我开始接触中国边疆历史地理问题之时,所以,我曾予以认真阅读,并对其中见解留下了深刻影响,从此便经常留意、收集有关"瓯脱"问题的资料。

这期间最令我兴奋的是购得了一本苏联威廉·巴托尔德《中亚突厥史十二讲》一书,其中有以下一些重要记述:"在东方,在可萨帝国和伊斯兰各边省,则常常处于瓯脱状态,他既不属于这一边,也不属于那一边。虽然这样,人们根据阿拉伯的若干资料仍能作出以下的结论,即花剌子模军队不顾这样的中立地带瓯脱的存在,有几回越过这一地带,参加窝勒伽河事件……。"②《中亚突厥史十二讲》以上所记述

---

① 刘文性《"瓯脱"释》,《民族研究》1985 年第 2 期,第 53 页。

② [苏联]威廉·巴托尔德《中亚突厥史十二讲》,中国社会科学院出版社 1984 年第 1 版,第 63 页。

"可萨帝国""伊斯兰各边省""花剌子模""中立地带瓯脱"等,都不同程度与中亚突厥民族有关,因此它无疑成了"瓯脱"一词源于突厥语新的有力佐证,从而弥补了《突厥语大词典》之说仅为孤证的缺憾。

2."瓯脱"的词义

自东汉时起,不断有史家对"瓯脱"的词义进行阐释。不过,仅就所见文献资料而言,诸史家的阐释不但分歧很大,而且有的阐释竟与《史记·匈奴列传》的记载毫无关系。为了客观、正确解释"瓯脱"一词词义,有必要先对有关史家诸种阐释略作分析。

东汉经学家服虔,针对《汉书·苏武传》中"区脱扑得云中生口"之语注释道:"区脱,土室,胡儿所作,以候汉者也。"①从《苏武传》记载分析,这时的苏武已成为匈奴的俘虏,正在匈奴的控制之下。以上之语实际上是李陵从匈奴人口里听到并告诉苏武的,其意是说匈奴人在"区脱"地域内俘获了一些云中郡汉人。显然,这里的"区脱"就是东胡与匈奴间本来的"瓯脱",是一片"弃地",不需要防御,故"瓯脱"之地东、西两端根本谈不上有"土室",更不会有"以候汉者"的问题。如果在匈奴牧地靠近云中郡边境地方有什么"土室",那必在汉与匈奴之间,决不会与东胡和匈奴间"瓯脱"有何大的关系。

三国吴韦昭《集解》解《史记·匈奴列传》"各居其边为瓯脱"一语说:"瓯脱"是"边界上屯守处"。②据韦昭之意,此"瓯脱"是边防哨所之类。这一说法,恰与服虔"区脱,土室……以候汉者也"涵义一致,其可信度不高势所必然。

《辞海》缩印本对"瓯脱"另有解释,如说:"瓯脱"是"指双方中间

---

① 《汉书》卷54《苏武传》,中华书局1962年版,第2465页。
② 《史记》卷110《匈奴列传》,中华书局1959年版,第2890页注2。

的缓冲地带"。①这一解释,大体符合《史记·匈奴列传》记载本意,不过,这里的"缓冲"一词并未能客观反映东胡与匈奴间"瓯脱"实际。若据《史记·匈奴列传》记载看,东胡与匈奴间"瓯脱"可能是匈奴人口少,尚未能游牧到该地所致,并非人为留下的"缓冲"区。

我国古代史家,对"瓯脱"的阐释,除了上述几种以外,在历史文献中还保存了一些,如《纂文》:"瓯脱,土室也";司马贞索隐:"服虔云'作土室以伺汉人'";《辞源》:"瓯脱""汉时匈奴语,指边界"等。这些阐释,其涵义多与以上诸说接近或相同,故不再一一予以分析。

至于"瓯脱"一词科学、正确的词义,西北民族大学的刘文性先生早在《"瓯脱"释》一文中指出:"Ortu 一词,直到今天,仍为我国操突厥语的民族所使用,仅仅在发音上略有变化,维吾尔、哈萨克族读作 orta,撒拉族读作 ota,西部裕固族读 urda,而它们的词意则是完全相同的,即指'中、中部、中间、当中'等等。至此,我们可以清楚地看到,匈奴人是把'弃地'称为'中间'的。我们把'弃地'和'中间'加在一起,概括为'中间地带'。这就是匈奴语'瓯脱'一词的全部实质所在。"②

另在苏联威廉·巴托尔德《中亚突厥史十二讲》中也有着"常常处于瓯脱状态","他既不属于这一边,也不属于那一边","中立地带瓯脱"等词语,这些译自突厥语的资料,同样表明将"瓯脱"词义解释为"中间地带"是客观、准确的。

尤其是对人类起源和人类历史发展十分重视的伟大思想家、马克思主义理论创立者之一的恩格斯,他曾在《家庭、私有制和国家的

---

① 《辞海》缩印本,上海辞书出版社 1980 年版,第 1362 页。

② 刘文性:《"瓯脱"释》,《民族研究》1985 年第 2 期,第 53—61 页。

起源》一文中根据摩尔根《古代社会·易洛魁人的氏族》的记载指出：
"每一部落除自己实际居住的地方以外，还占有广大的地区供打猎和
捕鱼之用。在这个地区之外，还有一块广阔的中立地带，一直延伸到
邻近部落的地区边上；在语言接近的各部落中间，这种中立地带比较
狭小，在语言不接近的各部落中间，中立地带比较大。……由这种不
确定的疆界隔开的地区，乃是部落的公有土地，而为相邻部落所承
认，并由部落自己来防卫，以免他人侵占。"[①]恩格斯在此处还指出：美
国易洛魁人氏族各部落之间"中立地带"的情况，"跟德意志人的边境
森林、凯撒的苏维汇人在他们地区四周所设的荒地相同"等。恩格斯
以上所说与中国西汉东胡和匈奴间"瓯脱"情况十分相近，因此它成
了西北民族学院刘文性先生"瓯脱"一词之义为"中间地带"结论的重
要旁证。

三、"瓯脱"语源的论定所能揭示的奥秘

"瓯脱"语词，源于突厥语这一问题的被论定，并非所有相关问题
都已解决了，实际上在匈奴、东胡等相关民族的历史问题上仍然有一
些奥秘处于隐秘状态。那么，是些什么奥秘呢？

1. 匈奴族操突厥语的奥秘

西汉时期的匈奴族，客观存在操突厥语的事实，这有实例可证。
《史记·匈奴列传》载道："东胡王愈益骄，西侵。与匈奴间，中有弃地，
莫居，千余里，各居其边为瓯脱。"[②]此处"瓯脱"一说，汉朝极有可能得
自于匈奴族，完全可以看作是"匈奴语"。《汉书·匈奴传》对"瓯脱"有

---

①《马克思恩格斯选集》第 4 卷，人民出版社 1972 年版，第 87 页。
②《史记》卷 110《匈奴列传》，中华书局 1959 年版，第 2889 页。

着与《史记·匈奴列传》大体相同的记载①,故将其认定为两汉时"匈奴语"不会有何不妥。

同时,前已考知,"瓯脱"这一词源于突厥语已成为不争的事实。可是,匈奴族为何操突厥语? 这个问题从班固《汉书·匈奴传》中可找到部分答案。如《汉书·匈奴传》载道:"自淳维以至头曼千有余岁,时大时小,别散分离,尚矣。其世传不可得而次,然至冒顿,而匈奴最强大,尽服从北夷。"②又载:冒顿"后北服浑窳、屈射、丁零、隔昆、(龙)新之国"。③在当代学术论著中,也能找到匈奴族操突厥语奥秘的若干答案。樊保良《中国古代少数民族与丝绸之路》著作指出:"战国时期出现的匈奴族,正是以一个名为'匈奴'的强大部落为主,融合吸收了先前活动于大漠南北的荤粥、鬼方、猃狁、狄、戎、胡等氏族部落而逐步形成的一个新的民族。"④李康宁指出:"阿尔泰是中亚古代文明摇篮的中心区域之一,是欧亚草原东西方文化的荟萃之地。"⑤以上资料是说,属北方草原民族的匈奴族,在包括阿尔泰地区在内的草原上长期游牧中曾征服部分突厥人、融合部分突厥人、接触突厥人,并受到操突厥语民族语言影响掌握了突厥语。这些见解还表明,匈奴在北方草原长期游牧中逐渐形成了一个一族多源民族,其多族源势必造成多语源的历史现象。

德克林凯特《丝绸古道上的文化》也指出:"匈奴人似乎讲一种阿

①《汉书》卷94上《匈奴传》,中华书局1962年版,第3750页。
②《汉书》卷94上《匈奴传》,中华书局1962年版,3751页。
③《汉书》卷94上《匈奴传》,中华书局1962年版,第3753页。
④樊保良:《中国古代少数民族与丝绸之路》,青海人民出版社1994年版,第3页。
⑤李康宁:《序言》,张志尧主编《草原丝绸之路与中亚文明》,新疆美术摄影出版社1994年版,第1页。

尔泰语言,而在种族上则混杂着各种成分。"①"阿尔泰语"是何语种?互联网"百度百科"称:"阿尔泰语是一种突厥语族的语言。"②至此,匈奴族讲突厥语的奥秘自然是匈奴族征服突厥族、融合突厥族、接触突厥族,并成为一族多源民族的必然结果。

吴宏伟《突厥语族语言语音比较研究》著作还指出:"文献资料说明,在历史上中亚等广大地区都发生过突厥化过程,这里面既有当地其他民族或部族受到外来突厥人的影响被突厥化,也有外来其他民族或部族受当地(突厥)居民影响而发生突厥化。总之,不同民族在语言、风俗等方面相似的原因有很多,但我认为最主要的还是历史上长期的游牧生活和连年不断的战争以及由此出现的部落、部落联盟和民族不断的分化、迁徙、重新组合的结果。"③这些论断客观揭示了战国、秦汉时期匈奴人语言突厥化的真正奥秘。

2. 东胡人也操突厥语奥秘

《史记·匈奴列传》载道:"东胡使使谓冒顿曰:'匈奴所与我界瓯脱外弃地,匈奴非能至也,吾欲有之。'"④这是东胡使者首次向匈奴索要"瓯脱"的话。这段话,司马迁究竟直接得自东胡还是转自匈奴? 若从这句话产生过程看,它最初出自东胡使者之口,应是东胡语;但若从此话产生在前,而司马迁记载于后来分析,又觉得他转自匈奴语,那么,究竟是怎样的? 其中有什么奥秘吗? 请看中外专家的见解:

芬兰学者兰司铁教授认为:"蒙古语、突厥语、通古斯—满语来自

①[德]克林凯特著、赵崇民译:《丝绸古道上的文化》,新疆美术摄影出版社1994年版,第52页。

②《百度百科》"阿尔泰语"条,2012年6月30日摘抄。

③吴宏伟:《突厥语族语言语音比较研究》,中央民族大学出版社2011年版,第7-8页。

④《史记》卷110《匈奴列传》,中华书局1959年版,第2889页。

一个共同根源,即阿尔泰共同语。"①李增祥也指出:阿尔泰"语系包括突厥语族、蒙古语族和通古斯—满语族。"②以上二学者的见解,都论及"通古斯—满语"族问题,并与阿尔泰共同语相联系,这说明与"通古斯—满语"族有源流关系的东胡族也是阿尔泰语族,也操突厥语。

通古斯—满语族,也属北方草原游牧民族,虽然《史记·匈奴列传》尚未明确记载到其在北方草原游牧情况,更未记载到与阿尔泰地区突厥民族交往、接触以至战争情况,但若看它与其以西千里外的匈奴交往,并索要"瓯脱"地区,这说明它对北方草原各族是颇为熟悉的。

四、"瓯脱"一词汉语化的若干特点

"瓯脱"这个外来词在载入《史记》以来的 2000 多年间,从突厥语逐渐汉语化了。它的汉语化历程,在诸多方面反映了出来。为了对其汉语化的具体情况有所了解,很有必要对有关方面进行分析与探讨。

1. "瓯脱"读音未变,而用字则有所变化

"瓯脱"这个源于突厥语而被音译为汉语的外来词,东汉及其以后的史家在编撰汉文文献时,对其读音的准确性颇为重视,而对其用字则比较随意。东汉班固在《汉书》中记载了李陵对苏武说的话:"区脱扑得云中生口,言太守以下吏民皆白服,曰上崩。"③经学家服虔注《汉书》上述记载道:"区脱,土室,胡儿所作,以候汉者也。"据明代杨寿《朔方新志》载道:"矧兹有夏,肇于城朔,扼孤悬而控区脱,实全秦之北门。"④《明一统志》亦载道:"风俗地杂瓯驼,务为高行奇节,异材

---

①转引自李增祥《突厥语概论》,中央民族学院出版社 1992 年版,第 26 页。

②李增祥:《突厥语概论》,中央民族学院出版社 1992 年版,第 24 页。

③《汉书》卷 54《苏武传》,中华书局 1962 年版,第 2465 页。

④[明]杨寿《朔方新志》卷 1《序》,民国二十年抄本,第 2 页,藏甘肃省图书馆文献部。

间出,性刚喜斗,民俗真淳杂豪健。"①以上文献记载中,将"瓯脱"一词分别改成为"区脱"和"瓯驼"。这里"区""驼"二字的改变无疑说明,汉代以后史家对"瓯脱"一词的记音颇为重视,而对其用字已经较为随意了。这自然是"瓯脱"在汉语化过程中出现变化的一个明显特点。

2."瓯脱"从专用词逐渐演变为通用词

西汉和东汉时期,在部分史家笔下的"瓯脱"是专门用词,所指为东胡与匈奴之间,即大体从河套以东至辽河以西的一片广阔草原地区。可是,从宋代开始,"瓯脱"在一些史家的笔下,已不再是专门用词了,而是将国内任意两个政区和两个民族居地之间的地方也都称之为"瓯脱"。

在宋以后的汉文文献里,使用"瓯脱"一词时,有的仅用其"中间地"之意,而实指则是别的地区。这方面有较多资料可证,现引数条以利说明问题。《玉海》载道:宋郑文宝于"淳化(990—994)初,掌漕陕右,周览河陇,遍寻方志,广问象胥,探月支、日逐之穹庐,讨金城、玉关之瓯脱,列于藻绘,焕然在目"。②洪武初,以嘉峪关界限中外,后至"嘉靖中,夷人(维吾尔族)内迁,更同瓯脱"。③据明三边总制杨一清说:"国初,舍受降而卫东胜……又辍东胜以就延绥……遂使(河)套中六七千里之沃壤,为寇瓯脱,外险尽失。"④清顾炎武《昌平山水记》

①《明一统志》卷16《徽州府》,《文渊阁四库全书》第472册,台湾商务印书馆影印,第371页。

②《玉海》卷14《地理·地理图·咸平河西陇右图序》,广陵书社2016年版,第304页。

③《重修肃州新志》《安西卫·建置沿革》,甘肃省酒泉县博物馆翻印,1984年版,第442页。

④《读史方舆纪要》卷61《陕西十·榆林镇》,中华书局2005年版,第2906页。

载道:喜峰口等地,在(明)"成宣之世,此地尚为瓯脱"①。《清史稿》亦载道:光绪五年(1879 年),"日本入琉球,灭之";六年(1880 年),日本使者向清朝提出:日政府"拟以(琉球)北岛、中岛归日本,南岛归中国"之议。恰逢此时,沙俄又制造事端,故清大臣李鸿章在讲到琉球等问题时说:"今得南岛以封琉球,而琉球不愿,势不能不派员管理。既蹈义始利终之嫌,且以有用之兵饷,守瓯脱不毛之地,劳费正自无穷。"②《新疆图志》在记述近代英国和沙俄入侵新疆问题时说:"新疆缘边七千里,英俄交侵,华虽瓯脱,尺寸不可让人。"③民国甘肃《东乐县志》也载道:"大都麻河,在县城西南一百一十里,发源祁连山,渠水本灌山丹瓯脱地亩,南古头坝亦取给焉。"④以上文献记载中,"瓯脱"所指无一处为汉时东胡与匈奴间北方广阔草原地区,而却是我国西北内陆、边疆,以至东南海域之区。显而易见,以上文献资料充分表明,在宋代及其以后,"瓯脱"在其汉语化历程中,已从一个专用词逐渐演变成了通用词。

3. 对"插花"土地与"飞地"等地理现象亦以"瓯脱"为称

自古以来,在我国各地不论两个政区还是两个民族居地的交界地区,都曾存在犬牙交错式"插花"土地的地理现象。同时,还有一个地区的一片或数片土地,存在于另一地区的内部,面积有大有小,均

---

① [清]顾炎武:《昌平山水记》卷下,北京古籍出版社 1982 年版,第34 页。

②《清史稿》卷 526《属国一·琉球》,中华书局 1977 年版,第14624–14625 页。

③袁大化总裁:《新疆图志》卷 25,《职官四·国朝置省后文职表》,上海古籍出版社影印 1988 年版,第 258 页。

④《东乐县志》卷 1《地理·山川》,民国癸亥年,竞业石印馆承印本,第 7 页,藏甘肃省图书馆文献部。

与本地区土地不相连接的"飞地"现象。这些地理现象也被古代和近代一些史家称之为"瓯脱"。

我在研究甘肃历史地理问题时,曾在甘肃地方志中见到较多"瓯脱"资料,现列举部分于后,以资佐证。民国版《重修灵台县志》载道:"国内以十里见方,凡城镇、河流及联合主要乡村,并县属瓯脱、花插于境外之各村庄一并列出,以备查考。"①《重修灵台县志》又载:灵台"又有瓯脱于长武(县)境内及泾宁各县毗连之"②。《重修皋兰县志》亦载道:榆中县"买子堡、夏官营、连搭沟、三角镇、甘草店、大营川、一条城等处县境又插入其间,既断复续,续而复断,古所谓瓯脱之地也"。③《渭源县风土调查录》也有类似的记载,如说:渭源县"县城西北有市镇,曰渭诸里,附属村庄七八处,均就五大区瓯脱之地划分而设,故祇以分区里镇名之,盖不入五大区之数云"。④以上资料表明,在民国以来方志专家笔下,我们再也无法找到"瓯脱"本来"莫居,千余里"北方广阔草原地区的影子,而倒是多见相互交错的"插花地""飞地"等支离破碎的情况,这和汉语词"中间地带"的涵义极为相似,在这里"瓯脱"汉语化得再也看不到西汉时所指地域的影子了。

(原刊于《西夏研究》2015 年第 1 期)

---

①《重修灵台县志》卷 1《灵台县所属疆域全图·图说》,1935 年影印版,藏甘肃省图书馆文献部。

②《重修灵台县志》卷 1《疆域》,1935 年影印版,藏甘肃省图书馆文献部。

③《重修皋兰县志》卷 1《舆地》,陇右乐善书局交甘肃政报局石印,光绪十八年印本,《案语》第 1 页,藏甘肃省图书馆文献部。

④《渭源县风土调查录·总纲·区划》,民国十五年冬本,藏甘肃省图书馆文献部。

"祁连小月氏"族源新探

二百多年来,中外史家曾就月氏族源问题费了许多心血,并有大量研究成果问世,但时至今日,仍未提出足以令世人所公认的结论①。以此之故,本为月氏支族的"祁连小月氏"的族源问题,自然就成了一桩历史悬案。

"祁连小月氏"的族源问题,两汉史书已有颇为明晰的记载。可是,何以诸多中外史家长期对此问题歧见纷纭,尚未提出中肯的结论? 据笔者多年研究,出现以上情况,显然与前人被史书中关于月氏族源问题错综复杂的记载所迷惑及对有关小月氏族源问题资料缺乏客观辨析有关。本文拟另辟蹊径,选择新的视角,就"祁连小月氏"族源问题提出自己的见解。

一、认识一种带有普遍性的历史现象

如果我们对中外史家有关月氏族源问题的观点,及其依据进行

---

①据白鸟库吉《塞外史地论文译丛》、桑原骘藏《张骞西征考》、木夏一雄《小月氏与尉迟氏》、张西曼《大月氏人种及西黿年代考》、书矗《河西走廊最古的居民——"月氏"南迁甘肃考》、冯家昇《大月氏民族及其研究之结论》等论著所涉及资料,自18世纪中叶以来,东西方近三十位史家(仅据笔者所),相继提出了月氏为匈奴、禹氏、通古斯、尉迟氏、西藏种、突厥、塞种、哥特、雅利安、伊兰系、突骑施、高加索种、吐火罗、斯拉夫种、土耳其族等的10多种均属单一族源论的观点。

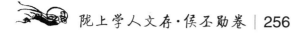
认真分析时,就会很容易发现,有的学者依据月氏史料中有关古代东方民族的史料,提出月氏源于东方民族的观点,同时否定其中存在西方民族之成员。另一些学者则依据月氏史料中有关古代西方民族的观点,并否定其中存在东方民族的成员。很明显,持以上两种观点的学者,在这一问题的研究上犯了一个共同而根本的学术错误,即古板地把古代活动于河西走廊的月氏看成一种单一族源民族。

有鉴于以上情况,如欲探明"祁连小月氏"的族源问题,首先需要认识我国古代历史上曾经客观存在过的一种带有普遍性特点的亦即"一族多源"的历史现象。如果我们对这一历史现象获得正确认识,那就会为"祁连小月氏"族源问题的论定打开便捷之门。

据《后汉书》记载,东汉时期,南匈奴归汉、北匈奴西迁,残留北方草原的"十余万落"匈奴人,被大规模西迁的鲜卑人所役属,从此这部分匈奴人变成了强大鲜卑的一部分。这些匈奴人,自那时起不再以"匈奴"自称,而是"皆自号鲜卑"[1]。同一时期,生活在东北地区的"满离、高句骊之属",亦因役属鲜卑而被称为鲜卑"异种"[2]。魏晋南北朝时期,北方有一个影响颇大的"铁佛"部族。据《魏书》载:"铁佛刘虎,(匈奴)南单于之苗裔,(匈奴)左贤王去卑之孙,北部帅刘猛之从子。居于新兴郡虑虒县(今山西五台县)之北。北人谓胡父、鲜卑母为'铁佛',因以为号。"[3]看来,这是以匈奴人为父,鲜卑人为母融合而成的一种具有两个族源的部族。在蒙古族历史发展中,也有过类似现象。如波斯拉施特《史集》所言:"由于成吉思汗及其宗族的兴衰,由于他们是蒙古人,于是各有某种名字和专称的突厥部落,如札剌亦儿、塔

---

① 《后汉书》卷 90《鲜卑传》,中华书局 1965 年版,第 2986 页。

② 《后汉书》卷 20《祭遵传》附祭彤传,中华书局 1965 年版,745 页。

③ 《魏书》卷 95《铁佛·刘虎传》,中华书局 1974 年版,第 2054 页。

塔儿、斡亦剌惕、汪古惕、客列易惕、乃蛮、唐兀惕等,为了自我吹嘘起见,都自称为蒙古人。"①从上可知,在我国古代,弱小民族一旦被强大民族所役属,就会出现弱小民族丧失自己族名,而以强大民族之族名为族名的现象。毫无疑问,这种带有一定普遍性特点的"一族多源"历史现象的存在,对我们把西迁的大月氏同留居中国的"祁连小月氏",从族源上区别开来显然是具有很大启示作用的。

二、解决一个具有关键性的问题

先前不少学者对众多民族尚未形成明晰的"一族多源"观念,总是在"单一族源"论的影响之下研究月氏族源问题,这种情况无疑对月氏及其支族"祁连小月氏"族源问题的论定,造成了极为不利的影响。

通过上述分析使我们深切感到,若要论定"祁连小月氏"的族源问题,解决月氏族在河西走廊地区活动时期是"单一族源"民族,还是"一族多源"民族,这自然就成了一个关键性的问题。

现在我们就对河西地区月氏的来源及其族源情况予以考察:

1. "有虞氏"与河西月氏

《管子·揆度篇》有"至于尧舜之王,所以化海内者,北用禺氏之玉,南贵江汉之珠"的记载。这是把月氏之源追溯至尧舜之时居于北方"禺氏"的重要文证。据《管子》的成书时代,这一点可能为战国时或其后的人所追记,"禺氏"这一名称用字,必然亦为战国时及其后的习惯用法,定非尧舜时实际。不过,有关"禺氏"源起尧舜时之说,或许是有所据的。

---

① [波斯]拉施特:《史集》第一卷,第116页。

　　翦伯赞先生认为,在夏族中有一原始氏族"虞氏",又称"有虞氏","原住鄂尔多斯一带,以后一支东徙中原,一支西徙甘肃,但仍有一部分残留于原处,故逸周书王会解、伊尹献令皆列禺氏于正北。……惟虞氏之另一分支,在史前时代即已西徙塔里木盆地。《管子·小匡篇》云:'西服流沙西虞',此西虞者,实即指西徙流沙之虞氏。此西徙之虞氏,到春秋时,遂以禺氏之名闻于中国。到汉代,更以月氏之名而出现于西域。吾人由此又知所谓月氏者,实即虞氏一音之转,其族类之开始西徙,固早在史前时代"。①

　　王国维《观堂别集》也指出:"周末月氏故居,盖在中国之北。逸周王会解、伊尹献令列禺氏于正北。《穆天子传》己亥至于焉居禺知之平。禺知亦即禺氏,其地在雁门之西北,黄河之东,与献令合。……《史记·大宛列传》始云月氏居于敦煌祁连间,则已是秦汉间事。"②

　　以上翦伯赞和王国维所说,似乎有所差异,其实,细思之则是一致的。只不过翦伯赞所说"虞氏"是月氏的远源,其最初生活于鄂尔多斯一带,而王国维所说"禺知"和"禺氏"则是尚未西迁、至西周春秋时仍生活在北方的"虞氏"的一个分支。

　　至于以"虞氏""禺知""禺氏"和"月氏"为名的月氏祖先的族属问题,这只要我们从月氏的远源"虞氏"同夏族的关系方面去考察,就必定会从史籍记载中探寻到其蛛丝马迹。翦先生已指明,"虞氏"为夏族中的一个原始氏族,这说明"虞氏"和夏同源。那么,夏的族属是什么?《史记·六国年表》云:"禹兴于西羌。"陆贾《新语·述事篇》云:"大禹出于西羌。"《后汉书·戴良传》云:"大禹出西羌。"《史记·集解》引皇甫谧语云：“孟子称禹生石纽，西夷人也。曰‘禹生自西羌’。”顾颉刚先生据此曾提出：“甚疑禹本为羌族传说中之人物。羌为西戎，是以古有‘戎禹’之称。”并说：“禹与戎族之关系必有可资探讨者。”[①]既然夏族的首领禹为“西夷人”、“出西羌”，那么，夏族之支族“虞氏”的族属自然与夏族的族属不可能南辕北辙了。再就传统数说夏为黄帝部落的后裔而论，黄帝部落出西戎羌，因此，“虞氏”的族属更不会与西戎羌无缘了。据此可以得出最初河西月氏之祖先即“虞氏”“禹知”“禹氏”和“月支”为西戎羌族的结论。

2. 河西固有居民羌与月氏

《史记·大宛列传》“始，月氏居敦煌、祁连间”，《汉书·西域传》“大月氏……本居敦煌、祁连间”，《后汉书·西羌传》月氏“旧在张掖、酒泉地”，《史记正义》“凉、甘、肃、瓜、沙等州，本月氏国之地”等，似乎都是月氏为河西地区固有居民说的文献依据。不过，这里所说“月氏”，明显是指战国、秦、汉间“月氏”，决非此前河西地区之固有居民。从时间和考古资料讲，真正称得上河西地区固有居民的则是羌人。

在以“虞氏”为名的西戎羌自东方迁入河西之前，当地并非荒无人烟之域，实际上我国先民在此地活动的历史早就开始了。新石器时代考古资料已证实，河西是甘肃仰韶文化中的马家窑、半山和马厂三

---

① 顾颉刚：《九州之戎与戎禹》，《古史辨》卷七，第 133 页。另外，郭沫若先生曾在《夏禹的问题》一文中，论及顾先生对夏禹问题的研究时说：“他（指顾颉刚）所提出的夏禹问题，在前曾哄传一时，我当时耳食之余，还曾加以讥笑。到现在自己研究了一番过来，觉得他的识见是有先见之明。在现在新的史料尚未充足之前，他的论辩自然并未能成为定论，不过在旧史料中作伪之点大体是被他道破了。”（《中国古代社会研究》）郭沫若先生的这段话，显然加强了顾先生关于夏禹族属问题见解的可据性。

种类型的分布地区。碳-14测定数据表明："马家窑类型三个数据中，Zk108、Bk77013为公元前2575—2500年（校正：3100—3010年）；半山类型四个数据中，ZK407\406为公元前2230—1970年（校正：2680—2335年）；马厂类型七个数据中，ZK348\346为公元前2020—1715年（校正：2410—2050年）"①。据以上年代推算，河西地区的马家窑等三种类型属新石器时代文化遗址，其存在的时间相当于中原的商朝前期至秦汉之际。有的学者还认为，这三种类型文化，均属"羌戎文化"②，也就是说，这些遗址都是羌人在此地生活过的物证。

翦伯赞先生也曾指出：沙井期文化"为甘肃史前文化中最晚期的文化，此种晚期的文化发现于甘肃的西北，这就证实了在新石器时代中期以后，羌族——甘肃史前文化的创造者之一支，已沿南山（即今祁连山）北麓之小河，徙向凉州一带"。③看来，翦伯赞先生亦认为数千年前河西地区曾有羌人活动。

自近代以来，我国史学界持河西固有羌人说者亦不乏其人。40年代，啸秋以《较古的河西牧人是啥？》为题撰文说：近人卫聚贤经过对《左传》范宣子责姜戎一段话考证认为，此处之"姜戎"即"羌戎"。这一"羌戎"春秋时代居住在河西。啸秋还认为，"羌即早住河西，乌孙与大月氏来，他们避居南山，乌孙与大月氏西去，他们又从湟中与南山中

①安志敏：《略论三十年来我国的新石器时代考古》，《考古》1979年第5期。

②青海柳湾墓地中的半山和马厂文化类型，与河西地区相关文化类型属同一系统，其族种也是相同的。青海柳湾墓地中的半山、马厂及齐家三种不同文化类型"居民在体质上没有显著的差异，基本上属于相同的体质类型"，而其"体质特征显示出明显的蒙古人种特征"（《青海柳湾》上，第278页）。翦伯赞先生也指出，沙井文化是"羌族"在河西活动的物证。

③翦伯赞：《论史前羌族与塔里木盆地诸种族的关系》，《中国论集》第二辑，第123页。

出来活动。……总括地说：较古的河西人是牧'羌'一直流传下来"。①啸秋在这里所说"羌"的情况，是完全符合历史实际的。

以上资料表明，在"虞氏"羌从鄂尔多斯西迁河西地区之前，河西地区早已有另外的羌人部落生活。从而可以说，"虞氏"羌戎和河西固有羌人，是河西地区以"月氏"为名的民族的最初成员。

3. 西域东迁民族与河西月氏

中外史家传统观点认为，河西月氏是自西域东迁而来民族，这一观点自近代以来一直颇为流行。有学者说："最早当殷周之际，大月氏民族已由贫瘠之伊兰高原北部循葱岭、阿尔泰及兴都库什山脉向东进展至于塔里木盆地……中国古史家均承认其势力一时曾深入黄河西侧之凉州。"②这一东迁民族就是月氏，其为"TURK"即突厥族③。

据东迁民族说认为，月氏在河西地区时，有段时间乌孙也成了其成员。《汉书·地理志》敦煌条注引颜师古的话说：敦煌"即《春秋左氏传》所云允姓之戎，居于瓜州者也"。《水经注》引杜林的话也说："瓜州之戎，并于月氏者也。"④这两条资料是说，古代敦煌（即汉代敦煌郡）地区是允姓之戎曾生活的瓜州，而瓜州之戎曾被月氏所吞并。杜林是东汉初的经学家，曾一度生活在河西地区，并对月氏有一定研究，因此，他的话可视为信史。那么，瓜州之戎究竟属于什么民族呢？日本藤田丰八依据《通典》"沙州"条"戎子名驹支"的注文指出：《通典》此言，"想足珍重矣。予辈深信驹子为姑师、车师同音异字。……其后此戎为月氏所逐，移居天山之东北麓，因此，遂名此地曰姑师、车师"。藤田丰

①啸秋：《较古的河西牧人是啥？》，《西北日报》卷1，1947年5月23日。

②张西曼：《大月氏人种及西窜年代考》，《西北问题》卷1，1935年版，第4期。

③[日]白鸟库吉：《塞外史地论文译丛》，第二辑，第132页。

④《水经注》卷40"三危山"条，上海人民出版社，1984年版，第1277页。

八又据张守节"(姑师、车师)二国皆在瓜州西北。乌孙战国时居瓜州"之说指出:"(张)守节亦信乌孙为允姓之戎也。"①如果以上说法无误的话,那么《汉书·张骞传》"大月氏攻杀(乌孙王)难兜靡,夺其地,人民亡走匈奴"的记载,恰好成了乌孙就是被月氏所吞并过的"允姓之戎"的一个有力旁证。

日人桑原骘藏亦曾说:"月氏原居于河西之西部,但自并吞乌孙后,则东部乌孙之根据地亦归月氏,至此河西一带,均为月氏之领土矣。"②很清楚,桑原氏同样是赞同乌孙曾被月氏所吞并之说的。

在历史上,也有持月氏为南迁民族说者。此说以《魏书·西域传》为最早,如说"月氏源出塞北,自金山而南"③。王桐龄在《东阳史》一书中认为,"月氏旧居阿尔泰山下,被天然环境所驱使,移居于甘肃西境",并断言月氏为土耳其族④。就其族种而言,这也是一种月氏民族西来说。

总之,由于当时的中原华夏人对突厥种月氏和乌孙东来河西情况并非十分清楚,因此,"月氏"只不过他们用"虞氏"羌之名对河西多民族居民的统称。据此可以说,若把羌人排斥在"月氏"族成员之外,显然是不够妥当的。

4. 西迁西域的大月氏之族属

在匈奴的打击之下,河西月氏的大部分西迁西域,史称之为大月氏。此大月氏究竟源出何族? 搞清楚这个问题,对论定河西月氏的族

---

①[日]藤田丰八:《月氏故地与其西移年代》,《西北古地研究》,第73–74页。

②[日]桑原骘藏:《张骞西征考》第10页。

③"金山",系指阿尔泰山。

④书盦:《河西走廊最古的居民——"月氏"南迁甘肃考》《西北日报》,1947年6月12日。

源是至关重要的。

大月氏西迁后,主要分为两部分,一为初居妫水流域,后占领大夏的大月氏;一为康居。他们的族属是什么?从考古发掘所得实物资料看,大月氏在印度所铸造的货币上镂刻其国王肖像,虽然各有不同,"但概括言之,高额、隆鼻,其鼻梁钩曲之处类似'SHEM'种,口唇厚而多鬏髯"[①]。《史记·大宛列传》正义还有大月氏"人民赤白色"之说。美国一学者也曾指出:据考古学的发现,"我们在早期贵霜诸王的钱币中,可以看见这些君主们,其头高而尖,其鼻隆起,多鬏,其形貌极像在南俄罗斯所发现的古代'塞西安人'画像,但并没有所谓蒙古利亚人种的痕迹"[②]。基于以上实物资料和文献资料,我们完全可以赞同白鸟库吉等关于大月氏属"TURK"即突厥族的论断。

汉代的康居,隋唐时分立为"昭武九姓"(即康、安、曹、石、米、何、火寻、戊地、史)之国,史书对它们的习俗和相貌特征多有记载,我们以此来探讨它们的族属。据载,康国"丈夫剪发或辫发,其王冠毡帽,饰以金宝;妇人盘髻,幪以皂巾,饰以金花;人多嗜酒,好歌舞,于道路生子,必以石密内口中"[③]。安国"风俗同于康国,唯妻与姊妹及母子递相禽兽,以为异也"。[④]何国"风俗与康国同"[⑤]。史国"康国王之枝庶也……俗同康国"[⑥]。"昭武九姓"人的相貌特征,以康国人为典型,"其人皆深目、高鼻、多鬏髯"[⑦]。安、何二国之王与康国王同族,其相貌特征

---

①[日]白鸟库吉:《塞外史地论文译丛》,第二辑,第132页。

②[美]W.M.麦高文著,章巽译:《中亚古国史》,中华书局1958年版,第146页。

③《旧唐书》卷198《西戎传·康国》,中华书局1975年版,第5310页。

④《隋书》卷83《西戎传·安国》,中华书局1973年版,第1849页。

⑤⑥《通典》卷193《边防九·西戎·何国》,中华书局1988年版,第5257页。

⑦《通典》卷193《边防九·西戎·康居》,中华书局1988年版,第5255页。

自然无大差别。据此看来,"昭武九姓"之国人亦非突厥族莫属。

通过以上多方面分析,我们有充分依据可以认为,在河西走廊活动时期的月氏,并非单一族源民族,而实际上是由羌、突厥和乌孙三个民族成员所构成的一族多源民族。

三、辨析若干重要史料

"祁连小月氏"的族源问题,虽然至今仍为悬案,但并非无据可考。现就有关"祁连小月氏"族源的若干重要史料予以辨析,以此阐明作者关于这一问题的管见。

史料之一:《汉书·赵充国传》有"羌侯狼何"、"(赵)充国以为'狼何,小月氏种'"的记载。赵充国是稍晚于小月氏南入祁连山时代的人,同诸羌和小月氏有过频繁交往,且对诸羌和小月氏都是熟知的。那么,这一记载是不是说突厥种小月氏的"狼何"其人作了羌族之"侯"呢?当然不是。若从"祁连小月氏"原是河西月氏的一部分这点分析,此处的"羌"是族名,而"小月氏"则是种落名。因此,《汉书》的作者在采用泛指时称为"羌",而具体称其种落时则称"小月氏"。据此可以说,《汉书》的记载实际上是说羌种小月氏的狼何作了羌族之"侯",羌和小月氏为"二而一"的关系。

史料之二:《后汉书·西羌传》载道:河西月氏羸弱者"南入山阻,依诸羌居止,遂与其共婚姻……被服、饮食、言语略与羌同,亦以父名母姓为种"。此处所载为湟中月氏胡,亦即"祁连小月氏"。这一记载中,具有史料价值者,可归纳为以下几点:一是小月氏"依诸羌居止";二是小月氏"遂与其(即诸羌)共婚姻";三是小月氏的"被服、饮食、言语略与羌同";四是小月氏"亦以父名、母姓为种"。从这四点可以看出,"祁连小月氏"的风俗与诸羌的风俗相同或相近,且在短时间内实现了"共婚姻"。同时,他们的言语略同。这些无疑说明"祁连小月氏"

和诸羌的血缘关系较为相近,其族种间关系也不会太悬远。而在这些方面,同突厥种的大月氏则毫无共同之处,因而不可能是同一族源。

史料之三:《后汉书·董卓传》载:中平元年(184年)冬,"北地先零羌及枹罕、河关群盗反叛,遂共立湟中义从胡北宫伯玉、李文侯为将军"。从《后汉书·西羌传》"湟中月氏胡"条记载得知,此处的"义从胡"本为"祁连小月氏"。若就以上整段记载而言,正当北地、枹罕、河关等地羌人起义时,居于湟中地区之"祁连小月氏"也参加了起义,不仅如此,而且族出"祁连小月氏"的北宫伯玉和李文侯,还被推举为羌人起义者的领袖。对这一记载,如果同"祁连小月氏"的族源联系起来分析,人们自然会得出"祁连小月氏"族出于羌的结论。

史料之四:"湟中月氏胡"传包括在《后汉书·西羌传》中,这是探讨"祁连小月氏"族源的重要依据。但自《后汉书》问世以来,凡是研究"小月氏"族源问题的史家,几乎从未有人据此把"湟中月氏胡"(即祁连小月氏)的族源与"西羌"的族源相联系,这无疑是学术研究中的一个令人费解的问题。据作者之见,既然《后汉书·西羌传》的作者范晔把"湟中月氏胡"(即祁连小月氏)的传置于《西羌传》中,这种情况以无可辩驳的史实表明,范晔是把"湟中月氏胡"视之为"西羌"的一部分的。据此同样可以断定,在范晔的观念中,"湟中月氏胡"与"西羌"同源。

史料之五:阚骃《十三州志》云:"西平、张掖之间,大月氏之别,小月氏之国"。这一记载是说,十六国时期的"西平(今青海西宁地区)"和"张掖"之间,是大月氏的别种小月氏的居地。如果我们对上述记载进行仔细分析,就会发现其中两点对我们探讨"祁连小月氏"族源问题有一定帮助。首先,从小月氏为"大月氏之别"来分析,二者族种有"别",因而不是同源民族,这也就表明,"祁连小月氏"其族不出突厥种。其次,从"西平、张掖之间"为小月氏居地分析,如果小月氏为突厥种,那么,十六国时期这一地区当有突厥族活动,事实上有关这点,既无文证也无物证,据此可以断定,"西平、张掖之间"的"祁连小月氏"其族必出羌族,不出突厥族。

以上诸多史料表明,"祁连小月氏"与西迁西域的突厥种大月氏不同源,"祁连小月氏"本以羌族为源。这就进一步证实月氏在河西走廊地区活动时期为名副其实的一族多源民族。

总括以上所述,河西走廊地区固有羌人、从东方迁入的"虞氏"羌戎,同从西方迁入的同种异族的大月氏与乌孙,共同构成了战国秦汉间的月氏族,其族名系由中原华夏和汉人传呼"虞氏"音转而来。依此可以断言,月氏在河西走廊地区活动时期,并非单一族源民族,而实际上至少是由出于东方人中的羌和出于西方人种的突厥与乌孙三种古代民族成员所构成的多族源民族,而"祁连小月氏"源于羌族。

(原刊于《青海民族研究》2001 年第 4 期)

藏族风俗对甘肃洮西汉族地区的影响

　　具有悠久历史传统的藏族，曾与周围各兄弟民族有过十分密切的联系，其众多历史遗迹遗物，至今仍有留存。仅从甘肃省洮河之西的今康乐县汉族地区来看，历史上藏族的诸多遗俗，如藏语地名、人名、语言构成方式、嘛呢石、诵藏文经和供奉家神等，业已融入汉族风俗。这就充分表明，对现今流行于汉族和其他兄弟民族中藏族遗俗的研究，是藏学研究的一个具有现实意义的课题，因为这种研究，对当前的民族团结、民族教育工作具有不可低估的作用。本文主要以甘肃洮西，即今康乐县汉族地区流行的藏俗为例来陈述管见。

一、洮西的藏族遗俗

　　历史上的康乐县地方，曾是羌人及吐谷浑、藏等具有历史渊源关系民族的生活之地，如今这里丰富多彩、独特古朴、富于佛教特征的藏族风俗，正好成了藏族历史活动的印迹。

　　1. 多彩的地名与人名

　　在康乐县现行地名中，带有藏民族语言特征的地名比比皆是，其语式和语意，明显与汉语地名迥异。

　　带有汉字"那"的藏语音译地名，在康乐县各乡几乎都有分布，颇具代表性者，如那那沟（"那那"藏语意为黑色森林）、那古（藏语意为黑色）、那呢头（"那呢"藏语意为阳山之林）、那布足（藏语意为森林）、扎那山（"扎那"，藏语意为山根河谷）、呢那（藏语意为阳山之谷、莱那

（藏语意为牧民搭过帐篷的谷地等；带有汉字"巴""拉朵"等的藏语音译地名也不少，如马巴（藏语意为沟低处居住者）、普巴（藏语意为沟尽头居住者）、多乐（藏语意为两条沟夹着山顶）、盖寺拉孕（"盖寺"，意不详；"拉孕"藏语意为山半坡平缓、可种庄稼的地方）等。汉族用藏语人名，在今康乐县南部三乡境内也不少。据笔者所知的藏语人名有多杰、当治、华丹、洛藏、贡加等。

同时，康乐县回、汉族群众，由于世代受藏族习俗的影响之故，至今日常用语多有宾语提前、谓语置后现象。如"饭吃"、"马拉上"、"车坐上"、"马骑上"、"活干"等等。这种宾语提前的藏语式汉语，明显是受藏语影响的结果。

2. 神圣的"嘛呢石"

"嘛呢石"，是竖立于今康乐县南部五户、景古等乡境内众多村子阳山顶凹岘中的一种藏文碑石。这种"嘛呢石"，全都采用天然花岗石，石色不一，表面粗糙，均未进行琢磨；石形有的呈四棱柱体，有的呈扁平长方体，有的呈椭圆体。今五户乡境内现存"嘛呢石"多达30多块，石上文字，有的清晰，有的已显模糊，并有不少已难辨认。①该乡侯家沟村阳山上的"嘛呢石"，高约90厘米、宽约60厘米、厚约25厘米，略呈扁平长方体，石色青灰，竖立于一椭圆形土丘上（据一位藏族同志讲，土丘可能是一个已故汉族僧人的坟堆）。"嘛呢石"正面先刻藏文密宗咒语。第一行为"身、语、意"；第二行为密宗女神妙光母咒语；第三行为六字真言即"哎嘛呢叭咪吽"；第四行为某女神（神名不详）咒语；第五行是刻立此"嘛呢石"的汉族僧人名；第六行为吉祥纹、法铃纹、法号纹；最后一行为装饰性花纹。

---

①"嘛呢石"资料，由侯彦明收集、提供。

这一"嘛呢石",刻立时间不详,亦无据可考,但据祖辈口口相传,它是先民们为防止夏季冰雹损害庄稼而立,故被乡人视为神石,从不损坏,至今完好如初。康乐县汉族地区的"嘛呢石",虽同甘南藏区的"嘛呢石"存在歧异之处,但从实质看,却是一脉相承。

3. 汉族僧人诵读藏文经

每当老人逝世后请僧人诵经,是藏族葬俗的一部分,康乐县的五户、景古和莲麓三乡汉族农民中,时下仍残留这种葬俗。据笔者亲眼所见,从解放前至今(实际上这种风俗已在当地盛行数百年了),五户等乡农民,每当有老人逝世,总是请汉族僧人前来诵经。僧人所诵经文,一般是印在横长约40厘米、纵宽约10厘米的印经纸上。经文全为散页,木夹装,外包红布。诵读时,就取开经卷外所包红布,向前翻开木板,然后,从后向前一页页翻着诵读经文。

僧人诵经时,一般是一人或三五人共坐炕上。炕正中放置一张炕桌,桌上摆放经卷、一小碗小米、一只铜宝瓶;宝瓶中盛有清水,顺插一羽孔雀或蓝马鸡尾毛。炕对面墙上挂一幅佛像,佛像前桌上点一盏或三盏铜制清油灯,并点蜡烛、香火。僧人在诵经过程中,有时抓一小撮小米"撒施食",有时拿起宝瓶中蓝马鸡尾羽撒净水。

可见,在康乐县汉族地区,农民对亡人进行所谓"超度"的仪式,颇为接近藏族的风俗。

4. 奇特的"家神"

"家神",原本是藏族家庭或家族所普遍供奉的一种神灵。今康乐县不少汉族农民,也有供奉"家神"的传统习俗。康乐县五户等乡汉族农民的"家神",均为家族"家神",这种"家神"颇为奇特。据近日对康乐县五户乡侯家沟村两个家庭"家神"的实际考察、了解,始知汉族"家神"并无固定样式,而事实上存在着大同小异情况。其中一个家族的"家神",其基座是用木板做成的一个圆筒,筒高一尺二寸,象征一

年的 12 个月；筒外捆扎四道箍，象征一年的四季；筒中约装十五市斤小麦，小麦中再放置一个宝瓶，瓶中装有小麦、青禾、蚕豆、油菜籽、胡麻籽等五色粮食，还装有八宝药材、茶叶和发酵面团。组成"家神"的核心部分，是用薄木板锯成的一只鸡，鸡画有眼、鼻、口、耳，并用高粱草做成尾巴，用细绳绑在木鸡尾部，然后把缠有羊毛的 4 支竹箭，用细绳绑在木鸡左右两侧，每侧 2 支，箭头朝下，整体插入圆木筒内小麦中。又在木鸡之左插一木刀，其右插一木枪。这种"家神"在初次"装脏"时，先在支撑木鸡的 4 支箭之外再立 4 支主箭，之后，家族中每生一个男孩，就增添一支缠有羊毛的毛竹箭。不过，"增男添箭"的过程较为复杂，一般用三年时间完成，按习俗每年要请"法师"（即一种地方神汉，其"发神"时，身穿法衣，口唱神歌，手拿羊皮鼓，有节奏地敲打）来"跳神"（一般借助乡俗神会活动进行），第一年谓之"立灯"，第二年谓之"点灯"，第三年谓之"完灯"。当这一整个过程完成时，就将新制的代表新生男孩、缠有羊毛的毛竹箭插入圆筒内小麦中。平时，"家神"按家族的传统习惯，供奉于某一家堂屋的梁上，其余各家将共同制作的若干白纸小旗分别插于自家堂屋后墙上，作为"家神"所护佑家庭的标志。以上"家神"之形制与供奉习俗，世代相传不改，影响至深。由于这种"家神"安装在圆形木筒中，故俗称"筒筒家神"。①

　　笔者家族的祖传"家神"，原也为"筒筒家神"，后由"法师"改制为方箱形"家神"。作为"家神"基座的方箱，无盖、斗状，高七寸二分，长、宽无定制，约五六寸。箱内装有小麦十多斤、八宝药材一副，海马、蛤蟆各一条，太极、石砚、鸡心（槟榔籽）各一个，鸡一只（鸡头、鸡身用柏木板锯成，鸡翅、鸡尾用五色线和红头绳捆扎糜子草而成），碎石（如

---

①圆筒形"家神"资料，由侯志华收集、提供。

鸡蛋大小)3块,倒插代表家族男性成员的箭5支,用俗称的"邹邹杆"(即一种灌木,开白花,花呈簇状,其枝、杆中心为海绵体柱状物质)的枝条制成,长约1尺四寸,上缠有白羊毛,外包裹红色或绿色布,每支箭的口处用线扎着一枚铜钱(习惯中不用"道光"年号钱)等。同时,箱内竖立一条宽约三指的柏木板,上书"侯氏门中老祖家神之神位"①。

康乐县汉族农民的"家神",就其形制而言,无疑较为奇特,然而在供奉、信仰者心目中,它只不过是自家"护家神"神灵的载体。这种"家神"的形制,与藏族"家神"虽然有差异,但从风俗习惯来说,它们则有着共同的渊源关系。

二、藏族遗俗盛行的原因

甘肃康乐县是一个回汉两族人口约占92%以上的多民族县。历来县内藏族人数最少,时至今日仍然不足千人,而且都生活于偏僻的山沟中。然而,当我们着意探讨当地民俗文化现状时,便发现诸多藏族遗俗同汉族等民族风俗水乳交融、盛行各乡的奇特现象。那么,其原因何在呢?

社会风俗的形成,既非一日之功、一人之力,又非一事一物之影响。实际上,历史时期的风俗,是当时自然条件与社会环境双重影响及世代积累、习染传承的产物。因此,康乐县汉等族生活地区仍然盛行数百年前的藏族风俗,究其原因正是自然条件和社会环境双重影响所致。

首先,在历史上,藏汉两族长期错居于今康乐县地方,这是当地

---

①方箱形"家神"资料,由侯彦明收集、提供。

留存诸多藏族遗迹遗俗的重要前提。

从秦汉至魏晋，位于洮水之西的今康乐县地方，虽早已归入中原王朝疆域，但在当地生活的却主要是羌人。北魏神龟年间（518—520），河州羌却铁忽反，自称"水池王"①。"水池"，即古"龙漱池""灵漱池"和"灵池"，今称"常爷池"，位于今临潭县境庙花山，临近今康乐县景古、莲麓二乡。这一记载至少表明，当时今康乐县南境地区也分布有羌人。时至唐代，这里又成了吐蕃的驻牧之地。北宋时，洮水之东多有羌人"熟户"和"生户"散居，而洮西地方则多居住羌人"生户"。尤其是熙宁六年（1073 年）二月，张守约"遣将渡洮略定南山地"羌人，并率领"番兵修筑康乐城"和"刘家川堡"②，从这些族名和地名中，可得知当地羌人分布概况。北宋时，受赐赵姓的羌酋赵阿哥，于金朝亡后率众"保莲花山"，元朝建立后又归附元朝。③明弘治十八年（1505年），番兵"屯营朱家山"④。"朱家山"系今康乐县五户、草滩二乡界山，现营堡遗迹尚存；"番兵"为当地羌人之兵。这些同样是古代康乐县境生活有羌人的重要证据。古代康乐县境内羌、藏、汉各兄弟民族长期交错居住，因而在风俗方面相互影响并留存若干遗迹是势所必然的。

其次，历代封建王朝和地方政府，都出于安定社会秩序的需要，曾极力保护当地佛教寺院，从而起到了保护藏族遗俗的作用。

明永乐十年（1412 年）五月初一日，成祖皇帝专门颁布"敕谕"给

---

①《魏书》卷 105《天象志四》，中华书局 1974 年版，第 2438 页。

②[宋]李焘撰，上海师范大学古籍整理研究所、华东师范大学古籍整理研究所点校《续资治通鉴长编》卷 245，宋神宗"熙宁六年五月"条，中华书局 1992 年版，第 5950 页。

③《狄道州志》卷八。

④[清]顾炎武撰，黄坤等校点《天下郡国利病书·陕西备录下·临洮志》，上海古籍出版社 2012 年版，第 2112 页。

"临洮地面大小官员军民诸色人等"。实际上这一"敕谕"直接颁发给了今康乐县鸣鹿乡藏传佛教寺院蜂窝寺。敕文责令当地官民,"务要各起兴心,尊崇其教,听从本寺僧人自在修行,并不许侮慢欺凌,常住、一应寺宇、田地、山场、园林、财产、孽畜之类,诸人不许侵占、骚扰,庶惮佛教兴隆,法门弘振,而一方之人,亦得以安生乐业,进修善道。若有不尊联命,不敬三宝,故意生事,侮慢欺凌,以沮其教者,必罚无赦"!①这一用汉、藏两种文字写成的"敕谕",名义上保护藏传佛教寺院及其财产,而实质上则在通过保护寺院来维护当地社会秩序的稳定。蜂窝寺受到强有力的保护,这在甘肃地区小型佛教寺院中是从未有过的。正由于这样,蜂窝寺曾一度相当兴旺,僧人竟多达300余人,而寺属农、林、牧诸业亦有一定发展。

康乐县原本是藏传佛教的传播地区,在当地享有盛名的寺院较多,如虎关乡的亥母寺,五户乡的扎古都寺、张家寺,莲麓乡的虎巴寺,其中最具影响的便是鸣麓乡的蜂窝寺。这些藏传佛教寺院,既是藏族习俗保存最为浓郁之地,同时又是藏族习俗的传播中心。如今当地群众中所盛行的藏族遗俗就有不少与这些寺院的影响有关。

第三,康乐县汉族与卓尼、临潭二县的藏族频繁的民间交往,为藏族遗俗在康乐民间的盛行提供了条件。

自洪武年间(1368—1398)开始,明朝政府为了"茶马互市"的需要,在洮河以西汉、藏交界地区,先后设置了"二十四关",其中麻山关、鸣鹿关和安陇关就在今康乐县西境。随明朝社会的稳定、"茶马互市"活动的不断开展,汉、藏两族人民关系日趋融洽,交往日益频繁,当初具有一定防御性质的麻山等关,完全变成了汉、藏人民友好交往

---

①《明永乐时给蜂窝寺的皇敕》,《甘肃省康乐县地名录》封底图版。

的通道。据作者少年时亲眼所见,新中国成立前后,在每年的春节之前,很多卓尼县藏胞不畏严寒和厚雪封路,总是赶着牦牛、牵着马,驮运大量酥油、蕨麻(一种多年生草本植物,根茎较粗,大者直径约半厘米、长约5厘米左右,多呈曲状,味甘甜,可食)、草香(一种带香气的柏树叶)、松香(一种香气很浓的多年生草本植物)等,翻山越岭来到康乐县杨家河集市(属景古乡)上出售,或换取青禾、布匹等。

汉族农民和藏族牧民交游的习俗,在康乐县汉族地区较为普遍,而且具有悠久的传统。直至今日,几乎每年正月十五日,部分康乐县汉族农民从山路徒步爬越高峻的白石山(海拔3908米),去甘南藏区寺院观酥油花。由于在同藏族交往中受到藏俗影响,在康乐县南部的五户、景古等乡农民中,冬天穿藏式皮袄、戴藏式狐皮帽者亦不乏其人。藏族老人朝佛或在平日都有摇"转经筒"(汉族习称"嘛呢廓罗")的习俗,而在新中国成立前和新中国成立初的康乐县农民中,部分老人在每月初一、十五拜佛、念经时也是如此。

康乐县与卓尼、临潭二县地连境接,同为甘肃省的"森林雨"的降雨区,自然条件较为近似,同时又都是藏传佛教的传播地区,宗教文化历来无甚差别。加之汉、藏兄弟民族民间交往的频繁与相互影响,因此,在今康乐县境内,古代藏族遗俗与回、汉族,尤其与汉族习俗融为一体、盛而不衰。

三、"藏俗汉行"的启示

在洮西康乐县地方,藏族的固有风俗在广大汉族中流行,这既是一种历史现象,又是一种现实社会现象。"藏俗汉行"传统的悠久、影响的深远,无疑给我们以诸多启示,简言之,主要有三:

首先,风俗的一致与相近,是汉、藏两族人民长期友好相处的重要前提与基础。

风俗是各民族在历史上形成的传统风尚与习俗。基于人们所生活地区的环境和所从事生产种类的不同,大致形成了三大类风俗,即农业民族风俗、牧业民族风俗和渔猎民族风俗。

在历史上,凡风俗差别较大的民族,在较短时间内是很难形成友好相处局面的,而风俗相近的各民族,却能够在较短时间内实现友好相处局面,甚至融合为一。西汉初,生活在河西走廊地区的月氏,被匈奴击败之后,其羌种成员南入祁连山,史称之为"小月氏"。此"小月氏"因同湟中(今青海西宁市一带)地区居民同为羌种,习俗相近,故在较短时间内相互间出现了"共婚姻"①现象和共同反抗东汉王朝统治的斗争②。这说明,在历史上,若干民族间如果习俗相近或相同,自然就存在一种认同感和亲近感,若无特殊情况发生,他们是能够友好相处的。

其次,造就新时代共同的社会风尚,是汉、藏两族人民继续保持和发展友好相处关系的重要因素之一。

伴随时代的变化和社会的进步,各族人民的思想与观念等也都在发生着深刻变化。在这种全新的社会条件下,若继续以历史上带有佛教特征的社会风俗作汉、藏两族人民友好相处的思想基础已经远远不够了。同时,在新中国成立后,从兰州经临夏市达甘南州政府所在地合作镇以及合作镇分别至州辖各县公路交通道路的开辟,加之当地城乡物资的丰富,洮西汉、藏人民群众,通过穿越白石山崎岖小道所进行的经贸活动已经断绝,近些年从山路来汉族地区的藏胞也已非常稀少。据此看来,适应社会的发展,采取积极有效措施,努力培育有利于增强各族人民凝聚力和向心力的社会新风尚,既是时代发

---

①②《后汉书》卷 87《西羌传》,中华书局 1965 年版,第 2899 页。

展的需要,又是各族人民保持和发展友好相处关系的需要。

第三,对"藏俗汉行"历史现象进行研究,是藏学研究者的责任之一。藏族在历史上与其他兄弟民族关系密切,而且其政治、经济、思想、文化、习俗等都曾受内地与中央王朝的影响,这说明,藏族与汉族及其他一些兄弟民族之间,在各方面客观存在着"我中有你,你中有我"的现象。因此对民族杂居区的藏族遗迹、遗物和遗俗,应该引起藏学研究者的重视。

（原刊于《中国藏学》1997 年第 3 期）

古代西北边疆经略中的"和亲"问题

古代"和亲",有"纳春之计""下嫁公主""慈亲"与"族际通婚活动"等多种称谓。

据史籍所载,古代与西北边疆有关"和亲"事件,几乎无一例外都发生在中原王朝经略西北边疆时期,而且又多处于有关双方矛盾激化之际。然而,"和亲"一旦得以实现,有关双方的关系便近乎骤然亲密起来。这些历史现象,自然反映了古代"和亲"事件在西北边疆经略中的重要性和特殊性。

一、"和亲"问题上的歧见

对古代历史上的"和亲",包括有关我国西北边疆地区的"和亲",学术界向来存在歧见,若考稽史载,方知誉之者众,毁之者寡。

对"和亲"活动的否定意见,始见于西汉。在汉宣帝时,大鸿胪萧望之对自高祖以来"和亲"活动,直言不讳地发表了否定意见。他说:"万里结婚,非长策也。"还说:解忧公主"在乌孙四十余年,恩爱不亲密,边境未以安"[①]。史学家班固武断地说:"和亲无益。"[②]唐代李中《王昭君》诗干脆说:"谁贡和亲策,千秋污简编。"[③]杜甫《警急》诗中也说:

①《汉书》卷78《萧望之传》,中华书局1962年版,第3279页。
②《汉书》94下《匈奴传》,中华书局1962年版,第3831页。
③《全唐诗》卷749,中华书局1960年版,第8535页。

"和亲知拙计,公主漫无归。"①戎昱在《咏史》诗中竟以"汉家青史上,计拙是和亲"②之句,全面否定了自西汉以来的"和亲"活动。若从以上诸说来看,似乎古代"和亲"有百弊而无一利。

然而,在历史上对"和亲"发表肯定意见者也非仅有。唐代的唐蕃会盟碑碑文说:"再续慈亲之情,重申邻好之义……使其西界烟尘不扬,阃闻寇盗之名,复无惊恐之患。"③。唐中宗曾赞颂"和亲"为"斯盖御宇长策,经邦茂范"④。杜甫从否定"和亲"转而肯定"和亲"说:"似闻赞普更求亲,舅甥和好应难弃。"⑤张仲素《王昭君》诗赞扬昭君出塞的"和亲"事件说:"仙娥今下嫁,骄子自同和。剑戟归田尽,牛羊绕塞多。"⑥唐初贤相房玄龄也曾称颂"和亲":"今大乱之后,疮痍未复。且兵凶战危,圣人所慎。和亲之策,实天下幸甚。"⑦

以上有关"和亲"问题的分歧意见,在历史上的产生与存在,自是必然现象。若予分析,以上意见有的发表于战争时期,有的发表于和平时期;有的人从眼前情况提出看法,有的人则着眼于长远;有的人只注意少数民族贵族的掠夺性,有的人则考虑汉族与少数民族关系的改善;有的人只注意现象,而有的人则注重本质。众所周知,凡事都有二重性,古代历史上的"和亲"引发一些弊端势所难免,然而不论怎样,其本质和主流则是无可挑剔的。

---

①《全唐诗》227,中华书局 1960 年版,第 2465 页。

②《全唐诗》270,中华书局 1960 年版,第 3011 页。

③转引自王尧《唐蕃会盟碑疏解》,《历史研究》1980 年第 3 期。

④《旧唐书》卷 196 上《吐蕃传》,中华书局 1975 年版,第 5227 页。

⑤《全唐诗》卷 221,杜甫《近闻》,中华书局 1960 年版,第 2333 页。

⑥《全唐诗》卷 367,中华书局 1960 年版,第 4137 页。

⑦《旧唐书》卷 199 下《铁勒传》,中华书局 1975 年版,第 5345-5346 页。

二、"和亲"的动机

古代西北边疆地区"和亲",由于其对象、时代与背景的不同,因而各方的动机均非同一。若考稽史籍,历代"和亲"各方的动机,大致可归纳为以下几类:

1. 获取经济上的好处

据《大唐西域记》记载,西域瞿萨旦那国(即于阗国)原无桑蚕,闻东国(一说认为是古代中国)有,遂遣使求取,却被东国君拒绝。自此东国君严令对出国人员验检,使桑蚕种不得出关、传入外国。急欲获得桑蚕种的瞿萨旦那国国王,因此而采取卑辞下礼、求婚东国策略,以便获得桑蚕种。恰逢这时的东国之君有怀远之志,于是欣然应允瞿萨旦那国王的求婚。随之,瞿萨旦那国迎亲使者到达东国后,暗中告诉东国君女说:"我国素无丝绵桑蚕之种,可以持来,自为裳服。"东国君女闻言,"密求其种,以桑蚕之子,置帽絮中,既至关防,主者遍索,唯王女帽不敢以验"。古代中国的桑蚕之种,因此而传入了瞿萨旦那国。这是我国古代史上,在"和亲"活动掩盖下,桑蚕之种被窃出中原王朝国境的典型例证。

2. 追求本民族的安全

西汉时期的乌孙昆莫,以匈奴公主为左夫人,以汉朝公主为右夫人。乌孙昆莫同强大的汉与匈奴同时"和亲",自有其意图,实际上他所采取的是如同楼兰王"小国在大国间,不两属无以自安"的策略。古代乌孙在强国夹缝中求生存的事例,充分说明西北边疆一些弱小的民族与汉族王朝的"和亲",其基本动机原在追求本民族的安全。而历史上的中原王朝往往在深受边疆民族侵扰之害时,也同有关民族统治者进行"和亲",其意图与边疆民族并无本质的差别,即追求本王朝的安全。

3.有效经略边疆

古代历史上的"和亲"政策,说到底是中原王朝对边疆民族所实行的一种特殊的民族政策,其意图显然在于对边疆地区的经略。隋朝时,西突厥处罗可汗恃强,不愿臣服隋朝。正值此时,西突厥射匮可汗(小可汗)为增强实力、得到外援,故向隋朝"求婚"。当时,隋朝正在计划削弱和分裂西突厥,所以炀帝派人告诉射匮使者:若射匮"发兵诛处罗,然后当为婚也"①。使者回报射匮,射匮率兵袭处罗,处罗大败,弃妻子而逃,后不得已投奔隋朝,从此西突厥被削弱,为隋朝攻打高丽解除了后顾之忧。唐贞观(627—649)时,吐蕃松赞干布遣使奉表,前往唐朝"求婚",太宗开始答应了请求,但当吐谷浑使者"离间"后,太宗又改变了主意,不同意下嫁公主。为此,松赞干布便愤然发兵攻打吐谷浑,并声言若唐朝不答应求婚,就要进攻唐西北边地。在这种情况下,太宗又同意下嫁文成公主入藏②,从此唐、蕃关系发展到了一个崭新阶段。仅此二例,足以看出古代中原王朝对西北边疆民族推行"和亲"之策,其本意原在有效经略西北边疆。

三、"和亲"的历史作用

古代在西北边疆地区的"和亲",有的是中原王朝大臣建议皇帝下嫁公主的,而大多数则是西北各少数民族首领向中原王朝遣使"请婚"或"求婚"实现的。不论那类"和亲",它们都在历史上起过一定积极作用。

首先,"和亲"促进了有关双方友好关系的发展。隋开皇年间

---

①《隋书》卷84《北狄传·西突厥》,中华书局1973年版,第1878页。

②《旧唐书》卷196上《吐蕃传》,中华书局1975年版,5221页。

(581—600），吐谷浑经常寇掠西北边疆，当下嫁光化公主后，双方关系便有了一定改善，至伏允时曾"朝贡岁至"①。唐太宗贞观时，吐蕃对唐西北边疆侵扰频繁、威胁严重，但当文成公主入藏后，松赞干布便自称为臣。当出使西域的王玄策被中天竺所掠后，他便主动协助唐兵，大破中天竺。高宗嗣位后，他又表示，"若臣下有不忠之心者，当勒兵以赴国除讨"②。

其次，"和亲"便利了双方间的经济交流。隋炀帝时（605—617），下嫁华容公主于高昌王麴伯雅，从此高昌便"踰沙忘阻，奉赟来庭"③。《说文解字》云："赟，会礼也。"段玉裁注曰："以财货为会合之礼也。苍颉篇曰：赟财货也。"④从《说文解字》和段注得知，"奉赟"，实为贡献财货（亦即古代贡赐贸易的一种形式）。文成公主下嫁吐蕃时，松赞干布遣"其相禄东赞致礼，献金五千两，自余宝玩数百事"。此后，唐给吐蕃"赐物二千段"，接着吐蕃又向唐献"金、银、珠宝十五种"。高宗时（650—683），向吐蕃"赐杂彩三千段"，还受吐蕃之请，将"蚕种及造酒、碾硙、纸、墨之匠"赐许之⑤。中原王朝同西北各族实现"和亲"后，相互间类似经济交往不胜枚举。

第三，促进了汉文化向西北有关民族的传播。中原的汉文化，向西北边疆一些民族的传播，其途径虽然多种多样，但他们"慕华风"，接受汉文化，一般都是以"和亲"活动为先导的。汉宣帝时（公元前73—公元前49），龟兹王以汉朝之外甥女、解忧之女弟史为妻，汉又赐

---

① 《隋书》卷83《吐谷浑传》，中华书局1973年版，第1844页。
② 《旧唐书》卷196上《吐蕃传》，中华书局1975年版，第5222页。
③ 《隋书》卷83《西域传·高昌国》，中华书局1973年版，第1848页。
④ 《说文解字注》"赟字"条，上海古籍出版社1981年版，第280页。
⑤ 《旧唐书》卷196上《吐蕃传》，中华书局1975年版，第5222页。

龟兹王妻以公主待遇,自此双方关系颇为友好。宣帝又赐龟兹王"车骑旗鼓,歌吹数十人,绮绣杂缯琦珍凡数千万";绛宾及其夫人,"乐汉衣服制度,归其国,治宫室,作徼道周围,出入传呼,接钟鼓,如汉家仪"①。文成公主入藏后,松赞干布为其专筑一城,且"立栋宇,以居处焉"。又因文成公主不喜欢吐蕃人"赭面",松赞干布便令"罢之"。从此吐蕃人"渐慕华风,仍遣酋豪子弟请入国学,以习诗书,又请中国识文之人典其表疏"②。在古代历史上,由"和亲"活动所引起的汉文化向西北边疆各有关民族的传播,终于形成汉民族和西北各有关民族友好交往史的重要组成部分。因此可以说,"和亲"活动是中原王朝经略西北边疆史的重要一页,同时又是汉与西北各有关民族关系发展史上充满绚丽色彩的重要篇章。

(原刊于甘肃省史学会《史学论丛》第 8 集,1998 年 8 月版)

---

①《汉书》卷 96 下《西域传·龟兹》,中华书局 1962 年版,第 3916–3917 页。

②《旧唐书》196 上《吐蕃》,中华书局 1975 年版,第 5222 页。

略谈古代甘肃人的"尚武"精神

　　每当学界提及古代甘肃①史,人们总是津津乐道畜牧业的"天下饶",其实,真正能使我们引为自豪、备感光彩的则是古代甘肃人所具有的"尚武"精神。

　　秦汉以降,历代中原王朝和割据西北的群雄,莫不青睐陇右和河西地区,究其原因,当在这里的民众"尚武节","习战射","得其人,足以资战斗也"。古代甘肃人所具有的这种"尚武"精神,犹如一条红线贯穿于整个封建社会,从而成为丰富多彩的古代甘肃历史的一个重要内容,很值得探讨和阐述。

一

　　古代甘肃人的"尚武"精神,相沿已久,积习成俗,具有广泛的社会基础。其中主要表现是:

　　(一)各地民俗皆"尚武"

　　两汉时,北地(今庆阳地区一带)、安定(今平凉地区一带)二郡民众过着且耕且戍生活。北地民众"风俗劲勇",汉武帝拓境开边时,众

---

　　①甘肃行省之设,始于元世祖至元十八年(1281年),辖区仅限今河西走廊、新疆东部和宁夏等地,而金城河以东地区为陕西行省所辖。本文为行文之便,遂将秦汉至鸦片战争的陇右、北地、河西统称为古代甘肃。

多"良家子奏功尝最"①。安定等地人"多尚武节"②。《汉书·地理志》盛称北地和安定民众,"修习战备,高上气力,以射猎为先"。正因如此,所以汉之张良视此地为蓄养军威和防御匈奴的战略要地③。

陇中民众历来以"尚武"为荣,自秦汉起,既已蔚成风气。秦州(今天水市一带)人,"性忠义,先武勇,耕猎自养,骑射相先"④。靖远民众,"人习武艺,不惮攻杀"⑤,"虽身当矢石而捍卫牧圉"⑥,九边之地人皆称靖远人"勇猛善战","闻警则奋勇当先"⑦。兰州民众"以鞍马射猎为事,劲悍而质木"⑧;洮州卫"人性劲悍,善凭险阻,西僻保障,有攸赖矣"⑨。

河西走廊地区民众自汉以来也都崇尚武功。明代时,因边境不宁,民勤人"俱能挺戈跃马,左右冲突"⑩;甘州人,其俗"尚武,弓力尤劲"⑪;肃州人"修兵马,习战射,明烽燧之警"⑫,亦以耕战为务,使敌胆寒。

---

①《读史方舆纪要》卷57《陕西六·庆阳府》,中华书局2005年版,第2755页。

②《通典》卷174《州郡四·风俗》,中华书局1988年版,第924页。

③《汉书》卷40《张良传》,中华书局1962年版,第2032-2033页。

④《巩昌府志·风俗》。

⑤《靖远县志》卷5《风俗》,台湾成文出版社有限公司印行,第468页。

⑥《兰州府志》卷2《地理志下》,台湾成文出版社有限公司印行,道光十三年刊本,第179页。

⑦转引自《靖远县志》卷5《风俗》,台湾成文出版社有限公司印行,第468页。

⑧《兰州府志》卷2《地理志下》,台湾成文出版社有限公司印行,道光十三年刊本,第177页。

⑨《读史方舆纪要》卷60《陕西九·洮州卫》,中华书局2005年版,第2890页。

⑩《民勤县志》第七编《军事·明代兵事》,兰州大学出版社1994年版,第586页。

⑪《甘州府志》卷4《风俗》,台湾成文出版社有限公司印行,乾隆四十四年刊本,第470页。

⑫《重修肃州新志》第6册《风俗》,甘肃省酒泉县博物馆翻印,1984年版,第119页。

(二)尚武"世家"名留史册

古代甘肃边民从无数次战争血的教训中，逐渐认识到了民间联防自保的重要性，因此闲暇之时操戈弄棒、骑马射箭、研习军事指挥技艺，日益形成传统，不少家庭因而成了擅长某种武功的尚武"世家"，并在戍边自保中发挥了重要作用。有记载说:甘州民俗尚武，"弓力尤劲，有以神箭，世其家者"①。这无疑是甘州民众中，多有擅长射箭的"神箭世家"的佐证。在历史上，还有众多甘肃边民也都在生产之余研习军事指挥技艺，并将这种技艺在家庭内世代相传。如在民勤县居民中，曾出现过"世袭指挥辈"②，即军事指挥世家。以上尚武世家在古代甘肃历史上虽不多见，但它的出现表明，古代甘肃人的"尚武"精神是独具强烈特色的。

(三)边地妇女"挟弓而斗"

充满艰苦与危险的边地生活，不仅熏陶了古代甘肃每一个男性边民，而且也熏陶了每一个女性边民。早在一千多年前，具有"尚武"精神者就已冲破了性别界限，扩大到了女性边民。在"尚武"者的行列中，女性佼佼者的姓名虽未载于史册，但从史家点滴记载中，仍可看出她们的"尚武"同男性比，并无多少逊色。东汉时，陇右等地屡遭羌寇，当时不仅青年男子，而且连"妇女皆能挟弓而斗"③，鏖战沙场，屡立战功。三国曹魏时，安定边民"数与胡战，妇女载戟挟矛，弦弓负矢"，同男性边民并肩抗敌④。

---

①《甘州府志》卷4《风俗》，台湾成文出版社有限公司印行，第470页。

②《民勤县志》卷4《风俗》，台湾成文出版社有限公司印行。

③《资治通鉴》卷59，汉孝献皇帝"甲初平元年正月"条，中华书局1956年版，第1909页。

④《三国志》卷16《魏书·任苏杜郑仓传》，中华书局1959年版，第510页。

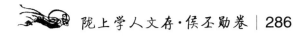

（四）少数民族"好勇喜猎"

古代陇右、河西各少数民族，早就形成了善于骑射的习俗。东汉时，西羌人"以战死为吉利，病终为不祥"。为反抗东汉官吏的压榨剥削，曾发动武装起义，多次打败政府军，并曾数度攻占长安。当时的凉州"羌胡义从"，善于征战从不惧死，以致成为"天下所畏者"①。在隋朝时，党项人"俗尚武力"，"有战阵则相屯聚"，勇于赴死②。明末清初，临洮府蕃民"好勇喜猎"③，崇尚气力。在古代，各少数民族的"尚武"精神完全可以同汉族的"尚武"精神相媲美。

（五）名将辈出，彪炳千秋

东汉时，"关西出将，关东出相"④之说盛传于世，这反映出属于"关西"地区的古代甘肃大地，已经发展成为中原王朝强兵良将的一个渊薮。因此，在汉代以后近两千年间，古代甘肃地区一直存在名将辈出的特殊历史现象。

班固曾指出：天水、陇西、安定、北地等六郡良家子被选入西汉"羽林"、"期门"等皇家禁军，做武帝宫殿及贴身警卫士卒，其中"名将多出焉"⑤。西汉成纪（今通渭县东北）人李广，青年时代从军击匈奴，"以善射，杀首虏多"而"显名"，在右北平（今辽宁省凌源市一带）太守任上，因其勇武，匈奴"数岁不犯边"，并称颂其为"汉之飞将军"⑥。上

---

①《资治通鉴》卷59，汉孝献皇帝"甲初平元年正月"条，中华书局1956年版，第1909页。

②《隋书》卷83《西域传》，中华书局1973年版，第1845页。

③《读史方舆纪要》卷60《陕西九·临洮府》，中华书局2005年版，第2864页。

④《后汉书》卷58《虞诩传》，中华书局1965年版，1866页。

⑤《汉书》卷28《地理志下》，中华书局1962年版，第1644页。

⑥《史记》卷109《李广列传》，中华书局1959年版，第2871页。

邽(今天水市)人赵充国,"少好将帅之节,而学兵法,通知四夷事","为人沈勇有大略",年逾古稀,率军击羌,屡建奇功,又在河湟屯田,为当地经济开发做出了开创性贡献①。东汉姑臧(今武威县)人段颎,"少便习弓马",率军对羌作战 180 次②,因战功卓著,授以太尉要职。唐代狄道(今临洮县)人李大亮,"少有文武才干",贞观八年(634 年)奉命讨吐谷浑,俘其名王,房杂畜 5 万计,遂成为"身居三职、宿卫两宫"的朝廷重臣③。宋德顺军陇干(今静宁县)人吴玠,"少沉毅,有志节,知兵,善骑射",绍兴元年(1131 年)在和尚原(今陕西省西南)以"驻矢队"战法抗击金人,大获全胜,从而成为名垂青史、与岳飞齐名的抗金英雄④。

纵观史典,名见经传的古代甘肃籍名将数十人之多,这从一个侧面突出地反映了古代甘肃人"尚武"精神的又一显著特点。

二

自汉代以来,甘肃人的"尚武"精神作为一种历史现象,它的产生和发扬光大必然是有其原因的。据史书所载,原因主要是:

（一）戎马生活的熏陶

今甘肃地区,先秦时期为西戎居地和华夏边陲,在秦以后,除汉唐等强大王朝外, 又多属中原汉族王朝的西北边疆。这里具有既宜农,又宜牧的自然条件,所以成了古代农、牧民族居地的交界地区和农牧经济分布的过渡地区,从而农、牧民族为了各自的政治利益和经

---

①《汉书》69《赵充国传》,中华书局 1962 年版,第 2987-2988 页。
②《后汉书》卷 65《段颎传》,中华书局 1965 年版,第 2145-2146 页。
③《旧唐书》卷 62《李大亮传》,中华书局 1975 年版,第 2386、2389 页。
④《宋史》卷 366《吴玠传》,中华书局 1977 年版,11408-11413 页。

济利益,常常以武力争夺这一地区。西汉与匈奴、东汉与西羌、曹魏与西羌、隋与吐谷浑、唐与吐蕃、宋与党项等的战争都是如此。以上各族之间交战,少则数年,多则达数十年之久。历史上在这里所发生的时断时续、规模不等的战争,都不可避免地把生活在当地各民族居民卷入其中。中原王朝统治者为了对西北地区少数民族贵族作战,莫不频繁征发甘肃边民鏖战沙场。汉魏时有首《从军行》诗说:"苦哉边地人,一岁三从军。三子到敦煌,二子诣陇西。五子远斗去,五妇皆怀身。"①陇右边民一家弟兄五人,一年之中每人都被三次征发从军,此虽系个别例子,但所反映问题则带有相当普遍性。同时,由于古代甘肃为"关中之上游""关中安定"系于安定之地,河西不固则"关中亦未可都也"②,所以,历代王朝还常常把安定地方居民纳入战略范围,且耕且成。如隋开皇十五年(595年),在下令"收天下兵器,敢有私造者,坐之"的同时,又宣布"关中缘边,不在其例",这显然是在和平时期也把古代甘肃等地边民纳入战争体系的重要例证。正是这种遥遥无期的戎马生活的熏陶,古代甘肃人终于养成了"尚武"精神。

(二)少数民族习俗的感染

自秦汉以来,甘肃就是多民族地区,汉与各少数民族毗邻而居和错杂而居为普遍现象。各少数民族因"逐水草而居"生活的影响,很早就养成善于骑射与征战的习俗。这种习俗对邻近地区汉族民众有所感染是必然的。会宁县为"冲边要邑,史称近边之地",曾受近边各族影响,故负气好斗,以鞍马射猎为事③;巩昌"地连四郡,俗杂五方;安、会之交,有残元遗种,未尽变于夏";阶、文之野,"有熟番杂居,不无染

---

①《从军行》,《历代咏陇诗选》,甘肃人民出版社1981年版,第7页。

②"安定",系指今甘肃省平凉地区。

③"会宁",系指今甘肃省靖远、会宁等县地区。

于氏中"①。临洮府(今临潭县等地)"民皆蕃汉杂处",好勇喜猎②。从上述可知,古代甘肃汉族民众"尚武"精神的形成,与各少数民族"尚武"习俗的感染分不开。

(三)地理环境的影响

甘肃的地理环境状况在国内颇具特点,它位于我国黄土高原、内蒙古高原和青藏高原的交汇处,是一片山地型高原地区。省境东南部层峦迭嶂,山高谷深;中东部大都被黄土覆盖,呈现地面破碎,沟壑纵横,塬、梁、峁、崾岘等多种地形兼而有之的特殊自然景观;河西走廊地势坦荡,绿洲与沙漠、戈壁断续分布;走廊南北两山,崇山峻岭,地势高耸;甘南高原地区西高东低,大多地区沟浅谷宽,多盆地草滩,大多地方地表起伏不大。中、北部及河西走廊不少地区自地质时代以来就干旱、少雨、多风沙,是草原和荒漠草原景观。同时,广大农区与牧区都有辽阔草原,这为发展养马业提供了优越条件。由于有这种条件,从而不仅少数民族居民,而且连汉族居民也都大量养马,世代过着"鞍马射猎"和"以习骑射为乐事"的生活,秦州人"耕猎自养,骑射相先"③;清水民"以鞍马射猎为事"④;甘州人以"牧畜为业,弓马是尚"⑤;静宁人"善养马,尚气力"⑥,县民踊跃御之,"贼攻大城,弗克"。唐代人说得好:"广谷大川异制,人生其间异俗,嗜欲不同,言语不同,圣人因时设教,所以达其志而通其欲也。"⑦足见,地理环境对古代甘肃人"尚武"精神的形成曾发生过不可忽视的影响。

(原刊于甘肃《社科纵横》1990年第4期)

---

①②③④《巩昌府志·风俗》。

⑤《甘州府志》卷4《风俗》,台湾成文出版社有限公司印行,乾隆四十四年刊本,第461页。

⑥《静宁县志》卷10《武备志》,1996年内部版,第202页。

⑦《隋书》卷81《东夷·倭国》,中华书局1973年版,第1828页。

古代边疆"智防"策略及其运用

我国古代诸王朝，几乎都曾有过边疆防御的艰难经历，对此史学界业已有很多研究，并有大量学术成果面世。我国古代进行边疆防御，从来不是随意进行，事实上每一王朝的边疆防御，其中都倾注了军事谋略与丰富智慧，充分重视与利用了边疆地理形势，因而莫不具有"智防"的特点。

若对我国古代边疆防御这一历史现象进行考察、对相关文献记载进行分析，即可发现早在西周王朝开始就在边疆防御中构建"城防"和"人防"工程，而"智防"现象也已肇始。在边疆防御中，"城防"与"人防"是实体或显性防御工程，而"智防"则是一种虚拟亦即隐性防御工程。若就实质而言，"智防"是"三防"工程中的一种特殊工程，也是核心所在，其总是对"城防"和"人防"工程起着指导、统帅和思想支撑的作用。同时，在考察"城防"与"人防"工程的源起问题时，即可得知历代实体或显性工程都源于"智防"这一隐性工程，并在其支配之下发挥各自作用。以上"三防"工程，实际上也是三种相关联的御边策略，都是将我国军事谋略运用于边疆防御的具体体现。我国古代的"三防"工程极为复杂，其中大多构建于诸王朝实际控制区之内，也有一些则构建于实际控制区之外，因此对其要能有一个客观的了解与认识，那就必须进行探讨与阐释。

一、古代边疆"智防"策略考释

在我国古代历史上,自商代末年起,因周人伐纣就已出现了严峻的边疆防御形势,到了西周,边疆形势一度达到了"四夷交侵"①的危机程度。在此后每一王朝所遇到的边防形势同样无不严峻,甚至有的王朝曾因御边不当等原因遭受重大损失,还有些王朝因此而亡国。在3000多年历史上,众多王朝统治者及其文臣、武将,经常总结边疆防御经验,也吸取其教训,并把军事谋略运用于边疆防御之中,从而逐渐形成了我国边疆防御的"智防"策略。

我们要能正确认识边疆防御的"智防"策略,首先应对"智防"一词涵义有所了解。《说文》释"智"道:"智,识词也。"段玉裁注道:"此与矢部'知'音、义皆同,故二字多通用。"②《说文》释"防"道:"防,堤也。"段玉裁注道:"《周礼·稻人》曰:'以防止水。……引申为凡备御之称。'"③《康熙字典》释"智"道:"《释名》,智,知也。无所不知也。"④《康熙字典》释"防"道:"《广韵》防御也"、"守御也"⑤。陆尔奎等编《辞源》释"智"道:智"愚之反,深明事理也。凡多计虑、谋略、技巧者,皆为之智。"⑥陆尔奎等编《辞源》释"防"道:防"堤也。郭也。""备也。""凡有

①《毛诗·小雅·六月序》曰:周宣王时,"小雅尽废,则四夷交侵,中国微矣";《毛诗·小雅·何草不黄》序曰:"何草不黄,下国刺幽王也。四夷交侵,中国背叛,用兵不息。"

②《说文解字注》"智"字条,上海古籍出版社1981年版,第137页。

③《说文解字注》"智"字条,上海古籍出版社1981年版,第733页。

④《康熙字典》,北京师范大学出版社1997年版,第379页。

⑤《康熙字典》,北京师范大学出版社1997年版,第1160页。

⑥[民国]陆尔奎等编《辞源》上册,商务印书馆发行,民国四年版,辰部,第38页。

所戒备皆曰防。如海防、边防。"①《辞海》缩印本释"智"为"智慧;智谋"②;又释"防"为"防备;防范"与"防守;守御"③。

在我国古代,很多人都曾对运用军事谋略与智慧进行边疆防御问题有过论述,对我们进一步理解"智防"策略涵义很有助益。明代吴节《边务疏》说:"人君负天下之大任,必合天下之众谋,而后能成莫大之功,建不世之业。从古以来,未有不谋而成者也。"④在古代,对"智防"策略阐述最多、最为深刻的当数明太祖朱元璋。如朱元璋在《谕晋王㭎燕王棣敕》中曾指出:"历代守边之要,未尝不以先谋为急,故朕于北鄙之虑,尤加缜密。尔能听朕之训,明于事势,机无少懈,虽不能胜,彼亦不能为我边患,是良策也。善胜敌者胜于无形,尔其慎哉。"⑤朱元璋又说:"御边之道,固当示以威武,尤必守以持重,来则御之,去则勿追,斯为上策。"⑥朱元璋在《谕大将军徐达敕》中甚至说:"古之智将,谋虑深长,有鬼神不测之机。……乃为上智。尔其勉之。"⑦据上看来,在我国历史上进行边疆防御时所运用军事谋略与丰富智慧就是"智防"策略。

二、古代"智防"策略诸范例探索

早在先秦时期,我国的谋略学既已发展到很高水平,《孙子兵法》

---

①《康熙字典》,北京师范大学出版社1997年版,第99页。

②《辞海》缩印本,上海辞书出版社1980年版,第1401页。

③《辞海》缩印本,上海辞书出版社1980年版,第413页。

④《明经世文编》第1册,中华书局1962年版,第192—194页。

⑤《全明文》第1册,上海古籍出版社1992年版,第577页。

⑥《明太祖实录》卷78,《明实录》第2册,台北"中央研究院"历史语言研究所校印,第1424–1425页。

⑦《全明文》第1册,上海古籍出版社1992年版,第409页。

是当时最具代表性的谋略学著作;在同一时期的《国语》《战国策》《吕氏春秋》及诸子的著作中也都记载着不少奇异的谋略。在汉代及其以后的正史、类书和私家著作中同样有着丰富的谋略记载。以上史籍所载谋略中,很多曾运用于边疆防御实践,并收到良好效果。为了从根本上认识我国古代边疆所实施"智防"策略,现将经长时间探索所筛选到的以下三个"智防"策略范例,略述于后,以此说明我国古代边疆"智防"策略之要义。

(一)赵充国"坐胜之道"策略

我国古代"智防"策略的实际运用,在边疆防御中几乎表现为时时处处都按谋略行事的特点。汉将赵充国在河湟地区防御羌人之时所采取"坐胜之道"即是这方面的一个范例。

汉宣帝元康年间(前65—前62),河湟地区诸羌"解仇交质盟诅",欲消除部落间相互仇恨、联合寇汉,甚至向北方匈奴"耤兵"图谋阻断汉通西域道路。在此情况下,赵充国以70高龄上奏宣帝,请求率兵出师金城郡,以便安定河湟羌人,得到宣帝批准。当时,汉宣帝意在以武力平定羌人扰边,并已下令"发三辅、太常徒弛刑,三河、颍川、沛郡、淮阳、汝南材官,金城、陇西、天水、安定、北地、上郡骑士、羌骑,与武威、张掖、酒泉太守各屯其郡者,合六万人"[1],力图一举讨平河湟羌人。对此,赵充国等上奏曾提出以下"全师保胜安边之策",即"捐罕、开闇昧之过,隐而勿章,先行先零之诛以震动之,宜悔过反善,因赦其罪,选择良吏知其俗者抚循和辑"[2],结果受到了汉宣帝的斥责。此后,赵充国仍坚持己见,并上《不出兵留田便宜十二事》奏折,详细陈述自

---

①《汉书》卷69《赵充国传》,中华书局1962年版,第2972-2977页。
②《汉书》卷69《赵充国传》,中华书局1962年版,第2978页。

己主张，继而宣帝又提出了质疑，赵充国为此又上奏并提出了实施"坐胜之道"策略。

从《不出兵留田便宜十二事》及相关奏折所陈述看，赵充国"坐胜之道"策略以为："羌虏易以计破，难用兵碎"①，因此适宜采取"坐胜之道"，以计消除边患。赵充国这一策略的具体内容主要是：吏士万人留屯田积谷，以为武备，对羌人威、德并行；汉兵进驻河湟"肥饶之野"，迫羌人逃离，使其"不得归肥饶之野"，以此"贫破其众"；羌人"亡其美地薦草，愁于寄托远遯，骨肉离心，人有畔志，而明主上般师罢兵，万人留田"，羌人来降，此即"支解羌虏"之具也②；汉兵不出，"令反叛之虏（即羌）窜于风寒之地，离（即遭）霜露疾疫瘃堕之患，坐得必胜之道"③。从这些军事谋略里我们看不到动用兵力之计，所见者都是不用兵而坐等消除羌人之患的策略。

(二)历代"不战而屈人之兵"策略

在我国古代历史上，善于御边的王朝及其将领，莫不推崇"不战而屈人之兵"④军事策略。虽然御边是古代王朝军事活动的重要组成部分，但并非总是随意把战争加于扰边民族与外国。从考察我国古代御边史即可知道，历代王朝在御边时，实际上在大多情况下运用的则是"不战而屈人之兵"御边策略。至于战争方式那往往是在边疆地区不断遭受扰掠、且多在用非战争方式应对无效情况下才迫不得已采取的行动。

---

① 《汉书》卷69《赵充国传》，中华书局1962年版，第2985页。
② 《汉书》卷69《赵充国传》，中华书局1962年版，第2987页。
③ 《汉书》卷69《赵充国传》，中华书局1962年版，第2988页。
④ 《孙子兵法·谋攻篇》，《文渊阁四库全书》第726册，台湾商务印书馆影印，第47页。

在我国古代御边中,运用"不战而屈人之兵"军事策略具有悠久历史。战国末,赵国北界经常受到匈奴的威胁,于是赵王派将军李牧率兵"居代、雁门备匈奴,以便宜置吏,市租皆输入莫府,为士卒费,日击数牛飨士;习骑射,谨烽火,多间谍,为约曰:'匈奴即入盗,急入收保。有敢捕虏者斩!'匈奴每入,烽火谨,辄入收保不战。如是数岁,亦不亡失。"对此,赵国将士与赵王皆误以为李牧"怯"懦,赵王因此而撤换李牧边防将领之职。继任赵将者,则令赵军"屡出战,不利,多失亡,边不得田畜。"多次失败的沉痛教训,迫使赵王不得已复请李牧守边。李牧为此向赵王提出:"必欲用臣,如前,乃敢奉令。"赵王"许之"。"李牧至边,如约",即恢复原来"不战而屈人之兵"策略,使"匈奴数岁无所得"①。这样,在一段较长时间里,李牧"不战而屈人之兵"策略先后都取得了成功。

"和亲"也是中原王朝所运用"不战而屈人之兵"策略的一个重要方面。在汉代,王昭君下嫁匈奴单于后,北方边疆战事一度消除。唐朝初年,吐蕃在西北强盛起来,对唐朝构成了威胁,其首领松赞干部此时向唐朝"请婚",唐太宗不许,吐蕃遂派兵攻唐松州(今四川松潘)。继而唐朝统治者权衡利弊得失后,又同意下嫁文成公主,实现了"和亲",从而避免了战争。唐初,铁勒部遣使来"请婚",贤相房玄龄曾称颂道:"今大乱之后,疮痍未复。且兵凶战危,圣人所慎。和亲之策,实天下幸甚。"②《唐蕃会盟碑碑文》甚至说:"再续慈亲之情,重申邻好之义","使其西界烟尘不扬,罔闻寇盗之名,复无惊恐之患"。唐中宗赞颂"和亲"为"斯盖御宇长策,经邦茂范"③。伟大诗人杜甫也赞道:"近

①《资治通鉴》卷6,秦始皇帝三年条,中华书局1956年版,第205-207页。

②《旧唐书》卷197下,《北狄·铁勒传》,中华书局1975年版,第5345-5346页。

③《旧唐书》卷196上《吐蕃传》,中华书局1975年版,第5227页。

闻赞普更求亲,舅甥和好应难弃。"①在我国历史上曾经出现过很多次"和亲"事件,至于它何以能够起到"屈人之兵"重要作用,这是因为"和亲"一旦获得成功,中原王朝最高统治者就与边疆民族首领之间结成了翁婿关系,从此仇敌变成亲戚,已往世仇即刻化解,边境硝烟随之散去,从而边疆人民自然就会过上一段和平生活。

(三)历代"天子守在四夷"策略

"天子守在四夷"御边策略,是春秋时期总结西周以来御边经验时所提出。《左传》昭公二十三年条沈尹戌曰:"古者,天子守在四夷。天子卑,守在诸侯。"②其实,古代"天子守在四夷"策略,其意并非指天子率兵屯驻"四夷"之地,而是中原王朝采取"以德怀之"、"以威服之"等策略,使四夷臣服中原王朝,中原王朝委任其首领为当地长官,保持同中原王朝的宗藩关系,以利有关民族不再发生扰边事件。同时,中原王朝采取多种措施缓和与边疆民族矛盾,也是"天子守在四夷"策略的具体运用。据考,我国古代王朝,在秦代以后的汉、唐、元等强盛王朝多运用武力拓边辟地措施,而宋、明等较弱王朝则多推行"天子守在四夷"策略,其中明朝推行此策略颇具代表性。

在明朝建立之初,太祖朱元璋根据当时形势曾确定了用以御边的"华夷"观,并颁布《赐赏竺监藏等官诰》说:"朕受天明命,君主华夷,凡诸施设,期在安民。是以四夷之长,有能抚其众而悦天心者,莫不因其慕义,与之爵赏,以福斯民。曩者西蕃效顺,为置乌思藏行都指挥使司以官其长,使绥镇一方,安辑众庶。今复遣使修贡请官,朕如其请,特以赏竺监藏等为某官。尔其恪修厥职,毋怠。"③朱元璋还曾指

---

①《全唐诗》卷 221,杜甫《近闻》,中华书局 1960 年版,第 2333 页。

②《春秋左传正义》卷 50"昭公二十三年"条,《十三经注疏》下册,中华书局影印 1980 年版,第 2102—2103 页。

③《全明文》第 1 册,上海古籍出版社 1992 年版,第 417 页。

出:"朕当效古帝王之礼,俾作宾我朝。……朕既为天下主,华夷无间,姓氏虽异,抚之如一"。①从朱元璋以上诏诰可以看出,明代的"天子守在四夷"御边策略,是在区分"华"、"夷"民族的基础上,实行"君主华夷"、"华夷无间"、"抚之如一"政策。如果作进一步分析,既可得知明王朝在边疆民族地区所实行的 "以四夷之长, 有能抚其众而悦天心者","使绥镇一方","与之爵赏,以福斯民"策略,实际上是明朝尊重边疆民族传统习惯,任命边疆民族中"能抚其众"而又"悦天心者(遵从明朝皇帝意愿者)"的首领为当地长官,代表明王朝管理本民族。

明朝部分边防将领和朝臣,曾对"天子守在四夷"策略,根据御边实际提出了自己的见解。桂彦良《上太平治要十二条》说:"夫驭戎狄之道,守备为先,征伐次之。开边衅,贪小利,斯为下矣,故曰天子有道,守在四夷,言以德怀之,以威服之,使四夷之臣,各守其地,此为最上者也。"②于谦在《兵部为边务事疏》中指出:"朝廷之驭夷狄,本之以大公,待之以宽恕,来则不拒,去则不追,斯乃防奸御侮、保边弭患长策。"③于谦《擒获达贼疏》又说:"中国之驭夷狄,固当振之以兵威,尤当抚之以恩信,所以折其强而结其心也。"④余子俊《修举边备事》亦云:"自洪武初年克服以来,于各番开设安抚司长官衙门,择其酋豪,授以安抚长官,俾各管束所属,无非所以抚之也。"⑤

在推行"天子守在四夷"御边策略时,古代诸王朝还实行尊重边

①朱元璋《谕元宗室部落臣民诏》,《全明文》第 1 册,上海古籍出版社 1992 年版,第 373–374 页。

②《明经世文编》第 1 策,中华书局影印 1962 年版,第 50 页。

③《明经世文编》第 1 册,中华书局影印 1962 年版,第 259 页。

④《明经世文编》第 1 册,中华书局影印 1962 年版,第 251 页。

⑤《明经世文编》第 1 册,中华书局影印 1962 年版,第 500 页。

疆民族传统的婚姻、宗教及衣冠等风俗习惯，获得颇好效果。汉武帝时，下嫁细君公主于乌孙昆弥猎骄靡。后来，猎骄靡因年老，要求细君公主改嫁其孙军须靡。细君公主执意不从与汉俗反差极大的婚姻，并将猎骄靡的要求奏报汉武帝。武帝为了保持同乌孙的友好关系，曾诏告细君公主"从其（即乌孙）国俗"①。明朝时，大力推行尊重各民族宗教风俗政策，正如[明]魏焕《巡边总论·甘肃经略考》指出："若我太宗，以夷治夷、建寺立僧之法，盖有深意。"②据《清高宗实录》卷 551 记载，乾隆皇帝在平定准噶尔叛乱时，曾要求：维吾尔族"衣服制度，不妨仍其旧俗"。乾隆皇帝在《御制诗文十全集》卷 9 中还赋诗道："缠头环耳各随宜，何必衣冠尽改之。"

　　明王朝"天子守在四夷"之策，还表现在颁布政令严禁戍边将士、屯垦边民等进入边疆民族地区垦种、抢劫、破坏民族关系等方面。洪武二十二年（1389 年），太祖"令守御边塞官军不得与外域交通，如有假公事出境交通及私市易者全家坐罪。"③明朝王恕《参镇守官参随扰害夷方谢状》说："我太祖高皇帝统驭天下，虑恐大小官员军民人等，假托公差为名，前往外夷衙门生事扰害，需索财物，致生边患，故降敕谕金牌信符，及勘合底簿，关防诈伪，以尽抚绥之道。"④《明会典·刑部十四·纵军掳掠》还严格规定："凡守边将帅，非奉调遣，私自使令军人于外境掳掠人口、财物者，杖一百、罢职、充军。所部听使军官及总旗递减一等，……若军人不曾经由本管头目，私出外境掳掠者，为首杖

---

①《汉书》卷 96《西域传下》，中华书局 1962 年版，第 3904 页。

②《明经世文编》第 3 册，中华书局影印 1962 年版，第 2618 页。

③《明会典》卷 110《兵部五》，《文渊阁四库全书》第 618 册，台湾商务印书馆影印，第 69 页。

④《明经世文编》第 1 册，中华书局影印 1962 年版，第 298 页。

一百,为从杖九十;伤人为首者斩,为从杖一百,俱发边远充军;……若于已附地面掳掠者,不分首、从,皆斩;……知情故纵者,各与犯人同罪。"①类似以上记载还有不少。这类记载说明,在我国古代历史上,引起边患原因,既有边疆民族方面的,也有戍边将士和屯垦边民方面的,所以要能防止边患发生,真正达到实施"天子守在四夷"策略目的,严格管理中原王朝戍边将士与屯田边民违禁越界也是关键之一。

综上所述,所谓"天子守在四夷"之策,实际上就是中国古代诸王朝在边疆地区认真实行"华夷无间"、"抚之如一"、尊重边疆民族风俗习惯、不扰乱边疆民族社会生活等政策,以利边疆地区安宁、各族人民友好相处、不再发生扰边事件。

三、"智防"策略在"城防"工程中的运用

我国古代南、北方长城,是自战国以来的秦、赵、燕等诸侯国和秦、汉、隋、明等封建王朝为军事防御而修筑。长城的军事特性不可避免地在修筑长城地区的确定、长城具体走向的选择与附设工程的创制、布局、兴建,以及防卫工程材料的选用等方面都体现了在边疆防御中运用军事谋略情况的客观性与复杂性。

在古代,北方修筑长城地区的确定,与中原王朝和边疆民族实际控制区、实际活动区、地理形势,以及当时的农、牧区分界等均有关联。我国古代修筑长城的地区,有些是崇山峻岭,有些是戈壁、沙漠或草原,也有些则是沟谷或河流,这种种情况无不反映对有利于军事防御地理条件的利用。如秦朝修复战国时燕国与赵国旧有长城,使北方长城从鸭禄江西岸向西直达河套西北的狼山高阙。那么,秦朝的西长

---

①《文渊阁四库全书》第 618 册,台湾商务印书馆影印,第 401 页。

城修筑在什么地方呢？司马迁《史记·匈奴列传》仅记载道："秦灭六国，而始皇帝使蒙恬将十万之众北击胡，悉收河南地。因河为塞，筑四十四县城，临河，徙适戍以充之……起临洮，至辽东万余里。"[①]当代部分学者，因对上述记载理解有误，故前往我国西北实地探寻秦朝西长城遗迹，曾以无果而告终。其实，秦朝时并未土筑西长城，而正如司马迁所说是"因河为塞"，即从河套到甘肃刘家峡以黄河为"塞"，从刘家峡再到"临洮"即今甘肃岷县则以洮河为"塞"。这就说明，秦朝在恰当利用黄河、洮河特殊地理条件情况下，把西长城定在了当时秦与西北羌人活动区的分界"河"上。秦朝为了使"以水为城"的西长城御边更为有效，遂在黄河与洮河以东"临河"处"筑四十四县城"（初设时具有军事堡垒性质），又在河东侧进行了"边山险"（即削山为崖）工程，还在部分地段采取了"堑溪谷"[②]措施，从而由"河"、"县"、"溪谷"及"山险"共同构成了颇为特殊地秦朝西长城。至于西汉、隋、明等王朝修筑北方长城地区的确定，基本有类于此。

历代长城的具体走向，完全以是否有利于军事防御需要、有险可据来确定。西汉侯应《十论边事疏》总结战国以来所修筑长城情况说："起塞以来，百有余年，非皆以土垣也，或因山岩石、木柴僵落、溪谷水门"[③]。西汉王恢也说："蒙恬为秦侵胡，辟地数千里，以河为竟（即境），累石为城，树榆为塞"[④]。《史记·匈奴列传》还载有：蒙恬所修秦长城有些地段"因河为塞"；汉高祖时，曾"筑朔方，复缮故秦时蒙恬所为塞，因河而为固"[⑤]。据甘肃省《山丹县志》记载，在山丹县境内焉支山之北

①《史记》卷110《匈奴列传》，中华书局1959年版，第2886页。

②《史记》卷110《匈奴列传》，中华书局1959年版，第2886页。

③《汉书》卷94《匈奴传下》，中华书局1962年版，第3803-3804页。

④《汉书》卷52《韩安国传》，中华书局1962年版，第2401页。

⑤《汉书》卷94《匈奴传上》，中华书局1962年版，第3766页。

草原上发现一段"由壕沟、壕棱、自然河、烽燧、列障构成"的汉长城，在硖口南口"现存壕沟全线共 59.95 公里"①。这说明，秦汉时有的地方筑土垣，有的地方利用山石垒城，也有以木篱笆、榆树林、自然河和堑山崖、掘壕沟等为长城的事实，显然选择易守难攻之地的地貌、地物等天然条件确定长城走向，并使长城连成一线，不留缺口，造成外敌难以逾越障碍。这些记载自然都是御边军事谋略实际运用的明证。

长城附设工程的设计、构筑都充分体现了奇异的御敌军事谋略。自西汉以来，长城内外多构筑有附设工程，其中主要是烽燧、"塞天田"、"土河"、"枔柱"、"悬索"、壕沟、明窖、暗窖、"木栅土栅"、"虎落"、"疆落"、"亭"与"障"等。

烽燧，又称墩台，是长城的重要附设工程，在长城沿线修筑很多。这一工程的戍兵，负责用烟、火与"表"（报警用的旗帜）等报警。《明史·兵志》载道：成祖敕云："各处烟墩，务增筑高厚，上贮五月粮及柴薪药弩，墩傍开井，井外围墙与墩平，外望如一。"②明代韩霖《慎守要录》载道：明代墩台"每墩以五人居之，红旗五竿，火器、木石、钩刀、枪弩备具。上多积狼粪火种。凡贼来，放烟，昼黑、夜红，连结不散。如见贼结队将犯者，放一铳，起红旗一竿；贼远十里，连放二铳，起红旗二竿；贼远墩五里，连放三铳，起红旗三竿；贼近墩，放四铳，起红旗四竿。"③戍兵以此进行及时、准确报警，以便有效防御。

在长城外侧，古代御边时往往修造有"塞天田"、"土河"，并设置有"枔柱"与"悬索"等设施。"塞天田"亦称"天田"，是修造于长城外侧 3 米左右处，几与长城平行，为铺有细沙或细土的长条状地带，约宽

---

①《山丹县志·文物古迹》，甘肃人民出版社 1993 年版，第 581 页。

②《明史》卷 91《兵志三》，中华书局 1974 年版，第 2236 页。

③韩霖《慎守要录》，海山仙馆丛书，清道光二十九年刊。页。

2、3米，用来留存来到长城脚下敌人及其战马的足迹，以此获知敌情。"土河"一般修造于山口、要道处，其形制、功能与"塞天田"相同。在古代进行军事侦察尤其夜间对敌观察困难情况下，此"天田"与"土河"的功能，正好弥补了对敌观察与侦迹手段的不足。至于同样构建于长城外侧的"枪柱"与"悬索"，有些距长城较远，有些距长城则较近，其中"枪柱"是一种栽在地上的木桩，"悬索"是悬挂在木桩上、且连接诸木桩的芨芨草绳索。这一设施，是用以警示来到长城附近、不受中原王朝统辖的边疆民族止步、不得逾越，意为逾此即是入侵。

在边疆地区，"壕"、"窖"、"木栅"、"土栅"等设施亦多有兴建。明代王任重《边务要略》曾说到明朝长城之外的部分附设工程，呈现"城外有壕，壕外有窖，窖外有栅，明窖暗窖，各尽其地，木栅土栅，各因其便"①的景象。这样的设施，对扰边民族骑兵既是明的障碍，又是暗的威胁，使其无法在入侵时进行奔突，颇有利于戍兵防守。

在边疆民族扰边中经常通行的地方还修筑有部分"障"。这种设施，是供戍边将士守防的小城，多不在长城线上，其具有边防前沿堡垒的性质，既可侦察敌情，亦能抵挡敌人。

长城在修筑时，筑城军民对长城顶部建筑与设施在御敌中军事作用考虑亦颇周全。战国、秦汉时期长城的顶部建筑因长城的毁圮已难知详情，如唐代《沙州都督府图经》（伯2005号）曾记载说："古长城，高八尺，基阔一丈，上阔四尺。"然而，在这里则缺乏长城顶部建筑和有关设施的具体记载。至于明代长城顶部建筑，不仅文献有记载，而且也可找到现存实物证据。据《明经世文编》等文献记载，长城顶部的两边，建有高4尺左右的女墙，女墙上每隔数尺留有一小方孔，作

---

①中国西北文献丛书编委会，《中国西北文献丛书》。第155页。

为观察与射击城外敌人用;同时,女墙上部还留有豁口,也作观察外敌与射击城外敌人用。《明经世文编》记载还说:在城"墙上各建营房,分兵扼护"①。魏焕《论边墙》也有城"墙上修盖暖铺九百间"②,以备戍卒过冬取暖之用。在明长城上还放置有大量"木石"即"滚木"和"雷石",当城外敌人攻城时从城顶扔下,用以击退敌人。看来,古代人们在利用"城防"工程御敌时,具体措施考虑得很周全,方法运用很得当,把长城完完全全建成了隐含着众多军事谋略的一项御边工程。

四、"智防"策略在"人防"工程中的运用

中国古代御边中的"人防"工程,主要是由具有智慧与能动力量的戍兵、"土兵"、屯田农民、固有边民等构成的一个具有联防能力的御边队伍。这种"人防"工程,又与"城防"及其附设工程共同构成具有相互依存关系的御边体系。"人防"工程中各种人力的布局、使用及其具体御边也都体现着军事策略的实际运用。

戍兵主要是由各王朝派往边疆地区、曾经经过一定训练并具有一定军事素质的正规军队,在实际御边中是历代"人防"工程中的主体和主导力量,在没有边界战争的情况下,他们总是运用"智防"策略与多种方式进行御边。

"摆边"是我国古代在长城线上布防朝廷戍兵兵马的一种御边策略,也是在"人防"工程中运用军事谋略的一种体现。具体的"摆边"方式有两种,即在长城顶部"摆边"和在长城下敌人兵马可能入侵之地"摆边"。明《冯元成文集.纪边事一》记载:在长城顶部具体实施"摆

①《明经世文编》第 1 册,中华书局影印 1962 年版,第 575 页。
②《明经世文编》第 3 册,中华书局影印 1962 年版,第 2629 页。

边"时,"贼至,列卒垣(即城墙顶)上……贼数万齐入,而我兵千里分守,数步一卒,是虏合寡以为众,而我分众以为寡也。"①明王琼《西番事迹》记载于长城下"摆边"说:"北虏往往窃入我境,拒之则无人,觉而逐之则有甚不易者,公(即王琼)自画以各镇士马,凡虏可入之地分布之,以拒其入,谓之摆边。……摆边之策,神识妙智,公(即王琼)之才不可以学而能也。"②此看来,"摆边"之策,在"人防"工程中亦不失为运用以少御多军事策略的一种创造。

"土兵"习称"边兵",是从定居边疆地区的各族边民中征招而来,继而成为在边防将领统帅下与朝廷戍兵协同御边的军队。历代从边民中征招"土兵",是因为边民在特殊的边疆环境中既已练就了一定军事素养,他们一旦从军就成了具有很强作战能力的士兵。在历史上,很多人认为,各族边民特别是北方边民,长期生活于边疆地区,祖祖辈辈在干旱、少雨、风寒、贫苦等生活煎熬下,尤其累经战争磨练,终于习养成了吃苦耐劳、"多尚武节"③,"修习战备,高上气力,以射猎为先"④的民风。如明代甘肃民勤人,"俱能跃马横戈,即乡旅丁壮,一二匹夫,辄敢与虏对垒"⑤。各少数民族边民,世代受游牧生活影响,使他们同样养成了"俗尚武力"、"有战阵则相屯聚",勇于赴死⑥与"好勇喜猎"⑦的风尚。特别是部分边民家庭,由于受边疆战争环境的影响,

①《中国西北文献丛书》第 103 册,第 100 页。

②[明]王琼《金声玉震集》,《中国西北文献丛书》第 102 册,第 31 页

③《通典》卷 174《州郡四·风俗》,中华书局 1984 年版,第 924 页。

④《汉书》卷 28 下《地理志》,中华书局 1962 年版,第 1644 页。

⑤《民勤县志·风俗》,民国手抄本,台湾成文出版社有限公司影印,第 97 页。

⑥《隋书》卷 83《西域传·党项》,中华书局 1973 年版,第 1845 页。

⑦《读史方舆纪要》卷 60《陕西九·临洮府》,中华书局 2005 年版,第 2864 页。

终于变成了尚武"世家"。据《甘州府志》记载,甘州民"俗尚武,弓力尤劲,有以神箭世其家者"(即"神箭世家")①,民勤县边民中还曾出现过"世袭指挥辈"(即"军事指挥世家")②。明代高官大吏,对边民尚武风尚多有述及,明王竑《论陕西用兵事宜疏》称:"关陕之地,俗尚武节,多有智谋勇敢之人。"③明李杰《论西北备边事宜三》也说:"穷边之地,其民习兵,幼识战阵,知虏情状,骑射驰突,与虏争长必也。"④明于谦《覆大同守御疏》还认为,边疆人民,武勇善战,是因为边民"遇有警急,一则不忍弃其祖宗坟茔,一则不忍毁其宗族产业,无不心怀敌忾,乐于战斗,比与山西、河南调来操备官军,主客既殊,坚脆亦异,庶使民户无分析之患,军卫获有用之兵,所谓一举两得也。"⑤从上看来,征招边民为兵,并非边疆戍兵缺乏,也非戍兵战斗力不强,而实际上是为了增强御边军事力量,利用和发挥各族边民的勇敢精神和军事战斗力,以利巩固边防。

边疆地区的戍兵"屯田"和迁移农民"屯田",从一开始就带有军事性质,实际上也是把军事谋略运用于边疆地区农耕活动的一种重要体现。在历史上有不少文臣、武将都对此发表过重要见解。明代知府慕国典曾在其《开垦屯田记》中说:"古圣帝王筹边之策,首重屯田,所以充军贮抒民力也。"⑥明代李东阳《西北备边事宜状》说:"屯田之

---

①《甘州府志》卷4《风俗》,清乾隆四十四年刊本,第2册,台湾成文出版社有限公司影印,第470页。

②《民勤县志·风俗》,民国手抄本,台湾成文出版社有限公司影印,第99页。

③《明经世文编》第1册,中华书局1962年版,第331页。

④《明经世文编》第1册,中华书局1962年版,第807–808

⑤《明经世文编》第1册,中华书局1962年版,第252页。

⑥《甘州府志》卷4《风俗》,清乾隆四十四年刊本,第2册,台湾成文出版社有限公司影印,第1518页。

制,古今所重,论守备者必先焉。"①明代于谦《令诸预定安边策疏》说："足食者足兵之道"②。[明]陈全之《蓬窗日录》说："食者,兵之命也。足食之道,屯田为上,输辇次之。"③明庞尚鹏《酌陈备边末议以广屯种疏》说："食足兵强,为久安长治之计,诚莫逾此。"④明代范济引他人话说："有云:虽石城十仞、汤池百步、带甲百万而无粟,弗能守也。由是言之,兵者,城之守也;食者,兵之给也。非兵无以守城,非食无以给兵。兵足而城安,食足而兵勇。兵、食二者,有国之先务也。"⑤历史上,在边疆地区"屯田",从来不是解决边疆普通边民吃粮问题的生产活动,而事实上是为了满足边疆戍兵的军粮之需,即达到"充军贮"(在边疆贮备充足军粮)与"抒民力"(减轻或免除内地农民向边疆地区运送军粮的劳役之苦),所以,其具有重要的军事意义。很显然,自西汉起诸王朝在边疆地区"屯田"其军事意义远远大于边疆地区经济开发的意义。

（原刊于《西夏研究》2014 年第 3 期）

---

①《全明文》第 1 册,上海古籍出版社 1992 年版,第 420 页。

②《全明文》第 1 册,上海古籍出版社 1992 年版,第 231–232 页。

③陈全志《蓬窗日录》,上海书店 1985 年版,第 31 页。

④《明经世文编》第 3 册,中华书局影印 1962 年版,第 3836 页。

⑤《明经世文编》第 1 册,中华书局 1962 年版,第 211 页。

秦始皇兴建阿房宫本意及其相关问题

秦亡以后，当史家论及秦始皇兴建阿房宫本意时，几乎囿于向渭南扩建秦都咸阳的陈说，甚至有人还认为，古代"天人相涉"、天地对应宇宙观念，是秦始皇兴建阿房宫的主导思想。其实这些积年已久、从未有人质疑之观点，均与史实不符。对上述问题，要作出令人心悦诚服的说明，虽然并非易事，由于秦始皇是一位具有开创"万世"大业雄伟气魄和宏达思想的封建政治家，因此，我认为把握秦始皇的"万世"大业思想当是探索与揭示他兴建阿房宫本意及其相关问题的关键所在。

一

《史记·秦始皇本纪》对兴建阿房宫问题作了如下记载：始皇三十五年（公元前 212 年），"始皇以为咸阳人多，先王之宫廷小。吾闻周文王都丰，武王都镐，丰、镐之间，帝王之都也。乃营作朝宫渭南上林苑中。先作前殿阿房，东西五百步，南北五十丈，上可以坐万人，下可以建五丈旗。周驰为阁道，自殿下直抵南山。表南山之巅以为阙。……阿房宫未成；成，欲更择令名名之。作宫阿房，故天下谓之阿房宫。"这是正史有关秦始皇三十五年在渭南兴建阿房宫最详尽、最重要的记载。历代史家都把它视为秦始皇向渭南扩建秦都咸阳的佐证。然而，我以为，这段记载向人们所揭示的，并非是秦始皇向渭南扩建秦都咸阳的打算，而是揭示了秦始皇欲在"丰、镐之间"另建新都的本意。何

以见得呢？先来看这段文字记载的涵义：

"咸阳人多，先王之宫廷小"。这是秦始皇在统一六国后对都城咸阳状况的基本看法。当初，秦孝公始筑咸阳时，秦为周的诸侯国，疆域大致以关中为限，所建"宫廷"规模，必然不会太宏大，人口自然也不会太多。后至秦始皇扫六合、一天下，不断迁徙人口入关中，结果人口迅速增加①。当时秦始皇虽曾仿建所灭各国宫室于咸阳北阪上，但均与平民百姓无涉，因此，人口一多，自然会对都城咸阳造成很大社会压力。同时秦在统一后已成为一个庞大的封建帝国，到这时看咸阳，难免同庞大的国度不相称，自然有寒酸、小气之感。尤其是统一六国之后的秦始皇，已经成为"功过五帝，地广三王，而羞与之侔"②的天下至尊，如果继续以"人多"、"宫廷小"的咸阳为都，无疑有屈驾之嫌。再就地理条件而言，秦都咸阳背塬、面河，地域比较狭小，在当时似乎没有扩大的余地了。显而易见，在秦始皇的心目中，咸阳业已失去了作为统一王朝都城的条件，另建都城势在必行。

秦始皇"吾闻周文王都丰，武王都镐，丰、镐之间，帝王之都也"的话很值得玩味。若探析其文义，从中可以明显看出，秦始皇在分析了西周迁建新都在其振兴王业中所起作用后认为，周文王迁都于"丰"、武王迁都于"镐"，曾是周人王业兴旺发达的根本原因和条件，并因此得出了"丰、镐之间"是帝王建都的理想之地的结论。从"丰、镐之间，帝王之都也"之说还可看出，秦始皇在周文王、周武王迁都"丰、镐之间"重大举措启示下，业已萌发了欲效法周文、周武在"丰、镐之间"另建新都之意。同时再从"丰、镐之间"所含地域范围来看，秦始皇明显

---

①秦始皇二十六年，秦一次徙天下豪富于咸阳者就多达 12 万户，每户若以 5 人计，约有 60 万人之多；《三辅黄图》认为，咸阳人多时，达七八十万。

②《史记》卷 6《秦始皇本纪》，中华书局 1959 年版，第 276 页。

把秦故都咸阳置于帝王理想建都地域之外。这无疑也蕴含着他决计抛弃故都咸阳,将另建新都于"丰、镐之间"之意。

"营作朝宫渭南上林苑中。先作前殿阿房,东西五百步,南北五十丈,上可以坐万人,下可以建五丈旗。周驰为阁道,自殿下直抵南山,表南山之巅以为阙"。这些话中"营作朝宫"和"先作前殿"几个字耐人寻味。"朝宫"是帝王、重臣议决王朝大事之所,为最主要的政治活动中心。秦始皇在上林苑中"营作朝宫",表明他已决定要把秦朝政治活动中心从咸阳迁往渭南上林苑中了。试想,秦朝政治活动中心的即将转移,不就意味着秦始皇有另建新都之意吗?若不意味着另建新都,难道在同一座都城中有兴建咸阳宫和阿房宫这样两座朝宫的必要吗?再就"先作"前殿阿房来看,秦始皇在上林苑中拟建的"朝宫",绝不只是一座"前殿",实际上是一组庞大的建筑群。若再将"营作朝宫"、"先作前殿"和"东西五百步,南北五十丈,上可以坐万人,下可以建五丈旗。周驰为阁道,自殿下直抵南山。表南山之巅以为阙"的记载联系起来分析,拟建在渭南上林苑中以阿房宫为中心的朝宫,不仅在规模上,而且在距离上(距咸阳约 15 公里)明显具有独立于咸阳的突出特点。

"阿房宫未成;成,欲更择令名名之。作宫阿房,故天下谓之阿房宫"这一记载表明,不论秦始皇还是其子孙,对建在上林苑中朝宫前殿名称的命定都持慎重态度,因此,直至秦亡之时,宫名仍未命定。而"阿房宫"一名,则是天下百姓在宫殿无名的情况下,根据宫殿所在地方地理特点[1]和秦厉公在这里"堑阿房"[2]后已有宫殿而传呼成俗的。

---

[1]《说文解字注》:阿,大陵曰阿;房,即旁;旁,大也。阿房谓广大的陵阜。

[2]《史记》卷 15《六国年表》:秦厉公十六年,"堑阿旁,伐大荔,补庞戏城"。据《说文解字》所释,"旁"、"房"二字,字虽异,但音同、形似、意一。中华书局 1959 年版,第 693 页。

从秦始皇及其子孙等待宫殿建成后"更择令名名之"的记载看,这一宫殿同秦始皇所建其他众多离宫别馆似有特异之处,因此对宫名的命名特别慎重。我以为,特异之处除属另建新都外,别无其他的解释。

二

秦始皇虽有另建新都于"丰、镐之间"之意,但至今尚未发现据以论定这个问题的直接证据。然而,可供研究的、具有间接性质的文献资料和考古资料则绝非仅有。

秦始皇意欲另建新都于"丰、镐之间",本来是有其深层思想根源的,这就是他试图开创"万世"大业的思想。这一思想,不仅支配了秦始皇统一六国的行动,而且也支配着他另建新都之举。

据《史记·李斯列传》载:李斯在入秦之前,早以他那远见卓识看出了秦王嬴政的非凡志趣和远大抱负,所以他在即将入秦时,告辞他的老师荀子说:"今秦王欲吞天下,称帝而治。"李斯的话明显包含三层意思:一是秦王欲吞并天下;二是秦王欲称帝;三是秦王在吞并天下和称帝后欲励精图治,使天下达到"治"世。李斯入秦后又给秦王说:"今诸侯服秦,譬若郡县。夫以秦之强,大王之贤,由灶上骚除,足以灭诸侯,成帝业,为天下一统,此万世之一时也。今怠而不急就,诸侯复强,相聚约从,虽有黄帝之贤,不能并也。"[1]秦统一初,秦王自称"始皇帝",又想使嬴氏家族王业"二世、三世至于万世,传之无穷"。这就无形中表明,秦始皇建立统一大业、开创皇朝制度,完全受着其"万世"大业思想的支配。秦始皇萌发效法周文、周武欲另建新都于"丰、镐之间"的想法,显然也是他试图创建"万世"大业思想的合乎逻辑的发展。如果再就有关历史现象来看,其情况也正是如此。如统一六国

---

①《史记》卷 87《李斯列传》,中华书局 1959 年版,第 2540 页。

初,秦始皇虽然为使王业"传之无穷"费了不少心血,采取了很多措施,但从史籍所载看,唯独缺乏迁都的措施。若将这一点同历代王朝开创王业情况相比,无疑显得不大合乎情理。纵观中国古代王朝演变史,几乎每个王朝都有迁都的记录。周文王从周原岐下迁都丰京,周武王东涉丰水兴建镐京,周成王又筑东都雒邑;汉高祖刘邦即位汜水之阳(今山东定陶县境),后又迁都洛阳,接着再迁都关中长安;光武帝刘秀即位于鄗(今河北柏乡县境),后正式定都于洛阳;隋文帝时代,新筑大兴城,而炀帝又修洛阳和扬州。此后各王朝,几乎也都有多次迁都的历史。这些迁都,不少对各王朝的巩固和发展起了一定促进作用。再如,秦之先祖,始兴秦谷(一说位今甘肃清水境),后依次徙都于平阳(今陕西宝鸡东北)、雍(今陕西凤翔南)、栎阳(今陕西临潼北)和咸阳(今陕西咸阳市东)等地。秦祖的每一次迁都,也都为秦国的强盛起了促进作用,秦始皇对此必然了如指掌、记忆犹新。因此,秦始皇如果不去效法祖宗和周文周武,试图通过另建新都之举使"万世"大业"传之无穷"反倒成为不可理解的了。

从考古发掘资料得知,阿房宫遗址及其周围地区,有一片"建筑群基址隐没在茫茫的原野之中",今阿房宫村北约 200 米处有"北司"遗址;三桥镇西今西(安)——兰(州)公路南侧,后围寨村北,有一高台建筑基址,高达 6 米,东南可遥望阿房宫前殿遗址;从高窑村出土大批铜器分析,"这里至少是秦、汉两代的重要宫殿之所在";高窑村以西 200 米的小苏村,也是一处秦代建筑区;小苏村南 100 米地方,也出土了秦铜质建筑构件。从上述材料可知,"阿房区的宫殿建筑,是以'前殿'为起点向后(北)展开的,北至今西——兰公路一线。在这南北三公里的区间,建筑密集"①。1974 年 1 月,在长安县小苏村附近发

---

① 参见王学理《秦都咸阳》第 6 章,陕西人民出版社,第 199–202 页。

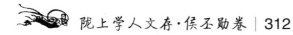

现一批铜建筑构件。在大古城村及其东西毗邻的姬家庄、赵家堡的夯土层透迤不断,形成一个面积达 26 万平方米的高形台地①。据阿房宫遗址所展示的这种宏大建筑规模和汉代以后有关"阿城"的记载②,似乎可以认定,至秦始皇时,上林苑中的建筑群,基本上具备了较为完整、自成体系、独立于都城咸阳、作为新都城的条件。这种建筑规模,虽然是自秦厉公以来逐渐形成的,但最主要的建筑很可能是秦始皇时所建。如果把此地的宏大建筑规模、秦始皇的苦心经营同秦始皇"丰、镐之间,帝王之都也"的说法联系起来看,秦始皇欲开创"万世"大业、另建新都于此地的本意就更为清楚了。同时,秦是一个具有"上农除末"、"以农立国"传统的诸侯国,因此,秦始皇对"号为土膏,其贾亩一金"③的"丰、镐之间"地区特别垂青当在情理之中④。从这里我们多少也能领略到秦始皇意欲在"丰、镐之间"另建新都的原因所在。

三

秦始皇兴建阿房宫是向渭南扩建秦都咸阳说法的产生与广为流传,本与《史记》和《三辅黄图》的一些记载有关,而其根源则在古代"天人相涉"、天地对应宇宙观念的影响。

《史记会注考证》说:"天人相涉之说,发端洪范,其后《左传》《国

---

① 参见朱捷元、黑光:《陕西长安县小苏村出土的铜建筑构件》,《考古》1975年第 2 期。

② 《汉书》卷 65《东方朔传》有汉武帝使太中大夫吾丘寿王与待诏能用筭者二人,"举籍阿城以南"等语,第 2847 页。《旧唐书·高祖本纪》亦云:大业十三年九月,高祖命李世民自渭汭"屯兵阿城"。

③ 《汉书》卷 65《东方朔传》,中华书局 1962 年版,第 2849 页。

④ [东汉]张衡《西京赋》"处沃土则逸,处脊土则劳,此系乎地者也"之说可资佐证。

语》《战国策》诸书录之者渐多。"①至汉武帝崇儒,"天人相涉"之说盛极一时。这种观念认为,"众星列布,体生于地,精成于天,列居错峙,各有所属,在野象物,在朝象官,在人象事。……日月运行,历示吉凶也"。②这是说,列布于天宫的众星,都与地上万事万物相关涉、相对应;地上与天宫某一星辰对应之事物,若其"在野"便"象物","在朝"便"象官","在人"便"象事",而天宫日月星辰的运行,无一例外也都显示着人世间的吉凶福祸。这一宇宙观念,在《史记·天官书》和历代正史《天文志》中都有详尽记述,它对古代史学家的影响是不言而喻的,因而在众多历史问题的记述上明显地有其烙印,阿房宫问题的记载就是较为突出的一例。

司马迁在《史记·秦始皇本纪》中记载说:始皇"为复道,自阿房渡渭,属之咸阳,以象天极,阁道绝汉,抵营室也"。这段话曾在扩建咸阳说的产生中有过重要影响。然而,后人在利用这段话研究秦始皇兴建阿房宫本意时,明显失之误解。众所周知,司马迁为汉之太史令,又职掌天官,精通"天人相涉"、天地对应宇宙观念。他以上所言,无非是说秦始皇在地上所修"复道",象征天上的"阁道"星③,阿房宫象征着天上的"营室"星,地上的渭河象征着天上的银河,咸阳象征着天上的北极星。从司马迁的话中可以看出,他只是用"天人相涉"、天地对应宇宙观念,对秦所建阿房宫和当地自然景物作附会性质的解释,除此别

①[日]泷川资言考证,杨海峥整理《史记会注考证》卷27《天官书》,上海古籍出版社2016年版,第1480页。

②《史记》卷27《天官书》正义。而《通鉴》汉纪"建武七年三月"条亦有"日君象而月臣象"之语。

③《史记》索隐曰:"谓为复道,渡渭属咸阳,象天文阁道绝汉抵营室也。"参见《史记》卷6《秦始皇本纪》,1959年版,第257页注5。

无他意。如果客观分析,这些话不可能是司马迁撰《史记》百年前的秦始皇兴建阿房宫的主导思想,因而也不可能成为扩建咸阳说的重要依据。还需要指出的是,这里"属之咸阳"的"属"字,是连属、连接、相连之意,若联系整个句子文义,实际上是说,秦始皇所修"复道"南起阿房,北渡渭河,与咸阳相连。根据"天人相涉"、天地对应宇宙观念,这象征着天上的阁道星连接着位于银河两边的营室和北极二星。因此,"属"字绝无阿房宫隶属于咸阳之意。显然,后人把司马迁的话当作阿房宫属咸阳说的依据从根本上说是不正确的。

阿房宫属咸阳说最具代表性的说法,莫过于《三辅黄图》"始皇兼天下,都咸阳……渭水贯都,以象天汉,横桥南渡,以法牵牛"之说。《三辅黄图》文义,无疑是说流经秦都咸阳的渭河象征着天宫的银河,架桥于渭河之上,渭北之咸阳、渭南之阿房宫象征着天宫牛郎、织女二星分列银河南北两侧。乍一看,似乎秦始皇真的是以"天人相涉"、天地对应宇宙观念为兴建阿房宫的主导思想的。其实,历史并非如此。秦始皇是历史上法家的主要代表人物,他虽然重用过儒生,对儒家思想也未一概排斥,但如果说他在兴建阿房宫如此重大问题上完全以儒家观点①为主导思想,则是难以想象的。若就《三辅黄图》本身而言,它既不是秦朝史官的实录,也不是西汉史官的著述,更不是秦始皇本人的言论辑录,实际上它是南朝梁、陈间人的著作②。因此,700年之后的著述未必能客观而又准确地反映秦始皇兴建阿房宫的主导思想。尤其是《史记·秦始皇本纪》《史记·天官书》和《汉书·天文志》等

①从《易·系辞》孔子"昔圣人之作《易》也,仰则观象于天,俯则察法于地"之说,可知天人对应为儒家观点。

②《水经注》卷19曾引证《三辅黄图》。这说明《三辅黄图》成书于《水经注》之前;晁公武《读书志》说,《三辅黄图》作者为梁、陈间人。

成书年代距兴建阿房宫较近史籍,都无与《三辅黄图》相同或类似记载,所以我们理所当然地怀疑它的客观性。依我看,《三辅黄图》所言,只不过是其作者对上述司马迁的话,以"天人相涉"、天地对应宇宙观念所作的发挥,因此作为阿房宫属咸阳说的依据同样是不正确的。

既然"天人相涉"、天地对应宇宙观念,不是秦始皇兴建阿房宫的主导思想,而阿房宫的兴建又不属扩建秦都咸阳,这就清楚地表明,秦始皇兴建阿房宫的本意完全在于通过另建新都来开创"万世"大业了。

四

秦始皇兴建阿房宫,虽然其另建新都之意甚明,可是,史书对此并未留下具体而又明确的记载,究其原因,可能有三:一是项羽纵火咸阳时有关档案资料被焚;二是司马迁在《史记》中漏记;三是当时本来就未形成有关档案资料。在以上三种可能中,第三种可能比较合乎情理。

项羽纵火咸阳一事,史书有着明确记载:汉高祖元年(公元前206年),项羽西屠咸阳,并"烧秦宫室,火三月不灭"[①]。项羽纵火咸阳的这一暴行,使秦宫廷所藏部分资料惨遭厄运,但若断定所遭厄运档案资料中包括有关秦始皇另建新都问题的档案资料那就不一定正确了。据《史记》记载说,刘邦曾先于项羽入咸阳,而刘邦部下萧何又"独先入,收秦丞相、御史律令图书藏之"。正因如此,所以使汉王刘邦"具知天下阨塞,户口多少,强弱之处,民所疾苦者,以(萧)何具得秦图书也"[②]。从以上记载分析,如果当时确有关于另建新都于"丰、镐之间"

---

①《史记》卷 7《项羽本纪》,中华书局 1959 年版,第 315 页。
②《史记》卷 53《肖相国世家》,中华书局 1959 年版,2014 页。

的重要档案资料,萧何势必会收藏,绝无留下被焚烧的可能。因此,有关秦始皇意欲在"丰、镐之间"另建新都档案资料的被焚可能性极小,或者说根本不可能。

那么,司马迁在《史记》中,是否对秦始皇另建新都一事失之漏记? 对此我们可以从班固的一段记载中得到答案。班固说:司马迁所撰《史记》,"据《左氏》《国语》,采《世本》《战国策》,述《楚汉春秋》,接其后事,讫于(大)[天]汉。其言秦汉,详矣。……其文直,其事核,不虚美,不隐恶,故谓之实录"。又说"至于采经樜传,分散数家之事,甚多疏略,或有抵牾"①。在这里,班固明确肯定司马迁所撰《史记》的一部分为"实录",同时又指出《史记》另一部分的记载却"甚多疏略,或又抵牾"。如果我们对班固所言稍作推敲即可发现,他所肯定的"实录"部分包括有秦史,而所指"疏略""抵牾"部分则不包括秦史,这就在很大程度上说明,《史记》不可能对秦始皇另建新都的重大问题失之漏记。此外,从《史记》对始皇三十五年兴建阿房宫一事记载甚详也可看出,司马迁若曾见过有关另建新都问题档案资料,是不会缺而不书的。

既然这样,在秦始皇时尚未形成有关意欲在"丰、镐之间"另建新都的档案资料就成为极有可能的了。众所周知,古代王朝迁都,并非属帝王个人随心所欲之事,由于它是受制于多种因素、关乎王朝盛衰兴亡之大事,所以,轻率迁都断不会达其目的。如商汤至盘庚间殷都五迁,其间就充满了矛盾斗争,仅盘庚迁殷时,就发生了"殷民咨胥皆怨,不欲徙"之事,于是盘庚就告谕诸大臣曰:"昔高后成汤与尔之先祖俱定天下,法则可修,舍而弗勉,何以成德! "②盘庚就是采取这种威

---

①[唐]裴骃《史记》集解序,引班固语,中华书局 1959 年版,第 1 页。

②《史记》卷 34《殷本纪》,中华书局 1959 年版,第 102 页。

胁利诱、软硬兼施手法，极力排除干扰才得以实现迁都的。北魏孝文帝以平城仅为"用武之地"都此"非可文治"，若将"移风易俗，信为甚难"①。又以"代在恒山之北，为九州之外"②，不便统辖中原，故欲"迁宅中原"。可是，拓跋贵族们却不愿迁都，迫于无奈，孝文帝只好以讨亲率十万大军南下，"外示南讨，意在谋迁"，即使霖雨不止，也"戎服执鞭，乘马而出"。随行诸将因不知孝文帝用意，以为真的要攻齐，故予以劝。至此，孝文帝以为提出迁都问题的时机已经成熟，于是说：若不攻齐，那就得迁都中原，赞成者站左边，反对者站右边，结果大多数将领只好赞成迁都。此后，太子拓跋恂"常思北归"，"常私著胡服"，为奔平城，竟在洛阳禁中制造了一场政治动乱，结果被京城驻军一举平定③。东汉末董卓欲挟迫汉献帝弃洛入关而都时杨彪曾指出："迁都改制，天下大事，皆当因民之心，随时之宜。昔盘庚五迁，殷民胥怨，作三篇以晓谕之。……方今建立圣主，光隆汉祚，而无故捐宗庙宫殿，弃先帝园陵，百姓惊愕，不解此意，必縻沸蚁聚，以致扰乱。"④杨彪虽就董卓胁迫汉献帝而言，但也可以从此看出，秦始皇如果随心所欲，轻率迁都，必然会遇到不少麻烦或阻力，所以他在讲了"咸阳人多，先王之宫廷小。吾闻周文王都丰，武王都镐，丰、镐之间，帝王之都也"的话外，其余均秘而不宣。不料，后因秦始皇在出巡中暴病而死，

---

①《资治通鉴》卷 138，齐武帝"永明十一年六月"条，中华书局 1956 年版，第4330 页。

②《魏书》卷 53《神元平文诸弟子列传》，中华书局 1974 年版，第 359 页。

③《资治通鉴》卷 140，齐明帝"建武三年八月"条，中华书局 1956 年版，第4400 页。

④［东晋］袁宏撰，张烈点校《后汉纪》卷 26《孝献皇帝纪》，中华书局 2002 年版，第 503 页。

阿房宫又未建成,其"令名"也未来得及正式命定,不久秦朝又灭亡,这一切正是秦朝时尚未形成有关意欲迁都"丰、镐之间"档案资料的原因所在,同时也是史书对这一问题尚无具体而又明确记载的原因所在。我以为,即使如此,仅从秦始皇关于"丰、镐之间,帝王之都也"的话和阿房宫区遗址考古资料,已足以说明他试图通过另建新都来开创秦王朝"万世"大业的本意了。

（原刊于《西北师大学报》增刊《历史教学与研究专辑》1991 年 11月版）

中国古代的建都地理观

中国古代建都思想中的地理观，在商周时逐渐萌芽，至明清时臻于完善。在历史上，它对我国历代政治、经济、军事及国家的行政管理等，都曾发生过重要影响。纵观我国历代王朝和众多割据政权都城的选址、兴建和迁移，都是在当时建都思想指导下，尤其在建都地理观的影响下进行的。本文主要依据古代众多王朝和割据政权的建都实践及历代统治者和史学家对建都问题的论述，就我国古代建都地理观诸问题陈述己见。

一、古代建都地理观的形成

作为中国古代建都思想重要组成部分的建都地理观，伴随历代建都活动而产生，伴随历代建都活动的发展而发展。若纵观其发展历程，明显呈现出一定阶段性特点。

在商代甲骨文中，"京"字形似一高台上的房屋，且高台有方、圆两种情况[1]，《尔雅·释京》说："绝高为之京。"[2]《尚书·周书·洛诰》记载周公奉成王之命营建雒邑时说：周公"乃卜涧水东、瀍水西，惟洛食……又卜瀍水东，亦惟洛食"。《召诰》说：洛邑为"土中"（"天下之中"的最初说法）。《史记·周本纪》说：周公营筑洛邑，安置九鼎，并奏报成王：

---

①参见叶骁军：《中国都城发展史》，陕西人民出版社 1988 年版，第 4 页。
②《尔雅》卷 7《释丘》，《十三经注疏》，中华书局 1980 年版，第 2617 页。

"洛邑为天下之中,四方入贡,道里均。"看来,时至周初,王朝的统治者们已对都城的地理位置问题十分关注。至春秋时,人们对都址应具备条件的看法已渐趋成熟。《管子》说得好:"凡立国都,非大山之下,必广川之上,高毋近旱而水用足,下无近水而沟防省。"①从先秦时期的这些记载可以看出,当时对都址的选择,既考虑了在"天下"(即全国)的位置,又考虑了防御水旱灾害的问题。这些情况表明,当时人们的建都地理观已处于萌芽时期。

自秦汉起,我国统一的多民族的中央集权国家开始形成了。由于巩固和发展统一国家的需要,建都地理观也随之发展。在秦始皇三十五年(公元前 212 年),始皇为了兴建阿房宫曾经说:"吾闻周文王都丰,武王都镐,丰镐之间,帝王之都也。"②在此,秦始皇表明了在丰镐地方兴建阿房宫的意愿。汉初,刘邦初定天下,以为洛阳"为天下之中"③,决计以洛阳为都。可是,戍卒娄敬认为,洛阳虽位居"天下之中",但地理条件远不能同秦建过都的关中相比。他说:"秦地被山带河,四塞以为固,卒然有急,百万之众可具也,因秦之故资甚美,膏腴之地,此所谓天府者也。"并说"入关而都,案秦之故地,此亦扼天下之亢而拊其(天下)背也"④。而高祖之群臣,皆因是"山东人",他们认为"洛阳东有成皋,西有殽渑,背河向洛,其固亦足恃",所以都主张刘邦都洛阳。当群臣对于都址问题争论不休时,刘邦让张良发表意见。张良说:"洛阳虽有此固,其中小,不过数百里,田地薄,四面受敌,此非

---

①引自黎翔凤撰、梁运华整理《管子校注》卷 1《乘马第五》,中华书局 2004 年版,第 83 页。

②《史记》卷 6《秦始皇本纪》,中华书局 1959 年版,第 256 页。

③[宋]吕大防:《长安图说》卷 95。

④《史记》卷 99《刘敬叔孙通列传》,中华书局 1959 年版,第 2716 页。

用武之国。夫关中左殽函，右陇蜀，沃野千里，南有巴蜀之饶，北有胡苑之利，阻三面而守，独以一面东制诸侯，诸侯安定，河渭漕挽天下，西给京师，诸侯有变，顺流而下，足以委输，此所谓金城千里，天府之国也。"①汉初，围绕定都问题所进行的争论，较为集中地反映了当时建都地理观发展的基本情况。从中可以看出，秦汉时期建都地理观的内容，同先秦时期相比已大为拓展了。这除了把"土中"观念发展为"天下之中"观念外，还提出了建都必在"四塞""扼天下之亢""沃野""膏腴"之地和"天府之国"的主张。

　　后从魏晋直至宋元，秦汉时期的建都地理观进一步发展了。在此特别需要一提的是，历代在建都中对风水地理均颇重视，据波斯人拉施特《史集·契丹国传》说：中国"古代帝王，尝建都于此（今北京）。古时建筑此城之际，乃依最良堪舆家（即风水地理家）之言，择最吉星躔之下，而筑此城，谓可永世和顺也"②。显然，时至此时，古代建都地理观基本形成了。到了明清时代，我国古代的建都地理观更为系统，且臻于完善。这一时期，我国统一的多民族国家渐趋巩固，反映在建都地理观上明显表现为对各古都的地理条件加以比较，意在选择地理条件最优者定为王朝的都城。在这方面，明代人陈建的《建都论》最具代表性。他指出："古今天下大都会有四：曰长安、曰洛阳、曰汴、曰燕四者。自昔帝王建都之地也，然论时宜、地势，尽善全美则皆不如洛阳。何也？夫建都之要，一形势险固，二漕运便利，三居中而应四方，必三者备而后可以言建都。长安虽据形势，而漕运艰难；汴居四方之中而平夷无险，四面受敌……幽燕形势，自昔称雄，会通漕运，今日颇便

　　①《史记》卷55《留侯世家》，中华书局1959年版，第2043—2044页。
　　②转引自张星烺《中西交通史料汇编》第三册，中华书局1978年版，第238页。

建都宜矣。然北太近口，南太远越，北距塞不二百里，无藩篱之固，而天子自为守……非所谓居中而应四方矣。"①陈建之论，主要包括了地理形势、经济条件和战略地位三方面，而又把自秦汉以来所盛行的风水地理说基本上摒弃了。清初的顾祖禹，一方面受国家统一形势影响，另方面受其反清思想影响，为此在阐述自己的建都地理观时，特别重视都城的战略地位。他在论及几个著名古都时说："陕西据天下之上游，制天下之命者也"；燕京"居高负险，有建瓴之势"；"金陵可为创业之地，而非守成之地也"②；"当取天下之日，河南(洛阳地区)在所必争，及天下既定，而守在河南，则岌岌焉有必亡之势矣"③。顾祖禹对古都战略地位的重视有甚于陈建，同时又对陈建的洛阳地理条件"尽善全美"说法持有截然相反的观点。就整体而言，顾氏的观点较陈建的观点更贴近历史实际。

二、建都地理观的几种主要观点

中国古代的建都地理观，内涵丰富，诸说并立，见解精深奇异，各具特点：

1. "天下之中"说

"天下之中"说，源远流长，约产生于西周初年。《汲冢书·作雒解》云：周公作大邑"成周"于"土中"。《史记·周本纪》载：周武王灭商后，在途经伊、洛二水之北时，详细查看了当地地理形势，并决定营建东都于此。成王亲政后，又派召公再次考察了伊、洛之北选定了都址。后

---

① [明]陈建：《建都论》，《昭代经济言》卷9《岭南遗书》，商务印书馆1996年版，第194页。

②《读史方舆纪要·北直方舆纪要序》，中华书局2005年版，第405页。

③《读史方舆纪要·河南方舆纪要序》，中华书局2005年版，第2083页。

周公兴建成洛邑,上奏成王道:"此天下之中,四方入贡,道里均。"《汉书·地理志》说:"昔周公营雒邑,以为在于土中,诸侯藩屏四方,故立京师。"吕大防《长安图说》云:"(汉)高祖初定天下,悦卜洛之城,为天地之中,有周室遗风,将都之。"①蔡邕说:"世祖(光武帝刘秀)复帝祚,迁都雒阳,以服土中,享国一十一世,历年一百六十五载。"②《五经要义》甚至说:"王者受命,创始建国,立都必居土中,所以总天地之和,据阴阳之正,均统四方,以制万国者也。"正因为历代对"天下之中"的洛阳特别垂青,所以这里成了历史上著名的"九朝古都"之地。

2. "头项"说

"头项"说是顾祖禹的奇异卓绝之论。顾氏曾把国家比喻为人,把都城比喻为人的"头项",即人的头脑和脖子。他曾指出:"陕西据天下之上游,制天下之命者也。是故以陕西而发难,虽微必大,虽弱必强,虽不能为天下雄,亦必浸淫横决,酿成天下之大祸。往者商以六百祀之祚,而亡于百里之岐周;战国以八千里之赵、魏、齐、楚、韩、燕,而受命于千里之秦,此犹曰非一朝一夕之故也。若夫沛公(刘邦)起自徒步,入关而王汉中,乃遂收巴蜀,定三秦,五年而成帝业;李唐入长安,举秦凉,遂执箠而笞邓夏矣。盖陕西之在天下也,犹人之有头项然。患在头项,其势必至于死,而或不死,则必所患之非真患也……然则陕西之为陕西,固天下安危所系也,可不畏哉。"③

娄敬谏高祖入关而都,也有一番高论,他说:"陛下入关而都之,山东虽乱,秦之故地可全而有也。夫与人斗,不扼其亢,拊其背,未能

---

①[宋]吕大防《长安图说》卷95。

②《蔡邕集·宗庙祝嘏辞》,《续修四库全书》第1583册《集部·祝辞·宗庙祝嘏辞》,上海古籍出版社,第462页。

③《读史方舆纪要·陕西方舆纪要序》,中华书局2005年版,第1449–2451页。

全其胜也。今陛下入关而都,案秦之故地,此亦扼天下之亢而拊其背
也。"①娄敬之意是说,若与他人殴斗,如不用一只手卡住其喉管,用另
一只手去捶打他的脊背, 就不可能取得完全的胜利。而要想统治天
下,那就得入关而都,因为关中犹如天下的喉管,其他地区好比天下
的身体,入关而都就好似用一只手卡住了天下的喉管,用另一只手去
捶打天下的脊背一样,只有这样,天下才会巩固。

回顾历史,汉、隋、唐等强大王朝定都关中,并取得巨大成功,这
说明顾、娄二氏的关中"头项"说无疑是有说服力的。

3."四塞之地"说

古代帝王选择都城地址, 对四周是否有险可守尤为关注。所谓
"四塞",大体可分为近"四塞"和远"四塞"两种说法。

近"四塞"说,很受历代重视。在楚汉战争时,韩生劝项羽说:"关
中阻山带河,四塞之地,地肥饶,可都以霸。"②娄敬也说:"秦地被山带
河,四塞以为固。"③张良论及关中形势时说:关中"阻三面而守,独以
一面东制诸侯"④。西汉翼奉在论及洛阳形势时说:成周"左据成皋,右
阻渑池,前向嵩高,后介大河"⑤。隋炀帝说:河南洛阳,"控以三河,固
以四塞"⑥。作为封建社会最后一个都城的北京,形势甲于天下,其"左
环沧海,右拥太行,南襟河济,北枕居庸"⑦。杨文敏认为,北京"西接太

①《史记》卷 99《刘敬叔孙通列传》,中华书局 1959 年版,第 2716 页。

②《资治通鉴》卷 9,汉高帝"元年"条,中华书局 1956 年版,第 304 页。

③《史记》卷 99《刘敬叔孙通列传》,中华书局 1959 年版,第 2716 页。

④《史记》卷 55《留侯世家》,中华书局 1959 年版,2044 页。

⑤《汉书》卷 75《翼奉传》,中华书局 1962 年版,第 3176 页。

⑥《隋书》卷 2《炀帝纪上》,中华书局 1973 年版,第 61 页。

⑦[明]孙承泽:《天府广记·形胜》,《续修四库全书》第 729 册,上海古籍出版
社,第 584 页。

行,东临碣石,钜野亘其南,居庸控其北。势拔地以峥嵘,气摩空而巀嵲"。①

远"四塞"说,也为历代人们所关注。如古都长安地理形势,还与距关中较远地区地理形势互为依托,并构成为一个大范围的战略区域。张良曾说:"关中左崤函,右陇蜀","南有巴蜀之饶,北有胡苑之利"②。虞允文说:"陇右,关中之上游,而秦州关陇之喉舌欤。"③河西走廊为"秦陇之襟要"④,故"河西不固,关中亦未可都也";"熙州(今临洮)危,则关中震动"⑤;关中北部的安定、庆州,对关中具有"拥卫"作用。安定山川,"襟带秦陇,拥卫畿辅,关中安定,系于此也"⑥;庆州"南卫关辅,北御羌戎",其地"以岭塞高卬,下临三辅,有建瓴之势……每西北发难,控扼之备,未尝不在庆州也"⑦。古都南京形势与四周形势紧密相关。《读史方舆纪要》说得好:"欲固东南者,必争江汉;欲规中原者,必得淮泗;有江汉而无淮泗,国必弱;有淮泗而无江汉之上游,国必危。"⑧顾祖禹在论及杭州的地理形势时说得更为直截了当,如说:"浙江之形势,尽在江淮,江淮不立,浙江未可一日保也","江淮之存亡,即为吴越之存亡也。"⑨这种互为表里的近"四塞"和远"四塞",

———————

①转引自《天府广记·形胜》,《续修四库全书》第729册,上海古籍出版社,第548页。

②《史记》卷55《留侯世家》,中华书局1959年版,第2044页。

③《读史方舆纪要》卷59《陕西八·秦州》,中华书局2005年版,第2834页。

④《读史方舆纪要》卷63《陕西十二·凉州》,中华书局2005年版,第2991页。

⑤《读史方舆纪要》卷60《陕西九·兰州》,中华书局2005年版,第2871页。

⑥《读史方舆纪要》卷58《陕西七·平凉府》,中华书局2005年版,第2774页。

⑦《读史方舆纪要》卷57《陕西六·庆阳府》,中华书局2005年版,第2755页。

⑧《读史方舆纪要·南直方舆纪要序》,中华书局2005年版,第869页。

⑨《读史方舆纪要·浙江方舆纪要序》,中华书局2005年版,第4093页。

始终是构成古都战略地位的重要地理条件。

4."沃土"说

古代帝王,无不深知"处沃土则逸,处堵土则劳"①之理,故多建都于沃野膏壤之地。地处雍州的关中,"厥土黄壤,田上上"②,"自汧雍以东,至河华,膏壤沃野千里。自虞夏之贡,以为上田",关中之地"于天下三分之一,而人众不过什三,然量其富,什居其六"③,为"天府"之国,而"丰镐之间,号为土膏,其贾亩一金"④。以南京为都者,也是注意了经济条件。《资治通鉴》云:"三国吴主孙皓欲迁都武昌,大臣陆凯曾上疏谏道:"武昌土地危险堵确,非王者之都,且童谣云:'宁饮建业水,不食武昌鱼;宁还建业死,不止武昌居。'"⑤北宋末李纲说:南京"控引二浙,襟带江淮,漕运储谷,无不便利"。⑥

5."三善咸备"说

在建都地理观萌芽和形成时期,古代史家有的从地理位置,有的从险固形势,有的从经济状况,也有的从风水地理来谈论建都条件。随着社会的发展,史家们逐渐摒弃了单一地从某一方面论建都条件的观点,进而从多方面认识和阐述建都地理条件。明人陈建所提出的"三善咸备"说,就是这方面典型的一例。陈建所谓"三善"即"形势险固""漕运便利"和"居中而应四方",并且说"必三者备,而后可以言建

①[东汉]张衡:《西京赋》,引自[梁]萧统编、[唐]李善注《文选》卷2,上海古籍出版社1986年版,第48页。

②《尚书》卷6《禹贡·雍州》,《十三经注疏》,中华书局1980年版,第159页。

③《史记》卷129《货殖列传》,中华书局1959年版,第3262页。

④《汉书》卷65《东方朔传》,中华书局1962年版,第2849页。

⑤《资治通鉴》卷79,晋武帝"泰始二年六月"条,中华书局1956年版,第2499页。

⑥《读史方舆纪要》卷20《南直二·应天府》,中华书局2005年版,第922页。

都"，还说"洛阳三善咸备"①。综观我国历史发展，洛阳"三善咸备"说的提出，虽然标志了古代建都地理观的完善，但洛阳本身存在明显不足，其中主要是地理形势远不如长安和北京，而对全国各地的控制能力，更是不能相比。

三、古代建都地理观评析

对古代建都地理观问题的研究，不只在于通过对史籍考稽，进而罗列出古代建都地理观的一些观点，而主要则在上述基础上，通过对各种建都地理观的评析，以便我们对古代建都地理观有一个正确认识和必要借鉴。

在古代史家看来，我国古代建都地理观，莫不与王朝的前途命运相关。秦始皇"自以为关中之固，金城千里，子孙帝王万世之业也"。②隋文帝杨坚认为，以关中为都，"定鼎之基永固，无穷之业在斯"③。晋成都王颖以为，"淮阳之地，北阻涂山，南枕灵岳，名州四带，有重险之固……若相土迁宅，以保永祚也"④。《杨敏文集》甚至说："为亿万年太平悠久之基，莫金陵、燕蓟若也。"⑤以上诸说，虽指数都，但若逐一析其涵义，即可看出诸说所反映古代建都地理观的实质则是完全一致的。若概言之，古代建都地理观都是为了王朝的长治久安和王业的传之万世。

---

①[明]陈建：《建都论》，《昭代经济言》卷 9《岭南遗书》，商务印书馆 1996 年版。

②《隋书》卷 1《高祖纪上》，中华书局 1973 年版，第 17—18 页。

③《太平御览》卷 156《州郡二·叙京都下》，中华书局 1960 年版，第 758 页。

④转引自《日下旧闻考》，北京古籍出版社 1981 年版。

⑤《贞观政要》卷 2《纳谏》，岳麓书社 1996 年版，第 70 页。

我国古代建都地理观，虽然都是为巩固王业服务的，但其历史命运却有天壤之别。西汉初，刘邦将都洛阳，戍卒娄敬劝刘邦入关而都，"扼天下之亢"，刘邦"即日西驾"①。忽必烈即位前，曾率兵攻占幽燕（今北京市），但尚无以幽燕为都之意，当时他曾问部将霸突鲁："今天下稍定，我欲劝主上驻跸回鹘，以休兵息民，何如？"霸突鲁答道："幽燕之地，龙蟠虎踞，形势雄伟，南控江淮，北连朔漠，且天子必居中以受四方朝觐。大王果欲经营天下，驻跸之所，非燕不可。"忽必烈听后十分感叹地说："非卿言，我几失之！"当定都幽燕后，忽必烈又曾说："朕居此以临天下，霸突鲁之力也。"②仅此二例足以说明，古代部分重要建都地理观，曾被某些帝王所采纳，并对王朝的巩固起了重要作用。不过，另一些建都地理观的境遇却并不佳。唐末，朱温篡唐之势已成，大臣朱朴等想以迁都襄阳、邓县之举，挽救唐王朝危局。为此，朱朴上疏说：襄、邓"其东汉舆、凤林为之关，南菊潭环屈而流属于汉西有上洛重山之险，北有白崖联络，乃形胜之地，沃野之墟。……臣视山河壮丽处多，故都已盛而衰，难可兴已。……唯襄、邓实居中原，人心质良，去秦咫尺……"此建都之极选也"③。在宋、金对峙时期，陈亮也曾指出：荆、襄之地，"东通吴会，西连巴蜀，南极湖湘，北控关洛，左右伸缩，皆足以为进取之机"，迁都于此，"则可以争衡于中国矣"④。据载，以上这些颇有见地的建都地理观，无不被当时统治者拒之门外、束之高阁。

在古代史家和统治者的观点中，还存在一种不寻常现象，这就是

①《元史》卷 119《木华黎传·附霸突鲁传》，中华书局 1976 年版，第 2942 页。
②《新唐书》卷 183《朱朴传》，中华书局 1975 年版，第 5385–5386 页。
③《宋史》卷 436《儒林六·陈亮传》，中华书局 1977 年版，第 12937 页。
④《隋书》卷 3《炀帝纪上》，中华书局 1973 年版，第 61 页。

不少人对同一古都的地理形势多持歧见，对洛阳建都利弊的看法上正是如此。隋炀帝迁都洛阳诏说："雒邑自古之都，王畿之内，天地之所合，阴阳之所和，控以三河，固以四塞，水陆通，贡赋等。"①又说：洛阳"水木滋茂，川原形胜，自古都邑莫有比也"②。可是，汉娄敬早就指出：雒邑"有德则易以王，无德则易以亡"③。北周武帝也曾指出："河南洛阳，四面受敌，纵得之，不可以守。"④杜佑《通典》甚至说：以洛阳为都者，"魏晋以下，理少乱多"⑤。从以上所述看得很清楚，我国古代建都地理观并非在每一个问题上看法都众口一词、绝无歧见。出现这种情况，基本上是人们从不同地位、立场和目的出发发表自己见解的结果。在古代建都地理观中，也掺杂有风水地理说。本来，风水地理说是历史上一种带有神秘色彩和迷信成分的关于相宅、建都、安葬等方面择吉避凶的思想观念，并非全是科学的东西。如《三辅黄图》说："始皇兼天下，都咸阳……渭水贯都，以象天汉；横桥南渡，以法牵牛。"此说从风水观念出发，把秦始皇兴建阿房宫，完全说成是按照天地对应观念进行的，这显然是无稽之谈。春秋末年，今南京地区归楚国所有。楚威王以为此地有"王气"（即出"王"之气），于是"埋金以镇之，故曰金陵"。到了秦朝，秦始皇东巡会稽时路过此地，当时有"望气者"（风水地理家之类）报告说：金陵地形有"王者之气"，为此，秦始皇便下令"掘断（金陵）连岗"⑥。秦始皇此举，意在掘断金陵地方可能出"王"的地脉，以利嬴秦王业"传之万世"。据此不难看出，风水说是在古代建

---

①《史记》卷99《刘敬叔孙通列传》，中华书局1959年版，第2716页。

②《隋书》卷46《赵巨传》，中华书局1973年版，第1250页。

③［清］顾炎武：《历代宅京记》卷2《总序下》，中华书局，1984年版，第25页。

④［清］顾炎武：《历代宅京记》卷13《建康》，中华书局1984年版，第190页。

⑤［唐］杜佑：《通典》。

⑥《史记》卷6《秦始皇本纪》，中华书局1959年版。

都地理观中带有封建糟粕性的一种观点。

　　总之,所谓中国古代建都地理观,就实质而言,它是古代官吏和史家为使王朝长治久安和王业传之万世,从地理方面对都城的选址、兴建和迁移等问题所阐述的观点。这种观点是古代建都思想的重要组成部分,并曾对中国古代的建都活动发生过重要影响。

　　　　　　　　（原刊于甘肃省史学会《史学论丛》第 5 集 1995 年 6 月版）

中国古代建都思想述略

　　近年来，中国古都学研究业已有了相当大的进展，取得了丰硕成果，本文仅就历代建都思想予以梳理与阐释，以补这方面研究之阙。

　　从先秦至明清，许多帝王将相和历史学家，都非常重视建都问题，并曾先后提出了内涵深邃和富于时代特点的见解，进而形成了颇为系统的中国古代的建都思想。

　　明代陈建的《建都论》，是中国古代建都思想发展中，具有里程碑意义的传世杰作，而至今仍不乏现实借鉴价值。《建都论》曾云："古今天下大都会有四：曰长安、曰洛阳、曰汴、曰燕四者，自昔帝王建都之地也。然论时宜、地势，尽善全美则皆不如洛阳。何也？夫建都之要，一形势险固，二漕运便利，三居中而应四方，必三者备而后可以言建都。长安虽据形势，而漕运艰难；汴居四方之中而平夷无险，四面受敌……幽燕形势，自昔称雄，会通漕运，今日颇便建都宜矣。然北太近口，南太远越，北距不二百里，无藩篱之固，而天子自为守……非所谓居中而应四方矣。"①陈建之论，主要从地理形势、经济条件和战略地位三方面阐述了自己关于建都问题的精辟见解，同时又对先秦秦汉以来的"风水"说，采取了不屑一顾、断然摒弃的唯物主义态度。

　　然而，陈建《建都论》并未能够将古代丰富的建都思想涵盖以尽

---

　　①［明］陈建：《建都论》，《昭代经济言》卷9《岭南遗书》，商务印书馆1996年版。

尤其未能将古代建都思想中精辟而闪光的部分全面揭示出来。以此说来,详尽梳理历代建都思想诸见解无疑是必要的。

中国古代建都思想,主要可梳理为以下诸说:

1.“天下之中”说

“天下之中”说,源远流长,约产生于西周初年。《史记·周本纪》载道,周公兴建洛邑后,上奏成王说:“此天下之中,四方入贡,道里均”。《汉书·地理志》说:“昔周公营雒邑,以为在于土中,诸侯藩屏四方,故立京师。”蔡邕说:“世祖(即光武帝刘秀)复帝祚,迁都雒阳,以服土中,享国一十一世,历年一百六十五载。”①《五经要义》甚至说:“王者受命,创始建国,立都必居中土,所以总天地之和,据阴阳之正,均统四方,以制万国者也。”正因为历代对“天下之中”的洛阳特别垂青,所以这里成了历史著名的“九朝古都”之地。

2.“头项”说

“头项”说亦即“上游”说。清顾祖禹曾把国家比喻为人,而把都城比喻为人的“头项”(即人的头脑和脖子)。他指出:“陕西据天下之上游,制天下之命者也。是故以陕西而发难,虽微必大,虽弱必强,虽不能为天下雄,亦必浸淫横决,酿成天下之大祸。往者商以六百祀之祚,而亡于百里之岐周;战国以八千里之赵、魏、齐、楚、韩、燕,而受命于千里之秦,此犹曰非一朝一夕之故也。若夫沛公(即刘邦)起自徒步,入关而王汉中,乃遂收巴蜀,定三秦,五年而成帝业;李唐入长安,举秦凉,遂执箠而笞郑夏矣。盖陕西之在天下也,犹人之有头项然。患在头项,其势必至于死,而或不死,则必所患之非真患也,……然则陕西

---

①《蔡邕集·宗庙祝嘏辞》《续修四库全书》第 729 册《集部·祝辞·宗庙祝嘏辞》,上海古籍出版社,第 462 页。

之为陕西,固天下安危所系也,可不畏哉。"①

3."扼亢"说

汉娄敬是"扼亢"说的首倡者。他在谏刘邦入关而都时发表宏论道:"陛下入关而都之,山东虽乱,秦之故地可全而有也。夫与人斗,不扼其亢(即喉咙、喉管),拊其背,未能全其胜也。今陛下入关而都,案秦之故地,此亦扼天下之亢而拊其背也"②娄敬之意是说,若与他认殴斗,如不用一只手卡住其喉管,用另一只手捶打他的脊背,就不可能取得完全的胜利;而要想统治天下,那就得入关而都,因为关中犹如天下的喉管,其他地区好比天下的身体,入关而都就好似用一只手卡住了天下的喉管,用另一只手去捶打天下的脊背一样,只有这样,天下才会巩固。

4."四塞之地"说

古代帝王选择都城地址,对四周是否有险可守尤为关注。所谓"四塞",大体可分为近"四塞"和远"四塞"两种说法。

近"四塞"说,很受历代重视。楚汉战争时,韩生劝项羽说:"关中阻山带河,四塞之地,地肥饶可都以霸。"③娄敬也说:"秦地被山带河,四塞以为固"④。张良论及关中形势时说:关中"阻三面而守,独以一面东制诸侯⑤"。西汉翼奉在论及洛阳形势时说:成周"左据成皋,右阻渑池,前向嵩高,后介大河"⑥。隋炀帝说:河南洛阳,"控以三河,固以四

---

①《读史方舆纪要·陕西方舆纪要序》,中华书局 2005 年版,第 2449–2451 页。

②《史记》99《刘敬叔孙通列传》,中华书局 1959 年版,第 2716 页。

③《资治通鉴》卷 9,汉高帝"元年"条,中华书局 1956 年版,第 304 页。

④《史记》卷 99《刘敬叔孙通列传》,中华书局 1956 年版,2716 页。

⑤《史记》卷 55《留侯世家》,中华书局 1956 年版,第 2044 页。

⑥《汉书》卷 75《翼奉传》,中华书局 1962 年版,第 3176 页。

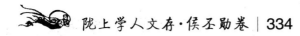

塞"①。唐郭子仪说:臣闻雍州之地,古称天府,"前有终南、太华之险,后有清渭、浊河之固,神明之奥,王者所都,……此用武之国"②。古都北京,形胜甲于天下,其"左环沧海,右拥太行,南襟河济北枕居庸"③。杨敏文认为,北京"西接太行,东临碣石,钜野亘其南,居庸控其北。势拔地以峥嵘,气摩空而巁嵲。"④吴广成在论及兴庆府时说:其"西北有贺兰山之固,黄河绕其东南,……形势利便。"⑤

远"四塞"说也受到历代人们重视。如古都长安形势,还与关中周围地区地理形势互为依托,并构成为一个大范围的战略区域。张良曾说:"关中左殽函,右陇蜀","南有巴蜀之饶,北有胡苑之利"⑥。虞允文说:"陇右,关中之上游,而秦州关陇之喉舌钦"⑦。河西走廊为"秦陇之襟要"⑧,故"河西不固,关中亦未可都也";"熙州(今临洮)危,则关中震动"⑨;安定(今平凉市)山川,"襟带秦陇,拥卫畿辅,关中安定,系于此也"⑩。庆州"南卫关辅,北御羌戎",其地"以岭塞高卬,下临三辅,有建瓴之势,……每西北发难,控扼之备,未尝不在庆州也"⑪。古都南京

---

①《隋书》卷3《炀帝纪上》,中华书局1973年版,第61页。

②《旧唐书》卷120《郭子仪传》,中华书局1975年版,第3457页。

③[明]孙承泽《天府广记·形胜》,《续修四库全书》第729册,上海古籍出版社。

④转引自《天府广记·形胜》,《续修四库全书》第729册,上海古籍出版社,第548页。

⑤引自吴广成撰,龚世俊等校证《西夏书事校证》卷10,甘肃文化出版社1995年版,第120页。

⑥《史记》卷55《留侯世家》,中华书局1959年版,地2044页。

⑦《读史方舆纪要》卷59《陕西八·秦州》,中华书局2005年版,第2834页。

⑧《读史方舆纪要》卷63《陕西十二·凉州》,中华书局2005年版,第2991页。

⑨《读史方舆纪要》卷60《陕西九·兰州》,中华书局2005年版,第2871页。

⑩《读史方舆纪要》卷58《陕西七·平凉府》,中华书局2005年版,第2774页。

⑪《读史方舆纪要》卷57《陕西六·庆阳府》,中华书局2005年版,第2755页。

形势,与四周形势紧密相关。《读史方舆纪要》说得好:"欲固东南者,必争江汉;欲规中原者,必得淮泗;有江汉而无淮泗,国必弱;有淮泗而无江汉之上游,国必危"[①]。顾祖禹在论及杭州的地理形势时说得更为直截了当,如说:"浙江之形势,尽在江淮,江淮不立,浙江未可一日保也","江淮之存亡,即为吴越之存亡也"[②]。有的史家在论及北京时说:北京具有"东控辽东,西连三晋,背负关岭,瞰临河朔,南面以莅天下[③]。诸葛亮对荆州形势,有如下论断:"荆州北据汉沔,利尽南海,东连吴会,西通巴蜀,用武之国"[④]。古代,在对都城的防卫和戍守中,总是将成为表里的近"四塞"和远"四塞"紧密结合,从而构成了以都城为中心的大范围战略区域。

5."沃土"说

古代帝王,无不深知"处沃土则逸,处瘠土则劳"[⑤]之理,故多建都于沃野膏壤之地。地处雍州的关中,"厥土黄壤,田上上"[⑥],"自汧雍以东,至河华,膏壤沃野千里。自虞夏之贡,以为上田",关中之地"于天下三分之一,而人众不过什三,然量其富,什居其六"[⑦],为"天府"之国,而"丰镐之间,号为土膏,其贾亩一金"[⑧]。张良放眼关中内外,盛称关中"沃野千里,南有巴蜀之饶,北有胡苑之利,……诸侯安定,河渭

---

①《读史方舆纪要·南直方舆纪要序》,中华书局 2005 年版,第 869 页。

②《读史方舆纪要·浙江方舆纪要序》,中华书局 2005 年版,第 4093 页。

③《郝文忠公集》卷 32《便宜新政》,山西古籍出版社,2006 年版。

④《三国志》卷 35《诸葛亮传》,中华书局,1982 年第 2 班,第 912 页。

⑤[汉]张衡《西京赋》,引自(梁)萧统编、(唐)李善注《文选》卷 2,,上海古籍出版社 1986 年版,第 48 页。

⑥《尚书》卷 6《禹贡·雍州》,《十三经注疏》,中华书局 1980 年版,第 150 页。

⑦《史记》卷 129《货殖列传》,中华书局 1959 年版,第 3261-3262 页。

⑧《汉书》卷 65《东方朔传》,中华书局 1962 年版,第 2849 页。

漕挽天下,西给京师;诸侯有变,顺流东下,足以委输,此所谓金城千里,天府之国也"①。以南京为都者,也注意了经济条件。《资治通鉴》云:三国吴主孙皓欲迁都武昌,大臣陆凯曾上疏谏道:"武昌土地危险墝确,非王者之都;且童谣云:'宁饮建业水,不食武昌鱼;宁还建业死,不止武昌居。'"②北宋末,李刚说:南京"控引二浙,襟带江淮,漕运储谷,无不便利。"③

6. "三善咸备"说

随着社会的发展,史家们逐渐摒弃了单一地从某一方面论建都条件的做法,进而从多方面认识和阐述建都条件。明代陈建所提出的"三善咸备"说,就是这方面典型的一例。陈建所谓"三善"即"形势险固"、"漕运便利"和"居中而应四方",并且说,"必三者备,而后可以言建都",还说"洛阳三善咸备"④。

7. "徙都"说

古代有人认为,要使王朝兴旺和国祚绵长,因时势"迁都"不失为有效措施。汉代翼奉曾说"因天变而徙都,所谓与天下更始者也。"⑤东魏孝静帝颁诏曰:"安安能迁,自古之明典;所居靡定,往昔之成规。是以殷迁八城,周卜三地。"⑥唐末朱朴曾建议迁都说:"古王者不常厥居,皆观天地兴衰,随时制事",并说"中兴之君,去已衰之衰,就未王

---

①《史记》卷55《留侯世家》,中华书局1959年版,2044页。

②《资治通鉴》卷79,晋武帝"泰始二年八月"条,中华书局1956年版,第2499页。

③《读史方舆纪要》卷20《南直二·应天府》,中华书局2005年版,第922页。

④[明]陈建《建都论》,《昭代经济言》卷9《岭南遗书》,1996年版。

⑤《汉书》卷75《翼奉传》,中华书局1962年版,3177页。

⑥《魏书》卷12《孝静帝本纪》,中华书局1974年版,第297页。

而王"①。

8."风水"说

风水地理说是历史上一种带有神秘色彩和迷信成分的关于相宅、建都、安葬等方面择吉避凶思想观念。春秋末年,今南京地区归楚国所有,楚威王以为此地有"王气"(即产生'王'之气),于是"埋金以镇之,故曰金陵"。到了秦朝,秦始皇东巡会稽时路过此地,当时有"望气者"(即风水地理家一类人物)报告说:金陵地形有"王者之气",为此,秦始皇便下令"掘断连岗"②。《天府广记·形胜》引朱熹的话说:"冀都(即北京)天地间,好箇大风水"。波斯人拉施特《史集·契丹国传》说:中国"古代帝王,尝建都于此(今北京)。古时建筑此城之际,乃依最良堪舆家(即风水地理家)之言,择最吉星缠之下,而筑此城,谓可永世和顺也"③。

9."丧乱"说

古代史家,曾因部分古都邻近地区无险可守、物产不丰饶、建都于此王朝更替将会频繁,故提出了"丧乱"说。北周时,赵𬣙曾指出:"河南洛阳,四面受敌,纵得之,不可以守"④。唐杜佑说:以洛阳为都者,"魏晋以降,理少乱多"⑤。清顾祖禹也说:"河南古所称四战之地也。当取天下之日,河南在所必争,及天下既定,而守在河南,则岌岌焉有必亡之势矣。周之东也,以河南而衰;汉之东也,以河南而弱;拓跋之南也,以河南而丧乱。"⑥

---

①《新唐书》卷183《朱朴传》,中华书局1975年版,第5385页。
②[清]顾炎武《历代宅京记》卷13《建康》,中华书局1984年版,第190页。
③张星烺《中西交通史料汇编》第三册,中华书局1978年版,第228页。
④《隋书》卷46《赵𬣙传》,中华书局1973年版,第1250页。
⑤[清]顾炎武《历代宅京记》卷2《总序下》,中华书局1984年版,第25页。
⑥《读史方舆纪要·河南方舆纪要序》,中华书局2005年版,第2083页。

10."守德"说

在古代建都中,人为因素,尤其帝王个人对百姓的恩德状况十分重要。前秦权翼引征吴起的话说:"在德不在险,愿陛下守之以德,山河之故不足恃也。"①西汉娄敬也曾说:以洛为都,"有德则易以王,无德则易以亡"②。

11."万世"说

历代建都,莫不与王朝的前途命运密切相关。秦始皇"自以为关中之固,金城千里,子孙帝王万世之业也。"③隋文帝杨坚认为,以关中为都,"定鼎之基永固,无穷之业在斯"④。晋成都王司马颖以为,"淮阳之地,北阻涂山,南枕灵岳,名州四带,有重险之固","若相土迁宅,以保永祚也"⑤。《杨敏文集》甚至说:"为亿万年太平悠久之基,莫金陵燕蓟若也。"⑥明代还有人认为,北京山川形势,"足以控制四夷,制天下,诚帝王万世之都也"⑦。

以上诸说,并未能够将古代建都思想概括无余,其中如"天文分野"说、"都城重威"说、都城"表率"说和"利民"说等,都是颇有影响的说法。这些丰富多彩而又各具特点的说法,构成了中国古代建都思想的基本内容。

中国古代建都思想的诸多说法,其具体内容虽各有异,但若从提出诸说的背景及诸说实质分析,它们则有着明显的共同之处,那就是

---

①《晋书》卷113《苻坚载记上》,中华书局1974年版,第2885页。

②《史记》卷99《刘敬叔孙通列传》,中华书局1959年版,第2716页。

③《史记》卷6《秦始皇本纪》,中华书局1959年版,第281页。

④《隋书》卷1《高祖纪上》,中华书局1973年版,第17—18页。

⑤《太平御览》卷156《州郡二·叙京都下》,中华书局1960年版,第158页。

⑥转引自《日下旧闻考》,北京古籍出版社1983年版,第……页。

⑦《明实录》卷118《太宗实录》,中国社会科学出版社1989年版,第……页。

都是为了王朝或政权的巩固、发展和长治久安,使其统治者及其后代的统治地位传之万世。

　　上述建都思想,虽然是古代形成的,虽然都是为古代王朝和地方政权服务的,虽然部分论述存在着封建迷信成分,但其中主张都城建在"制天下之命"、"扼天下之亢"、"均统四方"、"四塞以为固"和"利民"之地诸说,直至今日仍不乏现实借鉴意义。

（原刊于《天水师专学报》1997 年第 4 期）

主要参考文献

一、马列主义著作

1.《资本论》第 1 卷,人民出版社 1963 年版。

2.《马克思恩格斯选集》1—4 卷,人民出版社 1972 年版。

3. 恩格斯《反杜林论》,人民出版社 1956 年版。

4. [俄]《普列汉诺夫哲学著作选集》1—4 卷,三联书店 1974 年版。

5. 黎澍主编:《马克思恩格斯列宁斯大林论历史科学》,人民出版社,1980 年版。

二、古代历史文献

1.《史记》,中华书局 1959 年版。

2.《汉书》,中华书局 1962 年版。

3.《后汉书》,中华书局 1965 年版。

4.《三国志》,中华书局 1959 年版。

5.《晋书》,中华书局 1974 年版。

6.《魏书》,中华书局 1974 年版。

7.《北史》,中华书局 1974 年版。

8.《隋书》,中华书局 1973 年版。

9.《旧唐书》,中华书局 1975 年版。

10.《新唐书》,中华书局 1975 年版。

11.《宋史》,中华书局 1977 年版。

12.《元史》,中华书局 1976 年版。

13.《明史》,中华书局 1974 年版。

14.《清史稿》,中华书局 1977 年版。

15.《元和郡县图志》中华书局,1983 年版。

16.《通典》,中华书局 1984 年版。

17.《大唐西域记》,中华书局 1985 年版。

18.《贞观政要》,岳麓书社 1996 年版。

19.《资治通鉴》,中华书局 1956 年版。

20.《太平御览》,中华书局 1960 年版。

21.《元丰九域志》,中华书局 1984 年版。

22.《太平广记》,中华书局 1961 年版。

23.《文苑英华》,中华书局 1966 年版。

24. 吴广成《西夏书事》,北平文奎堂 1935 年影印本。

25.《明经世文编》1-3 册,中华书局 1962 年版。

26.《北游录》,中华书局 1960 年版。

27.《历代宅京记》,中华书局 1984 年版。

28.《殊域周咨录》,中华书局 1993 年版。

29.《说文解字注》,上海古籍出版社 1981 年版。

30.《读史方舆纪要》,中华书局 1955 年版。

31. 王国维《水经注校》,上海人民出版社 1984 年版。

32.《尚书》,《十三经注疏》,中华书局 1980 年版。

33.《山海经》,岳麓书社 1992 年版。

34.《战国策》,岳麓书社 1988 年版。

35.《国语》,岳麓书社 1988 年版。

36.《三辅黄图校证》,陕西人民出版社 1980 年版。

三、近现代著作

1. 黄文弼著:《西北史地论丛》,上海人民出版社 1981 年版。

2. 黄盛璋著:《历史地理论集》,人民出版社 1982 年版。

3. 苏北海著:《西域历史地理》,新疆大学出版社 1988 年版。

4. 张步天著:《中国历史地理》上、下册,湖南大学出版社 1987、1988 年版。

5. 王庸著:《中国地理学史》,商务印书馆 1998 年版。

6. 周廷儒著:《古地理学》,北京师范大学出版社 1982 年版。

7. 邹逸麟编著:《中国历史地理概述》,福建人民出版社 1999 年版。

8. 钱穆著:《古史地理论丛》,三联书店 2005 年版。

9. 叶骁军著:《中国都城发展史》,陕西人民出版社 1988 年版。

10. 张星烺编:《中西交通史料汇编》,中华书局 1978 年版。

11. 朱杰勤译:《中外关系史译丛》,海洋出版社 1984 年版。

12. [法]布尔努瓦著:《丝绸之路》,山东画报出版社 2001 年版。

13. [英]彼得·霍普科克著:《丝绸路上的外国魔鬼》,甘肃人民出版社 1983 年版。

14. [英]马克·奥里尔·斯坦因著:《沙埋和阗废墟记》,新疆美术摄影出版社 1994 年版。

15. 吴礽骧等:《敦煌汉简释文》,甘肃人民出版社 1991 年版。

16.《汉简研究文集》,甘肃人民出版社 1984 年版。

17.《居延新简》,文物出版社 1990 年版。

18.《秦汉简牍论文集》,甘肃人民出版社 1989 年版。

19.《居延新简释粹》,兰州大学出版社 1988 年版。

四、地方志

1.《甘州府志》,清乾隆四十四年刊本,台湾成文出版社有限公司影印。

2.《重修肃州新志》,甘肃省酒泉县博物馆翻印,1984年版。

3.《兰州府志》,台湾成文出版社有限公司印行,道光十三年刊本。

4.《重修皋兰县志》,清光绪十八年印本,藏甘肃省图书馆。

5.《敦煌县志》,台湾成文出版社有限公司影印本。

6.《民勤县志》,民国手抄本,台湾成文出版社有限公司影印。

7.《正宁县志》,乾隆二十八年修,载《中国西北文献丛书》。

8.《重修镇原县志》,1935年印本,台湾成文出版社有限公司影印。

9.[清](乾隆)《合水县志》,载《中国西北文献丛书》。

10.《邠州新志稿》,《中国方志丛书》,台湾成文出版社有限公司影印。

11.《重修灵台县志》,《中国方志丛书》,台湾成文出版社有限公司影印。

12.[清](乾隆)《清水县志》,台湾成文出版社有限公司影印。

13.袁大化总裁:《新疆图志》,上海古籍出版社影印,1988年版。

14.郭仲产:《秦州记》,1943年初版,藏甘肃省图书馆文献部。

15.[清]张伯奎纂修:《崆峒山志》,嘉庆二十四年刊本,台湾成文出版社有限公司影印。

16.《甘肃省秦安县地名资料汇编》(内部印制),1985年版。

五、论文

1.顾颉刚:《庄子和楚辞中的崑崙》,《顾颉刚全集》第6册,中华书局 2011 年版。

2. 劳干:《释汉代之亭障与烽燧》,《历史语言研究所集刊》第 19 本。

3. 初师宾:《汉边塞守御器备考略》,《汉简研究文集》,甘肃人民出版社 1984 年版。

4. 王国维:《简牍检署考校注》,上海古籍出版社 2002 年版。

5. 黎泉:《简牍书体浅析》,《汉简研究文集》,甘肃人民出版社 1984 年版。

6. 吴礽骧等:《敦煌马泉湾汉代烽燧遗址发掘报告》,《敦煌汉简释文》,甘肃人民出版社 1991 年版。

7. 张学正:《甘谷汉简考释》,《汉简研究文集》,甘肃人民出版社 1984 年版。

8. 王尧:《唐蕃会盟碑疏解》,《历史研究》1980 年第 3 期。

9. 翦伯赞:《论史前羌族与塔里木盆地诸种族的关系》,《中国史论集》第 2 辑。

10. 刘文性:《"瓯脱"释》,《民族研究》1985 年第 2 期。

11. 樊树志:《从恰克图贸易到广州"通商"》,《社会科学战线》1982 年第 2 期。

12. 王宗元、齐有科:《秦长城起首地"临洮考"》,《西北师大学报》1992 年第 3 期。

13. 魏怀珩、伍德熙:《灵台白草坡西周墓》,《文物》1972 年第 12 期。

14. 黄文弼:《古西王母国考》,《西北史地论丛》,上海人民出版社 1981 年版。

15. 裘锡圭:《史墙盘铭文试释》,《文物》1978 年第 3 期。

后　记

　　《陇人学人文存·侯丕勋卷》即将与读者见面了,此刻我热切期待读者朋友们给予多方面审查和评议。本卷共收入 43 篇论文,其中大多论文曾置之于微观视域中进行了探讨,但由于这种探讨尚缺乏成熟的方法,更未形成系统的理论,具体做起来有着较大难度。将本卷中大多论文置于"微观视域中"探讨,主要想表明作者的追求和努力方向,并希望有更多专家也来进行这种探讨,进而形成一种学术风气,以利进一步推动中国古代史地问题的学术研究工作不断深入和发展。

　　本卷所收几组论文都涉及历史地理问题,这是因为历史问题本来就是史地合一、史地一家,二者难以分离之故。有鉴于此,若将史、地二者结合起来探讨,问题才能探讨得清楚、探讨得深入。梁启超说得好:"读史不明地理,则空间概念不确定,譬诸筑屋而拔其础也。"很明显,探讨历史问题,不涉及相关地理内容,所得出结论就显得虚悬和漂浮。

　　史学的学术研究,从根本上说完全在于揭示所研究历史问题的奥秘,亦即揭示所研究历史问题的本质。要揭示历史问题的本质,就应该在前人尚未涉及与正在争论中的问题上下工夫。这样的问题研究起来很有难度,可是一旦获得成功就是一项学术贡献。多年来,我注意选择那些尚未见到学术成果的小问题进行研究,本卷中选入了20 余篇这样的论文,以此进行探路,以利总结经验和教训。

　　本卷所收入论文,就发表时间而言,前后延续约 30 余年。在这一漫长时间中,先用近 10 年的时间摸索着学写论文,之后又经多年的积累才逐渐探寻到了写作的门径。若比较而言,前期所发表论文,有的似显粗疏、缺乏深度,在理论概括上亦有不足。诚望各位专家和广大读者朋友,多多给予批评指正。

　　自汇编本卷论文以来,得到了多方面的鼓励和大力支持。在出版之际, 和我有着深厚师生亲谊的陕西师范大学黄正林教授给予了大力支持,甘肃人民出版社为出版付出了辛勤劳动。在此对以上同志和单位表示真挚的谢意!

作　者

2017 年 8 月 11 日于西北师范大学寓所

《陇上学人文存》已出版书目

第四辑

《刘天怡卷》赵　伟编选　　　《韩学本卷》孔　敏编选
《吴小美卷》魏韶华编选　　　《初世宾卷》李勇锋编选
《张鸿勋卷》伏俊琏编选　　　《陈　涌卷》郭国昌编选
《柯　杨卷》马步升编选　　　《赵荫棠卷》周玉秀编选
《多识·洛桑图丹琼排卷》杨士宏编选
《才旦夏茸卷》杨士宏编选

第五辑

《丁汉儒卷》虎有泽编选　　　《王步贵卷》孔　敏编选
《杨子明卷》史玉成编选　　　《尤炳圻卷》李晓卫编选
《张文熊卷》李敬国编选　　　《李　恭卷》莫　超编选
《郑汝中卷》马　德编选　　　《陶景侃卷》颜华东　闫晓勇编选
《张学军卷》李朝东编选　　　《刘光华卷》郝树声　侯宗辉编选

第六辑

《胡大浚卷》王志鹏编选　　　《李国香卷》艾买提编选
《孙克恒卷》孙　强编选　　　《范汉森卷》李君才　刘银军编选
《唐　祈卷》郭国昌编选　　　《林家英卷》杨许波　庆振轩编选
《霍旭东卷》丁宏武编选　　　《张孟伦卷》汪受宽　赵梅春编选
《李定仁卷》李瑾瑜编选　　　《赛仓·罗桑华丹卷》丹　曲编选

第七辑